学术近知译丛
马克思主义系列

# 马克思主义的帝国主义批判理论史

## MARXIST THEORIES OF IMPERIALISM: A HISTORY

[澳]穆雷·努南 ◎ 著

李永虎　毕祖曜 ◎ 译

人民出版社

责任编辑：刘海静

责任校对：张红霞

**图书在版编目（CIP）数据**

马克思主义的帝国主义批判理论史 /［澳］穆雷·努南 著；李永虎，毕祖曜 译
. —北京：人民出版社，2022.10

ISBN 978－7－01－024935－3

I.①马…　II.①穆…②李…③毕…　III.①马克思主义－帝国主义－理论研究

IV.① A811.64

中国版本图书馆 CIP 数据核字（2022）第 141353 号

马克思主义的帝国主义批判理论史

MAKESI ZHUYI DE DIGUOZHUYI PIPAN LILUNSHI

［澳］穆雷·努南　著

李永虎　毕祖曜　译

人民出版社 出版发行

（100706　北京市东城区隆福寺街 99 号）

北京盛通印刷股份有限公司印刷　新华书店经销

2022 年 10 月第 1 版　2022 年 10 月北京第 1 次印刷
开本：710 毫米 ×1000 毫米 1/16　印张：18.25
字数：300 千字

ISBN 978－7－01－024935－3　定价：110.00 元

邮购地址 100706　北京市东城区隆福寺街 99 号
人民东方图书销售中心　电话（010）65250042　65289539

# 目　录

# 致　谢

本书的写作得到了很多人的帮助，没有他们，这是不大可能的。在这些人中，我要特别感谢I.B.Tauris出版社的莱斯特·克鲁克提供的编辑建议和热情支持，让我获益良多。我非常真挚地感谢他的付出，正是他支持我的写作计划并一直推动着本书的出版。同时对I.B.Tauris出版社其他参与本书出版准备工作的人一并致谢。

我还获得了迪肯大学教授戴维·洛和当代历史研究小组的支持，小组成员丽莎·库卡考德在帮助本书创建索引的过程中助力甚多。谢谢戴维和小组同事，非常感谢丽莎。

我还要感谢维多利亚大学的保罗·亚当斯和杰米·道格尼。他们在马克思主义，特别是帝国主义理论方面给我提供了很多深刻的见解、指导和建议。本书如有任何缺陷皆由我本人负责。

我也非常感谢托尼·乔尔一直督促我完成了整个写作过程、出书计划和最后的定稿。没有他的支持，我根本做不到这一点。

最后，我想对我的伴侣苏珊·迪比和我的女儿米芙表示衷心的感谢，她们在我完成本书这一漫长而艰难的写作过程中一直支持着我。

# 导 论
## 马克思主义帝国主义理论的三个阶段

### 引 言

已故的中国总理周恩来曾说过，20 世纪是帝国主义和无产阶级革命的时代（Zhou 1973）。站在新千年头几十年的制高点上回头看，帝国主义及其相关理论是百年来马克思主义思想家们最关注的问题之一。如今，许多马克思主义作家在奋起应对冷战后美国霸权和看似不可阻挡的全球化力量带来的挑战时，又重新燃起了对帝国主义理论的研究兴趣。开展帝国主义理论研究，仍然是批判的马克思主义分析当代全球资本主义和地缘政治的一个重要抓手。

那么，什么是帝国主义呢？列宁（Vladimir Lenin）、霍布森（John A. Hobson）、希法亭（Rudolf Hilferding）和布哈林（Nikolai Bukharin）等人认为，帝国主义是 19 世纪末 20 世纪初资本主义发展的产物，在 19 世纪大部分时间中支撑英国制造业占主导地位的高度竞争的资本主义，在 20 世纪初已转变为在德国和美国明显体现出来的更具组织化、积聚化和集中化形式的资本主义，并产生了深远的影响。霍布森 1902 年出版的开创性作品——《帝国主义研究》，是最早将帝国主义与发达资本主义国家经济发展联系起来的一本著作（Hobson 1988）。希法亭 1910 年出版的《金融资本》一书尽管并没有给帝国主义下一个明晰的定义，但他在该书中已明确指出，帝国主义是

1

资本主义新发展的一个变种，并最终产生了他所谓的"金融资本"（Hilferding 1981）。布哈林在一份写于 1915 年但直到数年后才发表的文章中，系统阐发了希法亭关于资本主义和帝国主义之间所具关联的分析（Bukharin 1973）。同样，列宁在其 1917 年的著述中也提出帝国主义是资本主义特定发展阶段的必然产物（Lenin 1973）。对上述理论家来说，帝国主义是在特定历史阶段与资本主义密切相关的一种特殊现象。不过，帝国主义并不仅仅是由资本主义的变化带来的，还有其他如政治的、社会的，以及霍布森所强调的意识形态和心理等多种因素共同作用所致（Townshend 1988:[25–26]）。然而，对这些理论家及其同时代的人——这些人共同构成了本书所称的"帝国主义理论开拓者"的作家群体——来说，帝国主义按其本质是由资本主义政治经济的变化所决定的。对于"开拓者"及那些后来从事这一主题研究的马克思主义者来说，帝国主义在过去是、现在仍然是一种特定的历史现象。并且，它在过去只是、现在也仍然只是资本主义的帝国主义。

如何理解这一特定的历史现象？大卫·哈维（David Harvey）曾对资本主义与帝国主义之间的辩证关系作了简明扼要的总结。在哈维看来，帝国主义是领土和资本主义双重权力逻辑的产物，是"在全球资本积累体系中，……国家间关系和权力流动共生关系的直接结果"（Harvey 2005:33）。在资本主义帝国主义时期（从 19 世纪后期到现在），国家间的关系，或者说地缘政治的显著表现从来就是并将继续使落后国家、地区屈从于强权资本主义国家。这种从属性或通过正式的政治纽带（例如直接的殖民统治），或通过非正式的形式——以政治上独立掩盖的经济依附——得以维系。地缘政治领域的紧张关系最终导致了空前的残酷战争，这一点已成为 20 世纪的一大特征。为争夺并控制资源、市场，帝国主义之间的对抗不断升级，最终导致了两次世界大战的爆发。虽然帝国主义之间的竞争在第二次世界大战（以下简称"二战"）后不再是国际政治中的决定性因素，但加强对市场和资源的争夺与控制继续影响着主要资本主义国家的行动。一个典型的例子是 2003 年美国对伊拉克的入侵，其任何冠冕堂皇的理由，都无法遮掩这个唯一超级大国想控制有着丰富石油资源的中东地区这个首要意图。"权力的领土逻辑"（territorial logic of power）的概念具有十足的灵活性，可以涵盖过去一个世纪发生的地缘政治变化。尽管时代已经变化，但资本主义的积累过程却始终没有变。哈维对帝国主义的构成要素及其共生关系的重要阐释，抓住了资本主义帝国主义的本质及其动向。本书就深受其富有洞见的著述的巨大影响。

通过强调资本主义逻辑和领土逻辑怎样相互作用而塑造出现代世界的政治和经济特征，马克思主义的帝国主义理论比国际关系学中的两种主要理论方法——现实主义和自由主义——更好地洞察到了资本主义世界体系的本质。正如贾斯汀·罗森伯格（Justin Rosenberg）在对现实主义进行批判时所指出的：

> 一个地缘政治体系的特征不能仅被理解为由数个相互竞争的单位所决定（这无关于对其内外部目标以及行为决定因素的综合解释），就像不能将一个社会的特征理解为既有个体特性的简单相加（Rosenberg 1994:56）。

在现实主义的分析中，一般见不到如下的分析：资本主义社会结构如何影响了地缘政治？或反过来讲，地缘政治对资本主义社会结构又产生了怎样的影响？像肯尼思·华尔兹（Kenneth Waltz）这样的现实主义路线研究者认为，一方面，所谓国家体系是由一些追求自身利益的国家组成的一种无政府状态的自治领域。国家体系不再受一国之内的诸如"意识形态、宗教、生产方式和社会组织"等事物的影响（Burchill 1996c:85）；另一方面，自由主义的国际主义者将自由民主视为社会发展的终极价值。根据这一群人的看法，自由主义的民主应建立在资本主义基础之上，因为资本主义创造了相互依赖的纽带，随着时间推移它将阻滞国家间的竞争，并阻止"单边侵略行为与相互报复"的扩散（Burchill 1996b:36）。这种关于全球资本主义及其伴随的政治形式本质上是有益的看法实则过于乐观了，因其忽视了全球资本主义经济

3

的结构性问题，忽视了不平等、不平衡发展的问题，同时也是对强国压迫他国及其单方面侵略行径的视而不见——美国对伊拉克和阿富汗的入侵即这类殷鉴不远的侵略例证。

# 一、帝国主义理论发展分期

本书在马克思主义帝国主义理论研究文献方面作出的一个重要贡献是辨识并批判地分析了始于 2000 年的一个全新阶段。马克思主义作家在这一阶段的一个主要关注点是对全球化进行批判性评析。据此，笔者将他们关于当代帝国主义的著述称为"全球化时代"的马克思主义帝国主义理论。

在研究帝国主义理论的文献中，一个普遍的共识是：马克思主义关于帝国主义理论的著述有两到三个阶段。安东尼·布鲁尔（Anthony Brewer）和柯尼斯·波利赫罗纽（Chronis Polychroniou）提出了帝国主义理论"两阶段论"，而简·奥托·安德森（Jan Otto Andersson）则声称帝国主义理论有三次"浪潮"，他的看法得到鲍勃·萨克利夫（Bob Sutcliffe）的支持（Brewer 1990; Polychroniou 1991; Andersson 2001 second version; Sutcliffe 2002）。此外，卡利尼科斯（Alex Callinicos）也提出可将帝国主义的历史划分为三个阶段：第一个阶段是被他称为"古典帝国主义"的历史时期，其肇始于 1870 年并持续到 1945 年；第二个阶段是"超级大国帝国主义"阶段，跨越 1945 年至 1991 年的冷战时期；最后是从 1991 年开始并持续至今的被其归为"后冷战帝国主义"的第三个阶段（Callinicos 2009:138）。安德森也认为后冷战时代是帝国主义及其理论变迁的一道分水岭。他提出，受第一次海湾战争、1998 年东亚金融危机和全球生态问题的影响，新一轮的第三次"浪潮"或者说对帝国主义理论的再思考应溯源至 20 世纪 90 年代。及至新千年之后，帝国主义理论的第三次"浪潮"仍在行进之中（Andersson 2001 second version）——他并没有把对这一阶段的理论总结看作对帝国主义的理论全瞻，因其理论成果发表于这一阶段起始时的 2001 年。

　　划分帝国主义理论发展阶段经常遇到的一个问题是很难准确地界定某一个阶段的起止日期，因此这种划分往往带有一定的主观性质。尽管如此，还是有可能辨识出围绕第二次世界大战而划分出的战前、战后两个大致时期。在建立了基本的分期之后，本书的一个主要观点是，帝国主义理论不应只有两个阶段，而应是三个阶段。第一个阶段，即"帝国主义理论的开拓者"时期，开始于 1902 年的霍布森，结束于 1916 年列宁的《帝国主义是资本主义的最高阶段》（Lenin 1973）。而包含新马克思主义者在内的第二个阶段稍有些难以确定，一方面，它的开端——保罗·斯威齐（Paul Sweezy）1942 年出版的《资本主义发展论》（Sweezy 1970），跨越了刚才所说的二战前、后的分界；另一方面，随着萨米尔·阿明（Samir Amin）从 20 世纪 90 年代起一直到新千年对与全球化和美国霸权相关的话语的介入，帝国主义理论又转入第三个阶段（Amin 1997a; 1998; 2001; 2005; 2006a）。尽管如此，新马克思主义者对帝国主义的研究主要集中于 20 世纪 60 年代末至 80 年代中期，并在 90 年代和 21 世纪衰落。新马克思主义者对帝国主义理论最重要的贡献——依附理论和世界体系理论，因其主要是对 20 世纪六七十年代在越南、拉美和美国所出现的反帝斗争的反映，由此赋予了他们的著述以特殊的地位。

　　由此就来到了马克思主义者关于帝国主义阐释的第三个新阶段，可将其称为"全球化时代"的马克思主义者。正如卡利尼科斯和安德森所指出的那样，后冷战时代对于帝国主义发展及其理论都具有重要意义。这种进展尤其体现在新千年之后：哈特（Michael Hardt）和奈格里（Antonio Negri）的《帝国》（2000）对马克思主义提出的一个挑战是，由于全球社会、政治和经济状况已发生了根本性的变化，传统意义上的帝国主义在今天已成为一种历史遗存，但由这种观点所引发的批判性回应则在一定程度上激发了马克思主义帝国主义理论的复兴。

　　不过，对帝国主义研究旨趣的复归并不全部是由哈特和奈格里所激活，其他因素同样起到了催化剂的作用。其中之一就是布什政府在 2001 年

5

"9·11"恐怖袭击事件后公然做起了"帝国梦"。在美国做研究的英国著名历史学家尼尔·弗格森（Niall Ferguson）也鼓励美国政府及其政体担任起正式的帝国角色——弗格森强烈主张帝国能通过提供基础设施、制度建设、经济发展和法治，不仅对精英阶层，而且对受帝国统治的大多数人民产生总体上的积极影响（Callinicos 2009:2）。这种为帝国主义摇旗呐喊的说辞其特殊之处在于，它将帝国实际运转的经验浪漫化了。也就是说，英国在印度统治期间造成的问题，如冲突、饥荒和贫困等，统统都被弗格森忘记了（Mooers 2006:122-125）。

大前研一（Kenichi Ohmae）等全球化的支持者认为，全球化带来了一个无疆界的世界（Ohmae 1996），他们坚定支持全球化的观点在哈特和奈格里那里得到了呼应：《帝国》（2000）一书在一定程度上正是对一个"强盛的"或"超全球主义"全球化图景的描述，并且该书关于全球化的诸多主张形成了对马克思主义帝国主义理论的直接挑战。在哈特和奈格里之后，马克思主义者在论述帝国主义主题时必然会涉及对全球化的分析，并且两人提出的关于全球化和美帝国主义不乏自信而又雄心勃勃的论断，也大大刺激了"全球化时代"的马克思主义者对帝国主义理论的热情回归。

## 二、研究目标

本书对马克思主义帝国主义理论的批判性研究进行了动态性更新，这是一项有价值的工作，因为过去20多年中还没有人进行过类似扩展性的研究。过去已出版的代表作品如：布鲁尔的《对马克思主义的帝国主义理论的批判性研究》（第二版于1990年出版）和波利赫罗纽次年出版并引发反响的《对马克思主义的帝国主义观的理论分析》（Polychroniou 1991）。由米歇尔·霍华德（Michael Howard）和约翰·金（John King）合著的两卷本《马克思主义经济学史》涉猎诸多理论家的帝国主义理论，该书也对所涉著述一一进行了考察。然而，《马克思主义经济学史》的主要目的是要对马克思主义经济学进行详细分析，马克思主义帝国主义理论并不是它的重点阐释内容。这部影响很大的著作其第二卷出版于 1992 年（Howard and King 1989:1992）。

　　卡利尼科斯在 2009 年出版的一部书中，不仅指出人们对帝国主义理论重新燃起了兴趣，还提出马克思主义帝国主义理论研究在当前出现了一种"巨大的复兴"（Callinicos 2009:ix）。他在该书最后一章关于当代帝国主义和全球政治经济的分析中，在结合了布哈林和列宁的帝国主义学说后对经典马克思主义的帝国主义理论作了批判性的分析（Callinicos 2009:188-227）。然而，卡利尼科斯的研究仅限于对部分经典马克思主义文本的分析，并没有对马克思主义帝国主义理论的新进展作出批判性的研究。

　　因此，本书所作出的适时和重要的贡献不仅在于填补了现有文献的一个空白，而且提出了马克思主义帝国主义理论第三个发展阶段"全球化时代"，并对其作了批判性分析。

　　本书的另一个重要目标是对帝国主义在整个 20 世纪直到现在的理论演进进行追溯。布鲁尔和波利赫罗纽都重在概述理论家的著述观点，而没有追踪作家的著述观点随着时间推移所产生的发展和变化。特别是对新马克思主义者来说，一方面，他们在很长的一段时期中始终坚守自身的智识追求；另一方面，他们对帝国主义的理解和研究兴趣点又在不断发生变化。因此，笔者既指明了帝国主义理论在跨越三个阶段过程中所显示出的连续性和间断性，还在必要时对特定理论家的职业生涯也作了具有此番特点的概述。

　　这部著作的最终目标是为建立起一个更为丰富、更为成熟的马克思主义帝国主义理论奠定基础。两位"全球化时代"的马克思主义者，列奥·帕尼奇（Leo Panitch）和山姆·金丁（Sam Gindin）曾正确地指出，经典马克思主义者的著作在国家理论方面的分析是有欠缺的（Panitch and Gindin 2004:6）——经典马克思主义者侧重于强调帝国主义的经济方面，这意味着政治因素通常会被忽视。此外，在"夯实理论基础"的问题上，埃伦·M·伍德（Ellen Meiksins Wood）和哈维已不无裨益地澄清了如下两个问题：资本主义帝国主义的历史特殊性（伍德）和对帝国主义构成关系的界定（哈维）。　　　7

"全球化时代"的马克思主义者不仅在"整理"和"澄清"问题方面发挥了不可估量的作用，而且还指出了一些"开拓者"著述中的不足之处。因此，他们为更好地研究当代帝国主义理论打下了很好的基础。笔者最后提出了一些建议，即在构建更为成熟的马克思主义帝国主义理论方面还需要解决哪些问题。

## 三、概念架构

"帝国主义理论的开拓者"是本书展开分析的第一批理论家。他们可被分为两类，即"改良主义者"和"革命者"。作为自由主义者的霍布森是这批理论家中唯一的例外，他并不算是一名马克思主义者。与希法亭和考茨基一样，同为"改良主义者"的霍布森不认为帝国主义是资本主义发展的某种必然结果。与之相比，革命派的罗莎·卢森堡（Rosa Luxemburg）、布哈林和列宁则认为帝国主义是资本主义发展到一定阶段不可避免的产物，走改良主义路线是行不通的。第一个时期的"开拓者"的著述为后来的理论发展奠定了基础，并为后来的理论家评判自身及他人著述设定了基准。

新马克思主义帝国主义思想的主要代表人物包括保罗·斯威齐、保罗·巴兰（Paul Baran）、安德烈·冈德·弗兰克（Andre Gunder Frank）、伊曼纽尔·沃勒斯坦（Immanuel Wallerstein）和阿明。一般来说，他们关注的是外围国家的不发达、"欧洲中心主义"、垄断资本主义以及资本主义世界体系的长历史周期等问题。

"全球化时代"的马克思主义思想家群体包括哈特和奈格里、汉弗莱·麦奎因（Humphrey McQueen）、詹姆斯·佩特拉斯（James Petras）、亨利·维尔特迈尔（Henry Veltmeyer）、伍德、哈维、帕尼奇和金丁。这些作家的著作不仅构成了帝国主义理论研究旨趣复兴的组成内容，他们的一些贡献也为马克思主义帝国主义理论增加了新的养分。为了便于理解每一个作家群的理论背景，本书还注重述及一些重要的政治、经济、社会、历史和传记元素。

## 四、结构安排

第一部分是对"开拓者"著述的分析，包含两章内容。第一章考察了霍布森、希法亭和考茨基等"改良主义者"的著作，第二章则集中讨论了"革命者"卢森堡、布哈林和列宁的成果。第二部分由第三至六章组成，主要论述对象为新马克思主义思想家。第三章考察的主题是斯威齐和巴兰的著作，第四章考察了冈德·弗兰克对帝国主义理论的贡献，第五章是对沃勒斯坦著述的考察，第六章批判性地论述了阿明对帝国主义的研究。第三部分包括两章，第七章论述了哈特和奈格里观点的重要性，第八章批判性地审视了"全球化时代"马克思主义者所产出的文献。在结语中，总结了部分理论家在研究帝国主义理论方面所取得的成就，并提出了一些有助于丰富未来马克思主义帝国主义理论的建议。

## 五、概述和主要观点

第一部分通过考察"开拓者"对当时资本主义发展和地缘政治所作的批判性分析，认为他们共同为帝国主义理论作出了实质性的、多样的和持久的贡献。他们的成果为随后的大量研究提供了参照。事实上，其中一些理论因其经验材料丰富、具有启发性和影响力，以至于成为后来诸多帝国主义相关理论研究的基础和基准。这一点在一些"全球化时代"的作家身上也得到了映现——他们在当前帝国主义理论的复兴中，特别地回到了经典马克思主义理论，而不是仅回到新马克思主义者那里。

第一部分还对经典马克思主义者在处理帝国主义政治理论方面的问题开展了有效批判，即认为这些"开拓者"在这一论题上的著述通常侧重于关注其在 20 世纪早期的资本主义中所看到的变化。换句话说，他们对帝国主义的分析集中在经济发展方面，而在帝国主义的地缘政治和政治理论方面则浇筑不够。对资本主义中心地带，在关于资本主义积累过程的动力

9

与政治制度之间的联系问题上，经典马克思主义者只是作了相当粗略的描绘。列宁的小册子和布哈林的《帝国主义与世界经济》（Bukharin 1973）中的国家概念，只能归结为工具论的性质。对经典马克思主义者在国家理论上的贫乏提出的最尖锐批评来自"全球化时代"的马克思主义者帕尼奇和金丁。为此，第三部分讨论了他们的重要论文对国家理论的阐释（Panitch and Gindin 2004）。

尽管理论会存在盲点、遗漏，但如将其置于社会、政治和经济背景下则有助于（如果不能消除的话）解释这些所谓的"缺陷"。例如，对卢森堡、布哈林和列宁来说，为什么在他们对第二国际修正主义的斗争中，较之他们的意识形态理论，国家理论则显得相对贫乏呢？其原因在于：在1914年战争爆发前的几年里，大战一触即发的趋势已经显而易见，而后来第二国际各成员国纷纷屈从于民族主义情绪（例如，德国社会民主党议员投票支持发行战争公债），这些现象都需要得到解释，相较于这些迫切的理论需求，对国家理论进行充分阐释的可能性只能退居其次了。这三位理论家提出的帝国主义理论都有着强烈的论战性，结合军国主义、战争和第二国际崩溃的背景，他们的理论又包含着一种时代紧迫感。因此，对于经典马克思主义者关于帝国主义的分析，即便"国家理论贫乏"这样的批评是真实的，也应该认识到，与学者相比，像卢森堡、布哈林和列宁这样的革命家有着不同的受众、有优先考虑的问题和需要应对的压力。

第二部分认为，肇始于斯威齐《资本主义发展论》（1970）的新马克思主义对资本主义的理解沿袭了"开拓者"的基本著述，尤其是列宁对帝国主义的深刻见解。然而，随着时间的推移，许多新马克思主义理论家不再明确支持列宁的帝国主义学说，连"帝国主义"这个词本身也几乎从斯威齐和巴兰两人的词库中消失不见了——他们以"垄断资本"一词代替了"帝国主义"（Baran and Sweezy 1968）。而在其他一些人那里，如冈德·弗兰克和沃勒斯坦，帝国主义和帝国主义理论在他们后期的作品中显得不怎么突出。稍微例外的是阿明对该术语的使用保持着持续性，在其最近出版的书中，他仍然承认列宁对帝国主义的见解是深刻的。尽管如此，新马克思主义者对界定和研究帝国主义的兴趣明显下降，他们要么认为帝国主义是资本主义发展的一个阶段，要么认为就是垄断资本主义本身，还有的则将其视为第三世界的"依附性"或"不发达"的代名词。

同样值得注意的是，新马克思主义者冈德·弗兰克、沃勒斯坦和在某种程度上的阿明将国家间的交换关系看作资本主义的决定性特征，但从正统的马克思主义观点来看，资本主义的决定性特征是在生产领域。据此来看，以冈德·弗兰克、沃勒斯坦的著述为代表，他们对资本主义政治经济的刻画，以及对资本主义世界经济的历史和扩张的论述一直都是有问题的。新马克思主义者对帝国主义及其理论化的兴趣下降，以及冈德·弗兰克、沃勒斯坦对政治经济学问题的处理不当，这些因素结合在一起，凸显出的是新马克思主义者总体上对帝国主义的表述是不甚确切的。有人就此提出，在新马克思主义者的手中，帝国主义的概念已经萎缩了。

关于新马克思主义对帝国主义理论的贡献的第二个论点涉及阿明最近的学术研究。阿明一直对资本主义积累过程必然导致的不平衡发展持批评态度。对他来说，全球化不仅对纠正不平衡的发展没有任何作用，并且所谓的不可阻挡的全球化力量，只不过是帝国主义在当前时代的新变种。"全球化—帝国主义"关系的命题，对"全球化时代"的两位马克思主义者的观点作出了预告——阿明对全球化问题的考察结论即全球化是帝国主义在当前美国霸权时期披上的新外衣。有学者认为，以阿明最新的著作为代表，他通过预告"全球化时代"的马克思主义者佩特拉斯和维尔特迈尔的主张，起到了在新马克思主义和"全球化时代"马克思主义帝国主义理论之间架通桥梁的作用。他本人也是贯穿 20 世纪 90 年代为数不多的在著作中持续使用帝国主义概念的学界巨擘之一。

对新马克思主义者在处理帝国主义、资本主义和政治理论问题方式的批判，不应被解读为对这一作家群丰富而深刻著述的全盘否定。相当多的重要研究就是由斯威齐、巴兰、冈德·弗兰克、沃勒斯坦和阿明作出的。并且

11

后面的三位作家都极力反驳马克思主义研究界和主流社会科学中存在的所谓"欧洲中心主义"偏见，从而将人们的注意力转移到了资本主义世界经济对外围国家吸纳的影响上。此外，斯威齐还创办了一个著名的马克思主义独立期刊《每月评论》(*Monthly Review*)，该杂志持续发表马克思主义研究成果，他本人也是该杂志的专业编辑。沃勒斯坦创造的世界体系理论（以及冈德·弗兰克和阿明的杰出贡献）极具影响力，一直是人文社会科学领域里一种宝贵的理论方法。

第三部分论述了哈特与奈格里的《帝国》(2000) 对当代马克思主义学界特别是帝国主义理论的导引作用。通过提出关于资本主义，尤其是国家体系和国家主权重大变革的宏大主张，这本书给出了许多新千年的征兆。哈特和奈格里认为，在很大程度上，由于全球化和资本主义、社会主义力量的消长引发了巨大变化，因此有可能出现一种被称为"帝国"的无中心化、去地域化的力量。哈特和奈格里所称的"帝国"并不是由某个单一民族国家所构成，基于美国的军事力量及其超级大国地位，"帝国"已经超越了国家体系和以往的帝国形式，也超越了以前的资本主义形式及其附属物——帝国主义。哈特和奈格里认为列宁的著述在帝国主义理论发展史上有着重要影响，但他们声称，在已经改变的"帝国"世界里，列宁的帝国主义分析已不再适用了。尽管哈特和奈格里的书在马克思主义学界（以及其他专业学者中）产生了重要影响，但应该看到，他们夸大了全球化的变革性影响，在国家体系和主权问题上给出的只是一种武断的观点，而其产物就是提出了一个新时代——"帝国"时代，这样一个有缺陷的东西。

哈特和奈格里在这本颇有抱负的书中对一些马克思主义者所坚守的概念和立场发起了挑战，这也迫使其他"全球化时代"马克思主义者对经典马克思主义理论进行重新审视和批判性的反思。哈特、奈格里与其他"全球化时代"马克思主义者的著述在如下三个主题上有着共通性：全球化、国家以及国家和帝国（帝国主义）体系。

当代马克思主义知识分子如麦奎因 (2003)、佩特拉斯和维尔特迈尔

（2001b）、伍德（2003）、哈维（2005）、帕尼奇和金丁（2004）、哈特和奈格里等，以其对帝国主义的研究开启了这一主题写作的新阶段。为了应对全球化、美国不断在全球各地部署军事力量、新自由主义和金融兴衰的挑战，这些作家的回应是以一种全新的也往往是批判性的眼光，审视经典马克思主义理论家对资本主义帝国主义的看法。值得注意的是，他们回到的仍是经典马克思主义作品。在很大程度上，全球化时代的马克思主义者，已绕开了新马克思主义者对此问题的思考（佩特拉斯和维尔特迈尔除外，他们把新马克思主义对第三世界/外围国家的贫困研究看作帝国主义的基础之一），其结果是发现了"开拓者"理论中存在的"严重疏漏"，特别是对列宁的一些主张提出了质疑。

他们质疑的问题如：马克思主义经典著作中国家分析的基本性质、列宁关于帝国主义之间相互竞争有必然性的说法和考察资本主义发展时使用的"阶段论"的研究方法，这些质疑促使人们开始对帝国主义理论的组成要素展开了更多的思考。有人认为，"全球化时代"的马克思主义者，连同本书中所称的伍德和哈维所作的"理论基础研究"，已经把帝国主义理论提升到了一个更高的抽象层次，在这一过程中，他们也对资本主义积累过程、地缘政治、帝国主义和全球化之间的联系作出了富有洞察力的分析。当代作家如托拜厄斯·滕·布林克（Tobias ten Brink）和约翰·史密斯（John Smith）的著作也是如此，他们的作品既富有挑战性也很有启发性，值得仔细研究。在这些"全球化时代"马克思主义贡献的基础上，通过解决结语中提出的某些问题和纰漏，21世纪的马克思主义帝国主义理论会变得更加丰富、更为成熟。

13

14

# 第一章

# 帝国主义畸变——改良派：霍布森、希法亭和考茨基

## 引　言

对许多当代人来说，20世纪的前20年是对文明终结的宣告。埃里克·霍布斯鲍姆（Eric Hobsbawm）指出，英国外交大臣爱德华·格雷（Edward Grey）曾在1914年战争爆发时说，"整个欧洲的灯都熄灭了"，"世界大战意味着世界的末日"（Hobsbawm 1998:22）。这场战争的骇人之处不仅在于它空前规模的杀戮和伤亡，还在于这场战争让帝国从此消失，世界政治版图被重新绘制（Hobsbawm 1998b）。对于这场灾难的发生，显然在欧洲和世界范围内一直存在某些重要推动因素。为了弄清这场灾难的起因并设法阻止此类灾难再次发生，国际关系学（Burchill 1996a）和国际联盟相继被建立起来。国际联盟是人类成立的第一个旨在防止像第一次世界大战(以下简称"一战")那样的另一场灾难爆发的跨国机构（Hobsbawm 1998b）。

学界的相关研究也一直没有停止过。英国经济学家、自由主义者霍布森对战争爆发之前发生的社会、政治和经济变化作了批判性的分析。在欧洲大陆，出生于奥地利的马克思主义者希法亭也曾尝试拓展、更新马克思对资本主义的批判。

15

希法亭指出了马克思去世后资本主义国家出现的一些新变化，特别是出现了一种被他称为"金融资本"的混合物。霍布森的《帝国主义研究》（1988）和希法亭的《金融资本》（1981）分别于 1902 年和 1910 年首次出版，其结果是，帝国主义不仅可以像马克思所做的那样用来描述资本主义的变化，而且也被用来描述当时动荡的地缘政治发展状况。霍布森和希法亭认为，资本主义政治本质、工业化国家内部及其之间的政治关系、殖民地和殖民列强之间的多方面关系全都被帝国主义改变了。

霍布森基于其自由主义立场来理解帝国主义，并就此给英国政体开出了意在恢复其元气的处方。在此笔者并不准备对其所开处方的内容展开详述，只需注意到，霍布森认为对英国经济和政治进行改革就足以使这个国家摆脱帝国主义的邪恶。以希法亭、考茨基、卢森堡、布哈林和列宁为代表的经典马克思主义者，对改良和革命在工人阶级政党战略构想中所起的作用有着根本性的分歧，并且这种分歧直接影响到经典马克思主义者对待帝国主义的方式，以及在看待帝国主义与当代资本主义发展、国际国内政治之间联系上的差异。尽管在意识形态和战略构想上不尽相同，但从整体上来看，这些"帝国主义理论开拓者"的著述理论丰富、思维缜密，为资本主义帝国主义的分析奠定了基础。

本章第一部分提出的一个论断是：这些"开拓者"远不止提出了丰富而成熟的理论，他们的理论探索不仅具有历史意义，也为评判后来者的帝国主义研究贡献提供了基准。"开拓者们"奠定的基础和他们对当时情况的洞见是相关的。然而，正如维维克·奇伯（Vivek Chibber）所指出的那样，除了霍布森之外，"开拓者们"提出的帝国主义理论都强烈地倾向于对经济发展作出批判性分析（Chibber 2004:429）。霍布森对帝国主义的经济、政治方面都进行了考察，但经典马克思主义理论在整体上明显缺乏对帝国主义政治维度的关注。此外，在某些经典马克思主义者的著作中，对国家简单化的或说是一种工具主义的观点受到了"全球化时代"马克思主义者的批判（将在第三部分述及）。这种批判不仅适用于经典马克思主义者，对"开拓者们"总

16

体上也是适用的。本章提出的另一个看法是，帝国主义的政治中介作用（特别是国家的功能）没有受到"帝国主义理论开拓者"的足够重视。这主要是由于这群作家对国家的描述过于简单化或工具化。不过，这样一个缺陷并不影响"开拓者"的整体成就。"全球化时代"的马克思主义者将他们的全部关注重心集中在"开拓者们"而不是新马克思主义者的研究上，这是他们早期理论贡献具有持久影响的另一个例证。

根据上面提到的两种研究帝国主义的进路——改良主义的和革命主义的，是有可能把这些"开拓者"均分开来的。在这六位作家中，三位是改良派，三位是革命派。改良派认为帝国主义要么是由于糟糕的政策选择、要么是由于金融家等特殊利益集团的不当影响而导致的某种畸变，他们还认为帝国主义作为政治和经济发展的结果，并不需要用革命剧变来予以纠正。在本书中，"改良主义者"一词具体指的是霍布森、希法亭和考茨基，他们主张用非革命的方法来解决资本主义的帝国主义问题。霍布森能被很容易地定性为一名改良主义者，是因为对他来说，英国的经济和政治制度没有什么根本性的错误。他认为，帝国主义的畸变是可以通过明智地运用立法和政策方法来加以纠正的。对于希法亭和考茨基来说，并不能像对待霍布森那样直接给他们贴上改良主义者的标签。希法亭和考茨基的共同经历是两人都参与组建了奥地利和德国的工人阶级政党，并当选为议员。他们在奥地利和德国社会民主党的机构中担任有薪官员的闲职，帮助处理日常的党务，这也让他们在处理阶级斗争、夺取国家权力和打击军国主义等问题上持有了一种更为谨慎的态度。因此，为何一切照旧的改良主义会具有吸引力就变得可以理解了。

希法亭在维也纳以马克思主义思想家著称，他与马克思主义者麦克斯·阿德勒（Max Adler）、奥托·鲍威尔（Otto Bauer）和卡尔·伦纳（Karl Renner）共同组成了著名的"奥地利马克思主义"流派（Bottomore and Goode 1978:6）。希法亭当了五年医生，然后又在第一次世界大战中服役（Bottomore 1981:2）。自 1902 年以后，希法亭因其发表在主流马克思主义理论期刊《新时代》的著述而引起考茨基的注意。1906 年，他应邀到柏林德国社会民主党党校讲课，并担任了《前进报》的外籍编辑，此后一直与该党保持着密切的联系（Bottomore 1981: 2–3）。

1914 年 8 月 4 日，德国国会的大多数社会民主党代表投票支持发行战争公债，这为德国发动战争的野心提供了资金保障。此次投票引发了严重的后果，不仅加速了工人阶级政党的最高组织——第二国际的分裂，而且也导致了德国社会民主党自身的分裂。希法亭因给战争公债投了反对票而处于少数派地位，但他并不是因为这个事件而被划归到改良派一边的，而是因其和考茨基一样致力于议会政治和选举行动（Bottomore 1981:11），以及反对布尔什维克夺取政权和组建第三国际，以上立场才是他为何是一名改良主义者的凭证。

考茨基是一个复杂和矛盾的人物，一方面他相信社会革命，另一方面又认为"在民主代议制的框架内走和平和合法的权力之路是可能的和可取的"（Salvadori 1990:41）。考茨基在伯恩施坦之流的修正主义者和以卢森堡、荷兰社会民主党安东·潘尼库克（Anton Pannekoek）为代表的激进派之间摇摆不定。1910 年，在与卢森堡争论过后，考茨基的立场变得坚定起来——他越来越接近几年前还与之斗争的修正主义者的观点（Salvadori 1990:149）。在社会民主党商议战争公债如何投票的高度紧张的气氛中，考茨基主张党内的国会议员应该弃权。当大多数社会民主党议员拒绝接受他的提议时，考茨基妥协了，他觉得他不能主张"直接投票反对公债，'因为战争的确切责任缺乏明晰性'"（Salvadori 1990:182）。

考茨基对革命者卢森堡和列宁的批评反映了他对革命所起效用并不怎么乐观的态度。在战争后期德国发生的动荡中，他坚持法律主义、议会政治原则和从始至终的反对态度。他在其最知名的论述帝国主义的文章《帝国主义》中提出了"超帝国主义论"（Kautsky 1914），坐实了他的哲学观是改良主义的而不是革命的。在该文中，他描绘出一幅如下的图景：各大国因战争带来的破坏而受到惩罚，它们相互迁就以维持现状。后面将对这篇文章作进一步

18

的分析，在此只要注意到这篇短文是在 1914 年 9 月战争爆发后不久发表的。当他提出应该把一定程度上的安定归因于那些拥有雄厚武装实力并准备使用这种武力的国家时，说明他相信资本主义及其政治形式将会一直存在下去。在考茨基看来，对社会民主党来说，正确的做法是从资本主义社会制度中榨取出可以榨取的东西，直到它最终崩溃。从这些观点来看，考茨基就是一个改良主义者。

在马克思去世后数十年里，霍布森对帝国主义的分析和希法亭对资本主义发展的考察，为考茨基、卢森堡、布哈林和列宁建立的帝国主义理论奠定了政治、经济概念基础。虽然遭到列宁的批评，但考茨基的贡献却得到了两个"全球化时代"马克思主义者帕尼奇和金丁的肯定。他们认为，考茨基的"超帝国主义"概念——帝国主义国家之间达成了协议——实际上在美国霸权的庇护下已经实现了（Panitch and Gindin 2004）。改良派关于帝国主义和资本主义发展的研究因其影响了布哈林、列宁以及后来的思想家而产生了持久性的反响。此外，改良派（和革命派）所指认的资本主义帝国主义的标识性因素在当代世界事务中仍然是存在的。因此，对改良派著作——从霍布森的帝国主义理论到希法亭的著作，再到考茨基的"超帝国主义论"的文章——进行批判性分析是必要的。

## 一、霍布森：帝国主义理论之父

霍布森的《帝国主义研究》被认为是政治文献的经典之作（Townshend 1988:[9]）。这种说法是有一定道理的，因为霍布森为帝国主义理论研究设定了基本框架。他开创性的研究集中凸显了资本主义的变化——从商品输出转变为资本输出、金融家把持国家政策方向以及帝国主义对英国经济和道德的破坏性影响。这些成果都为他赢得了很高的学术声誉。

霍布森于 1858 年出生在一个充满自由主义氛围的家庭，并在德比度过了青少年时期。在一段短暂的教师生涯之后，他于 1887 年来到伦敦成为了一名新闻记者（Cain 2002:15;Townshend 1988:[11]）。彼得·凯恩（Peter Cain）指出，霍布森"无疑是在自由市场资本主义和格莱斯顿式①国家——被视为理所当然的个人自由的守护人——环境中长大的"（Cain 2002:16）。19世纪90年代，在暗流涌动的社会危机和南非事件的推动下，霍布森开始转向自由主义谱系中的左翼立场。塞西尔·约翰·罗得斯（Cecil John Rhodes）②和他的矿业资本家同僚视当时的南非克鲁格政府是一块绊脚石，并于1895年发动了"詹姆森袭击事件"③，其意在推翻克鲁格政府的政权，但最后以失败告终。该起未遂事件一方面在英国激怒了自由主义者，另一方面也成为"'金融帝国主义观'兴起的一个关键因素"（Cain 2002:60）。罗得斯不列颠南非公司的股东、伦敦金融城和贵族圈之间的关联，让霍布森觉察到这些人一旦联合起来就足以产生有利于他们商业利益的政治影响力（Cain 2002:60）。

1899年，作为《曼彻斯特卫报》的特约记者，霍布森在南非发表了许多关于南非局势的文章。根据凯恩的说法，在南非的经历不仅让霍布森验证了他对金融利益集团虚伪性的怀疑，也证实了金融资本主义具有世界性。他对金融资本国际化性质的揭示，已说明对金融资本家而言是不存在所谓国家界限的。另外，限于明显的反犹倾向，霍布森还声称南非的经济是被犹太金融利益集团把持着的（Cain 2002:92）。

霍布森回到英国后将他的观察写了下来，并于1900年出版了《南非的战争》一书（Cain 2002:286）。1901年，他为《演说家》杂志撰写的六篇文

① 威廉·格莱斯顿（William Ewart Gladstone，1809-1898），英国政治家，曾作为自由党人四次出任英国首相。——译者注
② 塞西尔·约翰·罗得斯（Cecil John Rhodes，1853-1902），英裔南非商人，矿业大亨与政治家。——译者注
③ 1884年，探矿者在德兰士瓦共和国（布尔人在南非北部建立的一个国家）发现了世界上规模最大的金矿，英国殖民者大为眼红。1895年，英国南非矿业公司经理詹姆森率领一支小规模武装部队，企图远征德兰士瓦，推翻保罗·克鲁格的政权。但事与愿违，1896年1月，詹姆森的武装队伍被克鲁格政府部队包围，除被击毙者外，包括詹姆森在内的剩余人马皆被俘，学界一般将此称为"詹姆森袭击事件"（Jameson Raid）。——译者注

20

章与 1902 年初发表的另一篇文章共同构成了《帝国主义研究》一书第一部分"帝国主义的经济"的基本内容（Cain 2002:103）。

## 二、帝国主义的经济

在 1938 年版的《帝国主义研究》的序言中，霍布森提出了"帝国主义形成的三大缘由"的说法：首先是由于各种政治幻觉；其次是"因金融方面的忧惧和不信任导致无法形成理性的国内外市场的货币协定"；最后是"悲剧又荒谬的'富足的贫困'"。对霍布森来说，这意味着"拒绝充分利用现有的或可获得的生产性资源"（Hobson 1988:51）。另外，列强沉溺于领土扩张的原因之一是"具有动物性的人类"难以根绝的掠夺性、好斗性。因此，在霍布森看来，帝国主义的出现既是出于人性，也是资本主义发展的产物：

> 我的看法是，所有发达国家普遍实行的财富的生产和分配制度已经到了这样一个阶段，生产力受到不平等分配的束缚，利润、租金和其他盈余占了过多的份额，这推动了一种长期性的储蓄过剩，即在消费品购买方面还没有相应出路的情况下，却试图不断提高生产力（Hobson 1988:[51–52]）。

在社会经济谱系的另一端，过剩储蓄及其伴随的消费不足是同一枚硬币的两面。寻找投资机会的过剩储蓄和寻找就业机会的过剩人口，这些都被有海外投资的金融家和商人等利益相关者所操纵，最终导致帝国主义政策的产生。发达国家内部本来朝着争取更公正、更公平经济红利的民主斗争就此被帝国主义转移了视线（Hobson 1988:60）。

与霍布森有关的一个最知名的隐喻是他关于帝国主义"经济根基"（economic taproot）的假说。"经济根基"的说法最早可以在美国马克思主义者威尔希尔（H. Gaylord Wilshire）的著作中找到（Etherington 1982:19）。威

21

尔希尔对 19 世纪 90 年代美国资本主义的分析表明，美国经历了"从竞争到垄断的残酷进程"——这个进程阻碍了投资的渠道。在国内，有大量的剩余资本在寻找投资机会（Etherington 1983:40–41），威尔希尔认为当时的美国资本家有着对国外投资的迫切需求，因此共和党才会起劲鼓吹帝国主义（Etherington 1983:41）。威尔希尔描述的美国资本主义的变化为霍布森充实其"根基"假说提供了很好的例证：

> 正是由于对国外制造业和投资市场的迫切需求，才使得那些大工业和金融巨头及其所属的共和党，公然采取了帝国主义的政策和实践。西奥多·罗斯福总统对冒险的热衷及其有着'天定之命'和'文明使命'的政党，是骗不了我们的。是洛克菲勒、摩根及其同道需要帝国主义，是他们把帝国主义钉在伟大的西方共和国的肩膀上。他们之所以需要帝国主义，是因为他们想用国家的公共资源来为他们的资本找到有利可图的用途，否则就是多余的（Hobson 1988:77–78）。

英国、德国、荷兰和法国也被迫将更多的经济资源转移到自己的政治领域之外。海外投资、过剩资本和商品的出口伴随着政治扩张或殖民政策（Hobson 1988:80）。随着这种扩张和新市场的开放，母国对这些新殖民地和市场的保护也得以扩展。通过政府补贴、征收关税、增加行政和军事支出，发达国家之间在展开争夺新领土和新投资领域竞争的同时，也给纳税人造成了额外的负担。间接税是资助这些事业的首选方法，因为由政府列支的这些资助负担不仅被隐藏起来，而且被转移到公共开支中（Hobson 1988:97–98）。帝国主义金融家越来越多地利用国家担保债务或公债将对政府的影响力捏在手中。对政府债券的持有和交易不仅成为一项有利可图的业务，而且在关键时刻还能左右政治结果（Hobson 1988:108）。

如果概括一下霍布森关于帝国主义"经济根基"观点的话，那就是高

22

度组织化的工业和金融利益集团力图以公共财政和国家武装力量维护其私人海外投资的安全和发展——这里所说的私人海外投资是由商品和剩余资本组成的。与帝国主义的经济支柱（将剩余资本向海外输出的内驱力）相伴而生的，是"战争、军国主义和一种'富有活力的外交政策'"（Hobson 1988:106）。

对此，霍布森提出的核心观点是，过剩储蓄和消费不足的问题可以通过改革得到缓解。过剩储蓄和消费不足关系的核心是收入的分配不均。通过提高工资，促进工人消费，可以解决收入分配不公的问题。因此，催生国内需求将为国内经济的投资创造新的可能性。税收制度的改变意味着可以将过剩储蓄引导到社区，将其用于改善消费和生活条件（Hobson 1988:85,86,88）。社会改革将提高"一个国家的私人和公共消费的健全程度，从而使这个国家能够达到其最高生产水平"（Hobson 1988:88）。英国制造业的少量剩余产品将用于购买所需的原材料和食品，因此对外贸易仍将持续，但剩余资本和商品的外流将被降至最低。在霍布森看来，帝国主义是一种畸形的经济发展，它给某些利益集团、阶级带来了种种利益，各国由此日益陷入帝国主义政策、做法和军国主义的泥潭之中，但究其根源却是经济要求。

## 三、新老帝国主义

霍布森并非完全反对帝国主义。他将帝国主义分为积极的和消极的、理智的和疯狂的、合法的和侵略性的不同类型（Townshend 1988:19）。例如，19世纪70年代前的帝国主义的外观往往比19世纪70年代后的变种显得更为理智，霍布森将后者称为"新帝国主义"。其间的差异可以被归结为在受保护国或殖民地实行的不同政策。对霍布森来说，"理智型"帝国主义是实行"致力于对'低等种族'的保护、教育及其自我发展"政策的帝国主义。相比之下，"疯狂型"的帝国主义则提倡白人殖民者对殖民地、保护国资源的无限制开发和对"低等种族"的剥削（Hobson 1988:246）。霍布森以南非巴苏陀兰（Basutoland）原住民自 1884 年起在英国统治下的经历为例来说明"理智型"帝国主义的做法：酋长们被保留其位，欧洲人被禁止拥有土地、从事矿物勘探或拥有矿山。与英国在巴苏陀兰的政策相比，约翰内斯堡和罗得西亚对当地人民和资源的态度是卑劣和剥削性的，因此是属于疯狂型的（Hobson 1988:245–246）。

新奇的是，列强大国采取的基本上都是"新帝国主义"政策。欧美列强之间兴起的争夺殖民地和市场的竞争完全排除了建立一个霸权大国的可能性。在帝国的早期形态中，帝国之间的竞争并不是主流，霸权会带来诸多好处。"当拥有充分公民权的罗马公民遍布整个被开发出来的世界——他们出现在非洲、亚洲、高卢和英国时，帝国主义包含了真正的国际主义元素"（Hobson 1988:8）。单一帝国现象并没有随着罗马帝国的结束而消失，而是在神圣罗马帝国的统治下一直延续到中世纪，并成为西欧查理曼大帝追逐的梦想，也推动了彼得大帝、凯瑟琳大帝和拿破仑对欧洲帝国的追求。在霍布森看来，国际主义或人道主义的世界主义是特定政治和社会环境的产物，而这样的环境最常出现的地方就是在单个帝国中。这些早期的帝国赋予了他们的臣民或公民以某种优越之处，给予他们权利或灌输给他们一种联结感（人道的世界主义），不过这些东西最终在 19 世纪狭隘的民族主义兴起后枯竭了，并且民族主义反过来还成为"新帝国主义"时代帝国相互竞争的一个重要武器（Hobson 1988:8–12）。 24

霍布森在比较新老帝国主义时，不仅是在作价值判断，而且是在作道德和政治判断。"新帝国主义"令霍布森不满的一个特征是其对新领土的吞并，殖民势力没有考虑到给本地居民以自治权（Hobson 1988:124）。这不仅给殖民列强带来了行政管理和政治方面的问题，而且把土著居民纳入先进资本主义国家的轨道却不给他们发展和进步的机会，在道德上亦是错误的。

就像有老的理智型帝国主义与坏的、侵略型"新帝国主义"之间的二分法一样，霍布森断言殖民主义也有两种不同的形式。在 19 世纪 70 年代之前，英国的殖民历程并没有耗尽这个国家的"物质和道德资源"，因为它建立的是"自由的白人民主制",它们虽分散但能通过非正式联邦纽带与英国联系在一起,因此,对本土政府几乎没带来什么压力(Hobson 1988:125)。然而,"新帝国主义":

> 同这种自由的、有益的殖民联系正好相反,这种反着来的做法让其外交政策变得更加复杂、权力更加集中,且事务充斥之多、之杂已让议会制政府无暇他顾、不堪重负(Hobson 1988:125)。

在19世纪的最后25年里,在"新帝国主义"政策的引导下,欧洲的扩张路径已与之前的殖民主义变得很不相同。英国等欧洲诸列强和美国在对殖民地归属权的争夺过程中都付出了代价,并殃及殖民地的属民。英国和欧洲大陆列强进军非洲和亚洲的主要耗费是军队、军备的开支,而领土扩张、相互竞赛以及因此加剧的紧张关系,又让军费开支倍增。公共资金的日益枯竭意味着必然削减生产性公共项目的供给,使子孙后代背负沉重的债务。社会改革的迫切需要、"对国内物质和精神上进步艺术的培养"就此全都被忽视了(Hobson 1988:152)。

军国主义和帝国主义列强之间高度紧张的关系最终导致战争的爆发。殖民扩张也引起了殖民地人民之间的自相残杀,部落间的仇恨也被煽动起来。如果殖民地人民的野蛮倾向意味着可以为帝国获得领先优势服务,基督教的教化使命——曾经被认为是殖民经历对殖民地臣民积极的一面,就会被撤弃一旁(Hobson 1988:138)。

霍布森声称,在英国和欧洲大陆,"新帝国主义"的拥趸是一个组成人员混杂的集团,包括了:

> 城镇地主、乡绅、银行家、高利贷者、金融家、酿酒商、矿主、铁器厂主、造船商,以及航运业者、大出口商和商人、国家教会的神职人员、大学和大型公立学校、合法工会和服务业从业者

（Hobson 1988:142–143）。

　　这些部门利益集团在因公民权向大众普及带来挑战的压力之下被迫形成联合，这样一种政治发展势头有可能会缓解经济机会的不平等。这些部门利益群体之所以支持"新帝国主义"，在于把它视为一种维持权力、财产和特权的方式（Hobson 1988:142–143）。

　　英国自由党领导人和他们在欧洲的同行们已经把自己的政党出卖给了"一个由股票赌徒和热衷于侵略的狂徒组成的联盟"，这意味着他们为了自身的商业利益已经放弃了社会改革的事业和他们的传统。不过，改革的道路仍然是敞开着的，霍布森相信，通过团结优秀的自由主义者并寻求与工人阶级政治组织结盟，是可以借助民主和社会重建来挫败"新帝国主义"的（Hobson 1988:143–145）。

　　霍布森一方面承认要使全球政治的无政府状态变得文明化存在诸多困难，另一方面又从各国相互承担对等义务中看到了形成太平洋国家联盟的可能迹象——国际会议、外交、邮政服务、信用贷款协定、跨国铁路系统 26和海牙战争法会议，都是形成国际层面新兴利益共同体的例证（Hobson 1988:164–171）。事实上，霍布森的理念与康德在1795年《永久和平论》（Kant 1972）中首次提出的"自由和平国家联盟"的概念非常相似。康德的政治哲学，特别是他关于合作与和谐的国际化国家体系的愿景，被认为是自由主义国际主义的基石之一，至今仍然是国际关系学科的一种主流理论范式。然而，当康德被公认为自由主义国际主义的先驱、霍布森在《帝国主义研究》一书中又使用自由主义和自由主义政治哲学来批判帝国主义时，那些从事国际关系领域研究的人却予以忽视。奇怪的是，正如现在众所周知的那样，霍布森的研究反倒是在帝国主义理论中取得了举足轻重的地位，这主要是因为列宁对霍布森某些成果的使用及对其著述某些特点的肯定。国际关系学界对霍布森研究缺乏认可的一个可能原因是，帝国主义理论被排除在该学科本身的替代理论范式之外。

## 四、新帝国主义、道德和自由派白人的责任

霍布森认为，发达国家在文明的传播中扮演了重要角色，帝国主义在提升"低等种族"（霍布森称呼殖民地属民和其他"不太文明"人的术语）方面也很有用——他们可以分享大都市国家所提供的利益。只有在被认为是为了改善世界居民的安全和文明，而不仅仅是为了先进国家利益的情况下，一个具有领导地位的大国才能介入"低等种族"的事务。在"新帝国主义"时代，西方列强干涉他国事务的道德层面常常被商业"交易"所取代（Hobson 1988:232,241）。解决"新帝国主义"所特有的兼并主义和干涉主义狂热问题的办法，是制定一套殖民地政府在对"低等种族"进行政治和经济控制时应该奉行的规则。对领土的干预必须由各国政府进行，这是绝对必要的。之所以要有这样的规定，是鉴于过去私人冒险家、奴隶贩子、淘金者和南非矿业巨头（比如战争爆发前的罗得斯）贪婪的教训。那种认为世界上欠发达地区的人应该自行决定如何利用他们的资源的看法是幼稚的。与"白人"的接触是不可避免的，但若"缺乏政府的审查和控制，这样的接触会变得更加危险和有害"（Hobson 1988:230–231）。

西方帝国主义国家不仅抢占以"低等种族"为主的非洲，他们还在亚洲进行殖民实验和瓜分，这也成为对西方开展帝国主义使命的一次真正考验。与"落后"的民族和国家不同，东方（印度、中国和亚洲其他国家）有着丰富的文化、复杂的社会，虽然在工业上不如西方先进，但肯定不能被视为"落后"。那么，"新帝国主义"在亚洲的表现如何？根据霍布森的说法，答案很明确，东方的古老文明，特别是中国的文明为欧洲侵略所破坏：

> 为了满足某种急切的商业欲望或某种对权力的贪欲，亚洲特有的制度被粗暴地摧毁，这是对世界文明的真实进程所能设想的最致命的盲目误读。欧洲为了利益目的而用武力统治亚洲，并以使亚洲文明化和提升其精神生活水平为借口来为这种统治辩护，这将被历

27

史判定为帝国主义最大的错误和愚蠢。亚洲所给予的从多年来积累
起来的无价智慧，我们拒绝接受；我们所能给予的那点东西，却被
我们野蛮的给予方式破坏掉了。这就是帝国主义对亚洲曾经做的和
正在做的事情（Hobson 1988:327）。

这种损害不仅限于非洲和亚洲。像英国这样的帝国主义列强竞相追求的
是一种扭曲了的经济、社会和政治政策，其主要目的是为了维护一小撮金融
家和其他各色人等的利益，其结果是国家的社会、政治和经济生活的和谐发
展全都被扭曲了。帝国主义政策的实施是"国家生活的一种堕落选择"，政
府屈服于自私自利的利益。在霍布森看来，由此带来的后果是严重的：通过
采取"新帝国主义"政策，英国政府已经放弃了那些使国家和个人超越野蛮
冲动的品质（Hobson1988:368）。继续沿着这条路走下去只会导致国家的颓
败和衰落。罗马帝国就是历史上一个强大的国家走向衰亡的最好例子。随着
时间的推移，罗马帝国变得高度集权，而其曾以社会的物质繁荣和道德活力
而闻名于世，最后却倒在向殖民地征收的税贡上。金钱寡头政治的兴起耗尽
了罗马及其殖民前哨的资源，并导致了寄生现象。繁重的税赋、高利贷和骄
奢淫逸侵蚀了下层社会和贵族阶层。最终，寄生虫吸干了宿主的生命血液，
导致二者"萎缩、腐烂和最终灭绝"。这既适用于个体有机体，也适用于国
家（Hobson 1988:366–367）。

## 五、霍布森对帝国主义研究的贡献

霍布森的主要功绩在于他开启了对帝国主义经济、政治和道德等构成内
容的分析，并为后来的思想家提供了参照基准。此外，他还借鉴了威尔希
尔颇有洞见的著作，成为最早辨识出19世纪后半叶资本主义新发展变化的
学者之一。在此方面他与同时代的大多数马克思主义者相比是处于引领地
位的。

28

霍布森有着深厚的自由主义背景，他也在其一生中始终坚守这一立场，自始至终秉持对改良力量的信念。在目睹了像罗得斯这样的人在南非的巧取豪夺后，他没有选择冷眼旁观。当英国政府作出支持"新帝国主义"政策的决策后，他不遗余力地予以谴责。谴责之余，他也承认资本主义在 19 世纪的最后几十年里已经发生了质的变化。不过对霍布森来说，"新帝国主义"并不是一个体系性的问题。在他的整个研究过程中，其改革派和自由派的立场弱化了他的批评。虽然他已指出了当时资本主义政治经济学所存在的结构性问题，但他认为这些问题还没有大到开明的公共政策无法解决的地步。解决消费不足的途径是加大政府的社会支出，这一方案的收入来源可以通过向那些推行帝国主义政策的人所持有的过剩储蓄征税来实现。因此，其问题解决方案的全部内容只剩下一种政治愿望——只需要通过现有的政治制度就可以解决与"新帝国主义"有关的问题。

拒绝霍布森所提倡的那种改革方案的后果是显而易见的。罗马帝国的衰落已说明了特权贵族势力的增长会怎样无情地导致资源的枯竭和由此而来的寄生现象。虽然衰退可能不会很快发生，但如果不加以解决，它会以自然法则般的铁律逐渐显露出来。

霍布森关于"寄生"的观点影响深远。例如，列宁就在他关于帝国主义的小册子中采纳了这一理论观点。在列宁那里，"寄生"现象是资本主义发展到最高阶段垂死的征兆，并且按照列宁的说法，改革手段在这一阶段是无济于事的。霍布森和列宁在使用"寄生论"上的不同凸显了两人对待帝国主义的两种不同立场——改良主义和革命主义之间的差异。霍布森一直认为，与帝国主义有关的历史进程是可以被限制或逆转的。

霍布森的这部写于世纪之交的代表作招致了相当多的批评。人们的注意力集中在他的经济观点中的某些特定元素上。历史学家 D. K. 菲尔德豪斯（D. K. Fieldhouse）、约翰·加拉格尔（John Gallagher）和罗纳德·罗宾逊（Ronald Robinson）等评论家抓住霍布森对统计数据的使用以及他对殖民主义的关注，认为他的帝国主义理论是经济主义的，因此无法解释 19 世纪 70 年代以后发生的殖民地争夺的历史。凯恩也提出霍布森的一些主张并没有相关论据支撑；相反，"只有少量的资本流向了许多在 19 世纪末才获得的领土"（Cain 2002:253）。

支持霍布森著作的学者们对帝国主义"经济本质论"予以反驳，尤其不同意对其理论的全盘否定。虽然凯恩认为霍布森对统计数据的使用有不严谨之处，而且一些论点也模棱两可，但他认为仅有少量的投资流向英国在非洲和热带地区的殖民地并不一定就构成了对霍布森整个理论经济方面的否定（Cain 2002:254）。埃瑟林顿认为，加拉格尔和罗宾逊把霍布森的理论简单地看成了一种"贸易做到哪儿，旗子就插到哪儿"的见解，他们自然就会轻率地摒弃他们认为有着经济决定论本质的霍布森的理论。实际上两人曲解了霍布森的理论，也极大地缩小了他的理论视野，还给他泼上了经济主义和欧洲中心主义的污渍。不管加拉格尔和罗宾逊怎么看，霍布森还是强调了政策制定者和"官方头脑"在殖民政策和"新帝国主义"问题上的作用。此外，早在罗宾逊和加拉格尔强调外围国家对促进殖民兼并的重要性之前，霍布森并没有排除该因素在决策过程中的影响（Etherington 1982:31）。因此，霍布森的帝国主义理论并不只是强调了经济动因——他的书有大量篇幅是对帝国主义政治和道德方面的探讨。尽管如此，霍布森在帝国主义经济基础的问题上提出的一些观点一直还是存在争议的。

其他受到质疑的地方还有霍布森的家长式和种族主义观点，例如他用的"低等种族"概念，多多少少显示了他的维多利亚式偏见。他抨击金融家时的反犹立场也令人不安，包括对后者阴谋论式的说法都让人无法接受。凯恩和埃瑟林顿就表达了对霍布森关于金融家论述中暴露出的"阴谋论"性质的忧虑，埃瑟林顿认为金融家受到了霍布森的诋毁（Etherington 1984:70）。布鲁尔则指出，金融家及其在维多利亚时代的英国所发挥的作用，是霍布森帝国主义理论的基础。正是金融家们的合谋才赋予了霍布森理论以解释力（Brewer 1990:84）。不过，霍布森并没有详细探讨金融家在向海外输出过剩资本中所起的导向作用，以及他们的利益是如何通过"新帝国主义"政策而得到进一步维系的（Brewer 1990:85-86）。这种对金融家所起作用不甚严谨的探讨带来的后果之一是，这个群体很容易被霍布森所蔑视。

从马克思主义的角度来看，霍布森对消费不足和过剩储蓄的强调是有问题的。霍布森结论先行地认为消费不足和过剩储蓄是"新帝国主义"的经济根源，这是对资本主义发展动力过分简单化的理解。资本主义时代与以往时代的区别不是消费不足和过剩储蓄——这只是资本主义危机的先决条件，而在于生产过剩的历史特殊性（Engels 1976:371–372）。采取财富再分配的改革政策来解决消费不足和储蓄过剩并不会从根本上改变资本主义的生产关系。资本主义以财富和机会的不平等为基础，并使之永久化。改革可能会减缓一些最尖锐的方面，但其基本结构却是保持不变的。

正如评论家所指出的那样，霍布森的帝国主义理论并非完美无缺，但其分析却具有鲜活的说服力。他对资本主义的帝国主义政治经济学的开创性研究影响了列宁——后来列宁的著作成为这一主题的标志性文本。此外，帝国主义政策对殖民者和被殖民者的道德和心理影响也是霍布森研究的主要内容，这也为弗朗茨·法农（Frantz Fanon）[①]等人的写作奠定了基础。最后，霍布森对帝国主义的研究为后来的理论家的批判性介入作出了基础性的贡献。

根据霍布森的观点，帝国主义不是资本主义固有的或体系性的问题，因此用改良方法就可以解决这些问题。下一位理论家希法亭同样认为，帝国主义是在马克思去世后的资本主义发展变化中产生的。像霍布森一样，他相信帝国主义可以在政治领域被克服，尤其是当社会民主党在议会中占多数的时候就会具备这种可能性。帝国主义、战争、革命的图式并不是不可避免的。

## 六、希法亭的《金融资本》与帝国主义

希法亭于 1877 年出生于维也纳的一个犹太商人家庭，后定居德国。在

---

[①]　弗朗茨·法农（Frantz Fanon, 1925-1961），法国精神病学家和社会哲学家。他在非洲阿尔及利亚等地有较长时间的生活、工作经历。代表作有：《黑皮肤，白面具》（1965）、《论垂死的殖民主义》（1967）、《大地的受难者》（1965）、《非洲革命》（1967）等。——译者注

希特勒 1933 年上台后，希法亭逃离并流亡瑞士和法国。他后来在法国南部被维希当局逮捕并被移交给了盖世太保，1941 年死于盖世太保在巴黎的一个监狱里。他的犹太血统及其马克思主义理论家的背景已大致决定了他的命运。希法亭在 1910 年首次出版了《金融资本》，这奠定了他作为马克思主义政治经济学的重要理论家的声誉。这本书试图"对资本主义发展最新阶段的经济特征达成一种科学的理解"（Hilferding 1981:21）。自 1883 年马克思去世以来，资本积聚和集中化进程一直在加快。1895 年后，随着"资本主义的快速扩张"，一个新的阶段就此开启（Hilferding 1981:318）。与这种快速扩张相联系的是马克思在《资本论》中提到的所有权形式，即股份公司的出现，公司的主要股东开始摆脱对公司日常经营的责任。股份公司不仅使企业的经营权和所有权相分离，还允许公司之间相互交叉、相互关联。

32

希法亭关注的问题是相互竞争的企业是如何走向联合的？为此他着重研究了在工业和农业部门中卡特尔、托拉斯和辛迪加的形成及由此对无政府主义性质的市场的改变过程。由两个或两个以上的企业组成的卡特尔，通过建立统一的支付条款和条件来限制流通领域中的某些种类的竞争（Hilferding 1981:204-245）。随着垄断财团签订价格协议、设定生产配额和调节供应，对竞争的限制进一步加剧。从卡特尔，到托拉斯，再到辛迪加，呈现出越来越大的控制趋势。希法亭把此种形式的发展比作政治领域的发展形式——邦联、联邦和单一国家（Hilferding 1981:205-206）。从本质上来讲，资本主义的竞争阶段已经逐渐被取代，随之而来的是出现了不同类型的企业所有制和各种形式的垄断联盟，而其目的都趋向于实现经济统治（Hilferding 1981:206）。

德国的政治统一和工业化进程起步较晚，英国所依恃的自由贸易方式对德国来说并不是一个好的选择。只有通过保护性关税才能抵消英国制造商的竞争优势。德国政府实施的保护性关税起初规模并不大，其短期目标是使德国工业能够自立，但德国制造商和农业生产商在站稳脚跟后，不仅继续依赖关税，还将其作为一种经济武器加以使用。希法亭认为这些关税是对国内整

33    个消费者阶级所课的贡赋（Hilferding 1981:308）。

## 七、资本主义的变化（一）：金融资本

希法亭揭示了德国和美国资本主义发展的两个重要特征——这些特征之所以重要，在于它们对后来建立的帝国主义理论产生了影响。第一个特征是银行、产业和商业资本的混合，希法亭将其称为金融资本：

> 金融资本意味着资本的统一。以前独立的产业、商业和银行资本领域现在被纳入高级金融的共同方向之下，在此方向上，产业和银行的所有者以一种密切的个人关系联合在一起。这种联合的基础是通过大的垄断联合来消除个别资本家之间的自由竞争。同时，这自然也涉及资产阶级与国家权力关系的变化（Hilferding 1981:301）。

马克思提出了资本的三种形式：产业资本——直接参与到包括农业在内的生产过程中；货币资本——银行和相关金融实体的领域中的资本；商业资本——商人和商品的买卖领域中的资本（Brewer 1990:92）。金融资本则是这三种形式的融合，与货币资本有着本质的区别。

金融资本的成长源于德国工业化的快速发展及其伴随的垄断趋势。德国的银行与工业化进程密切相关，这些银行自身也被束缚在垄断之中——它们采取行动鼓励形成卡特尔以保护自身贷款的安全，并通过彼此之间的竞争将其大银行数量从 9 家减少到 6 家。布鲁尔指出，希法亭对金融资本的描述有些含混不清。在一个层面上，它指的是通过银行的中介进入产业资本家手中的资本，在另一个层面上，则又指银行对经济的控制（Brewer 1990:93）。

尽管存在这种模糊性，但在德国的经验中，显著的资本集中使得数量有限的银行在塑造工业生产方面发挥了关键作用。这与英国的银行形成了鲜明的对比，在 19 世纪末 20 世纪初，英国的银行并不参与工业的长期投资

34

（Brewer 1990:94）。银行的大股东（德国银行是股份公司制）日益成为银行业和工业领域的主导力量（Hilferding 1981:225）。

考茨基、布哈林和列宁将金融资本视为当代资本主义发展的一个特征。尽管随着时间的推移，金融资本在发达资本主义国家的经济中发挥了很大的作用，但在希法亭写作时，英国的金融资本与工业的联系并不紧密。同样值得注意的是，对于霍布森和希法亭来说，金融业者、金融资本家已经确立起了自己的权力和影响力。如在霍布森看来，金融家是那些为了自己的利益而扭曲公共政策、对英国政治产生有害影响的人。希法亭认为，德国的大银行借着它们在工业发展中所发挥的关键作用，成功地控制了国民经济的命脉。

## 八、资本主义的变化（二）：资本输出

英国在其工业霸权时期所依赖的自由贸易资本主义主要与商品输出有关，随着德国和美国等新兴工业化国家的竞争压力加大，再加上保护性关税的征收，资本输出取代了大宗商品输出。希法亭在德国和美国资本主义发展过程中发现的第二个特征即资本输出，这一点也被后来的马克思主义作家所采纳。

英国商品曾因价格低廉而在全球市场畅行无阻，现在却因面临关税壁垒而提高了它们的价格。为了克服出口利润下降的挑战，资本输出就成了替代选择。这样做既能绕过关税壁垒又能利用外国市场较高的价格，因此在目标市场就地建立工厂变得顺理成章。当然，这些工厂仍由母公司所有，利润也汇回母国。德国的银行也热衷于通过在国外设立分支机构和发放贷款来输出资本：

　　于是，一家德国大银行在国外设立了一家分行，然后这家分行通过谈判批准一笔贷款用于建造一座发电厂，而后建造工作又被分配给一家与国内银行有联系的电力公司……正是银行与产业资本之

间的密切联系导致了资本输出的迅速发展（Hilferding 1981:315）。

## 九、领土、殖民主义和强国的崛起

资本的高度集中带来了全行业的卡特尔化，并最终导致金融资本的出现，国家经济内部的竞争趋于缓和，新利润来源和新投资领域不断被发掘出来。资本输出打开的新兴市场，有助于缓和危机的影响、延长繁荣，并促进国内的生产（Hilferding 1981:318）。随着资本输出趋势日益普遍，发达国家试图把自己的势力范围、附属国和殖民地与其他资本主义强国隔绝开来，国际上的竞争由此变得异常激烈。在希法亭看来，达成此目的最简单的方法莫过于"通过兼并外国领土的殖民政策，从而将部分世界市场并入国内市场"（Hilferding 1981:325）。

金融资本的领土政策有三个目标：一是建立一个大的经济领地；二是通过征收保护性关税封闭领地以拒绝外国利益集团的进入；三是为垄断企业的扩张保留领地（Hilferding 1981:326）。在自由贸易时代，英国凭借其帝国的力量控制了相当大的经济领地。通过向西扩张，美国也拥有了广阔的经济版图。1871 年统一的德国虽已经有了一块可开发的合理的经济领地，不过借助希法亭对期间过程的详述，人们发现，德国资本家和德国政府不仅成功地封锁了本国市场，还为海外投资和资源开采开辟出了新的领地。

希法亭认为，在自由贸易时代各国对殖民地漠不关心，但到了资本主义的新阶段发达国家明显表现出更为积极的殖民政策。这种新形式的殖民主义加剧了国家间的紧张关系，这进一步要求各国部署军队保护势力范围不受竞争对手的侵犯。国家的角色由此也发生了变化：金融资本的经济政策——具有强烈的垄断倾向、征收关税、资本输出和新殖民主义等特点——要求有一个强有力的干涉主义国家。相比之下，在金融资本时代之前的资产阶级，对强大的专制国家表现出的则是强烈的厌恶。自由主义的一个重要原则就是，国家在私人领域所发挥的作用应该是有限的，这一原则植根于反对专制国家的斗争，但现在这一原则连同其他的信条一起被抛弃了：

> 老自由贸易论者相信自由贸易不仅是最好的经济政策，还是和
> 平时代的开端。金融资本早已摒弃了这一信念，它根本不相信资本
> 主义利益是和谐一致的，并深知经济竞争已日益成为政治权力斗
> 争。和平的理想已经失去了光泽，取而代之的是对国家的伟大和力
> 量的赞颂。……现在的理想则是要为自己的国家赢得对世界的支配
> 权，这一理想就像资本主义对利润的贪欲一样，是无限的。……由
> 于对外国的征服是通过武力进行的——也就是说，是以一种完全自
> 然的方式进行的——因此在统治国看来，这种统治似乎是由于某些
> 特殊的自然品质使然，简言之，是由于它的种族特质。于是，种族
> 主义思想出现了，它披着自然科学的外衣，为金融资本的权力欲提
> 供了正当的理由，从而显示出一种自然现象的特殊性和必然性。寡
> 头统治的理想取代了民主平等的理想（Hilferding 1981:335）。

　　虽然金融资本的发展需要一个强大的国家，但资本家通过两种方式"获
得了统治国家的权力"：首先是由于资本家所掌握的经济力量，其次是其他
阶级的利益主动屈从于他们的利益（Hilferding 1981:337）。国家的统治部分
归因于城市资本家与大地主的联盟——土地士绅的支持，为金融资本统治国　37
家扫清了道路，消除了可能遭到的强权阶级反对的障碍，从而确保了帝国主
义政策的实施（Hilferding 1981:342）。由此很容易看到这样两点：第一，对
希法亭来说，国家被资本家所控制，并被用作实现其政治和经济目的的工
具；第二，帝国主义实则是一种政策。

## 十、工具论国家观与帝国主义政策

　　希法亭声称，国家奉行的是兼并主义政策，并在资本家的要求下施加保

护主义关税。简而言之，他关于国家的看法是工具主义性质的，这也是经典马克思主义者所普遍持有的一种观点。不过，希法亭显然觉得没有必要对国家进行详尽的理论阐发，因为他的核心关切是分析 19 世纪末 20 世纪初的资本主义——他感兴趣的是当时的经济发展而非政治发展，而且考虑到当时国家理论的相对粗陋的性质，希法亭持有国家工具主义的观点也就不足为奇了。

对希法亭来说，很清楚的一点是，帝国主义只是一种政策。不幸的是，他对帝国主义缺乏一个明晰的概念。例如，他的书的最后一部分，表面上来看的确是对帝国主义的讨论，但他却从没有定义这个术语。在他那里，帝国主义既是一种金融资本的经济政策、"现代保护主义政策"，但有时又与资本输出、强国及领土吞并密切相关（Hilferding 1981:366, 322）。从意识形态上来讲，帝国主义是对一个强大国家、军国主义、战争和种族主义的颂扬和肯定（Hilferding 1981:336, 346, 349）。因此，这是一个定义模糊的概念，在意识形态层面它指涉金融资本固有的军国主义和扩张主义倾向，不过这并不妨碍理论家们在《金融资本》的最后一部分中找到包括上述内容在内的足够材料，予以综合后给出一个帝国主义的更简明的定义。布哈林是第一个利用希法亭对资本主义发展的批判性见解来加强自身对帝国主义和世界资本主义经济进行系统分析的人（Brewer 1990:107）。

## 十一、希法亭对资本主义和帝国主义所作的基础研究

希法亭作为马克思主义的帝国主义理论奠基人之一的地位是确定无疑的，因为他的著作揭示了从资本主义自由竞争贸易时代到金融资本主义时代的转变，他提出的诸多开创性概念也为后来的作家们所采用，其中包括金融资本、资本输出（霍布森提到过，但希法亭给出了更详尽的分析）、关税、卡特尔、趋向于垄断的资本集中等。不仅布哈林和列宁借鉴了这些概念，新马克思主义者和"全球化时代"的马克思主义作家也利用"资本输出"和"金

融资本"等概念来构建他们的理论体系。

　　通过宣称帝国主义是一种政策——尽管这是资本家不可避免地追求的政策（Hilferding 1981:366），希法亭似乎跨越了改良派和革命派之间的鸿沟，这也构成了开拓者研究的一个特质。然而，如考虑到希法亭与考茨基的密切关系，以及他朝着正式议会民主制——考茨基向社会主义过渡愿景的基石之一——的努力方向，都说明了他还是一名改良主义者（Bottomore 1981:11）。只是在书的最后一部分"无产阶级和帝国主义"，希法亭才提出了如下的政治纲领：资本巨头的专政必然引起反抗，无产阶级必须把不满的社会阶层聚集在它周围并夺取国家权力。由此，暴力斗争变得不可避免，随之而来的是受到金融资本剥削的广大人民也将联合起来与之斗争，资本巨头的专政必将被无产阶级的专政所取代（Hilferding 1981:368–370）。这部分关于解决与金融资本和帝国主义有关的棘手问题的简短论述似乎是革命性的，因为其中使用了"无产阶级专政""夺取国家权力"等术语，然而，希法亭并没有超越他总的观点，这些出现在书的最后部分的内容似乎是事后补记的。当俄国在1917年2月和10月发生革命时（布尔什维克在彼得格勒苏维埃的支持下夺取了政权），希法亭起初是同情的，但他认为这个政权不会持久，陷入孤立的境况将会结束这一切。不过，他很快就失去了对该政权的同情，因其不赞成布尔什维克在处理俄国问题上的专断方式。他反对内战中的恐怖政策，并批评了布尔什维克党内对异见分子打压的做法。他还对莫斯科领导的共产国际及其坚持要求各党派支持民主集中制的做法表示了担忧。希法亭对布尔什维克政策的公开批评还延及德国共产党——该党在德国工人运动中采取的冒险主义策略和分裂的做法令希法亭感到厌恶（Smaldone 1988:290; 1994:3）。对于希法亭和许多德国社会民主党人来说，如果没有正式的民主，那么通往社会主义的道路是不可想象的，而正式民主的关键组成部分是议会主义和选举政治（Bottomore 1981:11）。希法亭在实践中致力于改良主义，而他在理论著作中口口声声拥护的某些革命思想，只是口惠而实不至。

　　总之，希法亭在《金融资本》中提出的帝国主义理论，对整个帝国主义理论研究界，特别是对马克思主义关于该主题的论述都作出了有持久影响的贡献。而其理论缺陷在于论述的笼统性和将德国资本主义发展的特殊性普遍化了。此外，由于希法亭谨慎的改良主义立场，从其分析中只能得到微乎其微的实践政治经验。在提出工人阶级及其组织推翻金融资本的策略时，他又表现出某种矛盾心理，这一缺陷将被后来的马克思主义的帝国主义理论家，如卢森堡，以及在更大程度上是布哈林和列宁所弥补。希法亭作品的长处在于：他矢志不渝地试图对他那个时代的资本主义进行彻底的马克思主义分析，在此过程中，他普及了"金融资本"的概念，对资本输出进行了非常详尽的分析，并通过对关税和资本主义组织新形式——卡特尔、托拉斯和辛迪加的论述，揭示出资本主义的竞争时代已经过去。

## 十二、"中派"卡尔·考茨基

在 20 世纪初，考茨基已经建立了作为德国社会民主党的主要理论家的声望。他于 1854 年生于布拉格，后来移居维也纳，并在那里受到社会主义者的影响，25 岁左右成为一名坚定的马克思主义者。从 1883 年到 1917 年，他一直担任社会民主党理论刊物《新时代》的主编。1914 年战争爆发后不久，考茨基的文章《帝国主义》发表在《新时代》杂志上。这篇文章是在战争爆发前几周写就的，恰逢其时，第二国际会议行将开幕，但战争的爆发阻止了大会的召开，并加速了第二国际的崩溃（Kautsky 1914; Nettl 1966b:612–613; Meldolesi 1984a:1834）。德国社会民主党本是第二国际中最有组织、最受支持的政党，却在战争爆发前和战争期间经历了一系列危机（Salvadori 1990:181–225; Nettl 1966b:601–652）。社会民主党的危机和由此带来的分裂其核心分歧在于实现社会主义目标的复杂策略问题，同时叠加了战时支持民族国家的问题。换句话说，"改良还是革命"的问题现在随着"民族主义还是国际主义"问题的加入变得愈加复杂。

在与其政党就这些问题进行谈判时，考茨基采取了"中间立场"并修正

40

了他对战争、帝国主义和社会民主党作用的理论观点。也就是说，他开始背离革命主义立场——这些革命元素原本还可以在他 1898 年至 1903 年期间与伯恩施坦等修正主义者的论战中找到（Nettl 1965:68），并在一篇他于 1905 年俄国革命后写的名为《俄国革命的动力和前途》的文章中达到顶峰。列宁认为这篇文章维护了俄国社会民主党在无产阶级和农民专政的战略口号上的立场，称考茨基是"德国革命的社会民主党的领袖"（Salvadori 1990:104）。到 1910 年，考茨基对革命口号的热情已经消退，也是在这一年，他严厉批评了卢森堡持有的激进主义立场。考茨基和卢森堡在关于社会民主党战略问题上的交锋，进一步促成了他走"中间派"路线（Salvadori 1990:140）。他既回避了革命纲领，也不能接受他长期反对的修正主义立场——这解释了他为何要占据中间立场的原因。

考茨基决定走"中派"路线就需要对其自身理论基础进行修正。至 1914 年，考茨基重新审视了他以前关于农业问题和金融资本政策的研究，并得出了一个新的结论：

> 帝国主义——在殖民扩张、诉诸武力、甘冒战争危险的意义上——是金融资本所青睐的路线，但帝国主义政策并不是它的专属。因此，在追求和平发展的超帝国主义目标上，无产阶级可以与中产阶级中的进步派结盟，这将使权力最终转向社会民主主义（Meldolesi 1984a:1833）。

无论是在理论上还是在实践中，考茨基的"中派"路线都是对"继承"（inheritance）立场或路线的重申，即认为社会民主党将继承国家权力。随着党员和当选的国会议员人数的增长，社会民主党的政治对手将受到严重削弱，"社会解体，社会民主党将取而代之"（Nettl 1965:82）。由此，"继承"立场成为考茨基的不二选择，革命词汇只是表面现象。他关于帝国主义的著作，以"超帝国主义论"最为突出，是他至少花了四年时间不断摸索、思考的产物。这一过程的最后他得出的结论是，帝国主义并不是资本主义的一个必经阶段，而是一种最终会被资本家和民族国家视为误入歧途的政策。

## 十三、从帝国主义到"超帝国主义"

工业、农业部门之间的联系为考茨基的帝国主义观提供了基础。帝国主义是发达工业条件下资本主义发展的产物，是先进的资本主义民族国家对越来越大的农业区域或势力范围的征服、兼并，而其推进正是借助殖民主义的方式。对此，考茨基进一步分析认为，殖民帝国的建立和扩张只有在吞并文化上处于劣势的国家的基础上才能实现（Kautsky 1914:6）。

在以世界工业工厂的优势为基础的自由贸易资本主义时期，英国可以不受限制地进入农业腹地，但随着美国和德国以工业化、关税壁垒形式与之展开竞争，英国也被迫开始征收相应的关税。随后，在瓜分剩余"自由"农业区的野心推动下，帝国主义就此应运而生（Kautsky 1914:3）。

19世纪70年代之后的工业扩张的速度如此之快，以至于市场都难以跟上。由于铁路在工业和农业国家的普及，运输方式得到了改善。不过，因为缺乏投资铁路建设的资金，农业国家成为铁路和其他基础设施项目的外资接受国。资本主义国家试图通过国家权力来为他们的资本输出保驾护航。因此，随着更多的资本流向农业地区，相应地，对这些地区的政治控制也增强了（Kautsky1914:3）。一些农业国家，特别是俄国，不仅成功地避免了被殖民，还将流入的资本顺势导向本国的工业领域并促其发展。但一般而论，资本输出对农业国家的工业化没有什么帮助。政治控制和有限发展的结合确保了农业国家仅仅停留在农业生产和提供原材料的发展水平上（Kautsky 1914:4）。

在世界农业地区争夺剩余的"自由区"或势力范围引发了军备竞赛，进而引发了一场造船业的狂热，并最终导致了世界大战的爆发。考茨基曾断言战后没有继续搞军备竞赛的经济必要性，因为资本家可以看到资本主义经济已受到了"国家对立"的威胁（Kautsky 1914:4）。不仅资本家看到了帝国主义政策所造成的问题，在较发达的农业地区和工业国家的无产阶级之中也出现了反对帝国主义的情绪——他们愤怒于因军备竞赛和殖民扩张而强加给他们的税收负担：

> 帝国主义就是这样自掘坟墓，从一种发展资本主义的手段变成了资本主义发展的障碍。尽管如此，资本主义还不一定就到了穷途末路。从纯粹经济的观点来看，只要资本主义国家的新兴工业能够诱导相应的农业生产的扩张，它就还能继续发展（Kautsky 1914:5）。

43

在考茨基看来，帝国主义只是资本主义的一种扩张方式。在第一次世界大战结束时，帝国主义大国之间有可能达成某种安排，停止军备竞赛。就像卡特尔一样，就协调各自的外交政策达成协议。他预言，外交政策的卡特尔化和权力联盟的形成将迎来一个新的阶段，即超帝国主义阶段（Kautsky 1914:6）。

## 十四、超帝国主义和社会民主党的角色

"超帝国主义论"最早提出，资本主义的暴力扩张形式——金融资本的首选政策——所付代价太高，带来的破坏性太大，因此，必须取代战争爆发前几年的强权政治以免再次引发战争。考茨基希望政治家们从中能吸取教训，他认为，在战争爆发之前提出的"中欧国家联盟"的概念具有积极的意义：将不同的共同体整合为一个集体——国家联盟，是形成"一个资本主义需要达到其最后和最高形式——大帝国的一个合适方式，在这种形式下，无产阶级将获得权力"（Meldolesi 1984a:1838）。这样的一个多国实体应以平等权利为基础，其中每个成员国都应具备民主条件。

根据考茨基的看法，德国资本主义的发展需要更大的国内市场，因此他

非常赞成建立中欧国家联盟。"欧洲合众国"的政治联盟，虽然在当时只是一种可能的未来设想，但在战后时期应该成为社会民主党支持的一个方案。很显然，这是对资本主义和资本主义经济基础产生的潜在政治形式的支持，但在考茨基看来，尽管这种支持是基于一种假设，但是很有必要。通过全力支持资本主义及其政治形式，社会民主党将借此实现工业生产的扩张和更和谐的政治形式——一种既是民主的又是平等的形式。社会民主党不会支持导致军备竞赛和世界大战的贪婪和冲突的帝国主义政策，这有助于让资本家和政治领导人最终放弃这些政策（Meldolesi 1984a:1838-1839）。

在超帝国主义的战后阶段，社会民主主义者的目的是作为一个压力集团，在反对帝国主义政策的同时，鼓励生产资料的进一步发展。考茨基与布哈林、列宁不同，例如，他并不认为帝国主义是资本主义的最后阶段。相反，他认为帝国主义是势力范围的暴力扩张，或者是工业化资本主义列强对农业地区的直接兼并。该阶段并不意味着资本主义的决定性危机，因此不需要通过革命方式夺取权力和摧毁资产阶级国家（Salvadori 1990:202）。

## 十五、希法亭对考茨基的影响

希法亭关于金融资本的分析对考茨基的理论产生了重大影响。无论是资本输出，还是银行资本和产业资本的融合所形成的金融资本，这些概念都为考茨基所吸收并使用。对考茨基来说，希法亭关于卡特尔的论述尤其有见地。考茨基所预测的战后格局——主要资本主义国家将在政治和经济上的安排达成一致的基础上走向联合，是希法亭对卡特尔、托拉斯和辛迪加的发现在国际关系领域的延伸（Meldolesi 1984b:1878）。

基于对资本主义国家正在辛迪加化、卡特尔化以及德国劳工运动明显弱小的判断，考茨基采取的被动策略与其"继承"观是一脉相承的。在他看来，资本主义国家在战后仍将是强大的，它们会恢复理智并在它们之间作出某些安排以和平地利用其自身的势力范围（超帝国主义）。由于社会、政治和经济条件并不利，因此像德国社会民主党这样的政党必须谨慎行事。

## 十六、考茨基是对的吗

考茨基关于超帝国主义的未来设想依赖于众多理论假设的支撑。鉴于考茨基的超帝国主义著述已经重新引起了人们的兴趣，对这些假设进行梳理是很有必要的。根据"全球化时代"的马克思主义者帕尼奇和金丁的看法，考茨基的"超帝国主义论"与后冷战时期的国际关系框架密切相关。（另见 Donald 1993:205）该框架的本质是美国霸权，以及美国与其他发达资本主义国家之间的密切联系，现在的这种新情况也让列宁关于帝国主义之间相互竞争的说法实际上已经过时了。他们进一步断言，列宁之所以对考茨基的帝国主义分析嗤之以鼻，从根本上来说，是因为考茨基曾大胆地宣称：

> 所有主要资本主义的统治阶级在"吸取了世界大战的教训"之后，在工业无产阶级日益壮大的力量面前可能最终会通过合作的"超帝国主义"来复兴资本主义全球化，工业无产阶级仍然缺乏实现社会主义转型的能力（Panitch and Gindin 2004:9）。

然而，不加批判地复兴"超帝国主义论"是有问题的，因为它建立在一系列假设的基础上，这些假设不仅被证明是错误的而且在"政治上也并不是连贯一致的"（Salvadori 1990:203）。

这种"政治上的不连贯"源于考茨基的如下主张，即资本主义将在战后复兴，德国社会民主党和其他社会民主党将能够继续他们中断的事业。考茨基在德国社会民主党议员对战争公债进行灾难性投票前不久提出了这一主张，从而在社会民主党内部造成了混乱。即便如此，他并没有撤回他的这一观点，反而在战争爆发后继续发表了关于"超帝国主义论"的文章。在1910年之后考茨基的改良主义变得更加突出，这一立场排斥了任何议会外反对德国政府政策的可能性，这一态度激怒了卢森堡、布哈林和列宁等革命者。

46　社会民主党在一战结束前经历了一系列分裂，考茨基加入了一个新的（短暂的）分裂党派，即德国独立社会民主党[①]。战后魏玛共和国的建立，以及 1918 年 11 月至 1919 年 1 月期间在柏林和其他一些德国城市、地区爆发的革命浪潮，让政治角色的轻易恢复成了谎言（Donald 1993:204-205, 214）。魏玛共和国的历史表明，基于考茨基"超帝国主义论"的"继承"战略不会带来社会主义。

尤其引起列宁愤怒的是考茨基主张在战争结束时，帝国主义列强将会聚集在一起并达成协议，从而会放弃导致一战的冲突政策，但这种情况并没有发生。《凡尔赛条约》要求德国接受战胜国提出的巨额赔款和其他条件，这为二战的爆发埋下了伏笔。霍布斯鲍姆指出，一战结束后，"从极左的共产党到极右的希特勒的纳粹党，德国的每一个政党都一致谴责《凡尔赛条约》是不公正的和不可接受的"（Hobsbawm 1998b:36）。考茨基认为帝国主义概念主要描述的是工业化国家和农业国家之间的关系，但在 1918 年停战协定签署后强加给德国的条件驳斥了他的这一观点——1923 年法国对鲁尔区的占领进一步证明了帝国主义不仅仅是工业国对农业国的一种剥削关系。对此有人就提出，法国的资本家和资产阶级政治家把鲁尔区视为"法国统治欧洲的一大政治支柱"（Broué 2006:686）。

考茨基的改良主义观念塑造了他对帝国主义概念的理解，以及他对未来地缘政治和资本主义发展的预测。如果仅凭帝国主义之间的竞争似乎已经被取代就认为"超帝国主义论"更符合当前的形势，则是一种非常冒失的说法。

---

[①] 德国独立社会民主党是 1917 年 4 月以哈阿兹、考茨基、狄特曼为首的德国社会民主党中派分子等在哥达城召开会议正式宣布成立的政党。考茨基起草了该党的宣言，主张放弃阶级斗争，通过议会斗争和平进入社会主义及宣扬同公开的社会沙文主义者"团结"。以李卜克内西、卢森堡为代表的斯巴达克派曾加入该党，但保持组织独立，后于 1918 年 12 月底退出，单独成立德国共产党。独立社会民主党于 1920 年发生分裂，左派党员于 12 月并入德国共产党。该党于 1922 年重新加入德国社会民主党。——译者注

因为一方面，帕尼奇和金丁在重拾考茨基关于发达资本主义国家统治阶级之间会展开合作的主张时，忘记了考茨基的"超帝国主义"概念有其提出的特殊社会、政治和经济背景；另一方面，作为该理论核心的修正主义立场和许多存疑的假设又统统被两人所忽视。尽管存在这些问题，帕尼奇和金丁对考茨基"超帝国主义论"的重新研究表明，经典马克思主义理论仍然是当代马克思主义理论家感兴趣的关注点。

47

## 十七、考茨基的遗产："超帝国主义论"

考茨基对帝国主义理论的贡献最显著的莫过于它所引发的反响：一方面，它受到了卢森堡、布哈林和列宁的严厉批评（下一章论述）；另一方面，在当前的马克思主义作家帕尼奇和金丁看来，超帝国主义在首次被提出的几十年后才被证明有其合理的一面。考茨基认为，帝国主义是工业国家奉行的暴力政策，通常是为了确保原材料和农产品的来源地。考茨基确信，帝国主义并不是资本主义的最后阶段，统治阶级将会节制、改变其暴行。在考茨基看来，资本家和资产阶级政治家会认识到与帝国主义政策相关的政治和经济的短视。作为德国社会民主党的主要理论家和关键人物之一，考茨基影响了该党对帝国主义和战争的态度。在他看来，既要反对帝国主义，又要反对战争，而这两者必须以对资产阶级国家力量的认知和对社会民主主义缺陷的了解为前提条件。因此，他认为，一旦战争结束，就必须有条件地支持资本主义的扩张，支持发达资本主义国家的政治进程及其制度。鉴于各国和工人阶级政党之间的力量不平衡的现状，这些是社会民主党应该采取的策略。在考茨基看来，以革命方式夺取国家政权只能作为最后的极端手段。

考茨基试图以"超帝国主义论"来证明，改良仍是德国社会民主党及其相关政党在当时和战后可以采取的最佳策略。他的帝国主义理论本身是其政治观的反映。这一点在革命者的著作中也能看到：政治观点会影响理论视角。之所以强调这一点很重要，是因为对列宁的批评之一是认为他有"过度政治化的理论倾向"(Panitch and Gindin 2004:9)。马克思主义经典作家是一个经常参与与政党有关的日常活动（无论合法或非法）的群体，因此，政治经验、战略和战术通常会反映并影响他们的理论立场。

48　　第一次世界大战的爆发、布尔什维克革命、德国革命起义的失败以及随后德国社会、政治和经济的发展，都让考茨基关于帝国主义的论述显得多余。如果不是列宁在他的小册子中予以了批判，"超帝国主义论"可能已经完全从人们的视野中消失了。不过，考茨基在其"超帝国主义"理论中提出的一些元素在冷战后的世界中又再度显现，这也许是历史的一个讽刺。虽然有所"复活"，但也存在深刻的问题：这个概念连带的社会、政治和经济背景以及考茨基的改良主义观点，都被那些对他的理论的部分复兴感兴趣的人所忽视了。

## 小　结

改良派霍布森、希法亭和考茨基率先提出了帝国主义的概念和基本见解，后又为革命理论家卢森堡、布哈林和列宁所发展，用于构建、完善他们自身的帝国主义理论。霍布森在他那本影响深远的著作中阐述了帝国主义理论的政治、社会、道德和经济界限。希法亭本人虽然并没有创造出一个完整的帝国主义理论，但他对马克思逝世后几十年的资本主义发展进行了马克思主义的分析，尤其是在对德国和美国的经济分析中揭示了许多重要的变化。改良派提出的诸如资本输出、金融资本、金融家、卡特尔、辛迪加、托拉斯以及资本主义发展阶段等概念，都为革命派的著作所汲取。

霍布森、希法亭和考茨基将帝国主义视为一个与资本主义密切关联的重大问题。然而，他们并不认为帝国主义是不可避免的，也不认为它是资本主义的必然产物。根据改良派的说法，英国和德国的政治制度是足够健全的，政治家们也有足够的精明来应对帝国主义的泛滥无序问题。根据希法亭和考茨基的观点，革命剧变不仅是不必要的，其对于有组织的无产阶级运动还很可能起到适得其反的效果。

　　这些"开拓者"对帝国主义的分析存在一个问题，那就是在他们的著作中明显缺乏政治理论。这个问题在经典马克思主义者的著作中表现得尤其明显。在希法亭的《金融资本》中可以看到这一点，资产阶级将国家视为一种工具。工具主义的国家观也出现在布哈林和列宁的分析中，将在下一章进行讨论。　49

　　改良派的帝国主义理论为后续的帝国主义分析提供了诸多参照，他们的著述在许多方面仍然具有当代意义。帕尼奇和金丁认为，考茨基的"超帝国主义"概念预示了当代全球政治形势的发展，即一个主要的帝国主义国家为其他帝国主义国家制定了基本规则。虽然这是一种将考茨基的"超帝国主义论"从其特定语境中剥离出来的说法，但是帕尼奇和金丁证明了"开拓者"们的研究是有着延续性的，尤其是革命派的理论，更证明了经典马克思主义帝国主义理论的持久影响力。接下来就去看一下革命派的相关论述。　50

# 第二章

## 帝国主义是资本主义发展的必然结果——革命派：卢森堡、布哈林和列宁

## 引　言

　　革命者罗莎·卢森堡、尼古拉·布哈林和弗拉基米尔·列宁认为，帝国主义是资本主义发展的必然结果。卢森堡积极参与了德国社会民主党反对修正主义的斗争，并坚决批判任何淡化马克思主义社会理论和实践的革命核心的举动。她抨击魏玛德国掀起的民族主义、军国主义狂热浪潮，并终因反对战争而遭受监禁（Broué 2006:58, 62）。卢森堡和另一位"新激进分子"卡尔·李卜克内西（Karl Liebknecht）——他也因直言不讳的反战立场而被判入狱（Broué 2006:60）——共同组建了斯巴达克派。该组织是在 1915 年 6 月至 1916 年 3 月间由一群不满的社会民主党领导成员、活动家和工会领导人组成（Broué 2006:64）。这些后来被人们称为"斯巴达克分子"（Spartacists）的人，试图重新引导德国工人运动，使其脱离社会民主党的改良主义（修正主义）路线。1913 年，也就是一战爆发的前一年，卢森堡出版了《资本积累论》（1971）。这本书深思熟虑地回应了伯恩施坦主义——一种认为资本主义危机并没有带来马克思所预言的资本主义行将崩溃的论调。伯恩施坦和其他修正主义者曾宣称，鉴于资本主义的安然无恙以及它对正统马克思主义理

论如价值理论、工资理论相关问题提出了挑战，因此需要对马克思主义进行修正（Howard and King 1989:72–77）。

卢森堡认为，她已从殖民世界日益被纳入资本主义积累结构的过程中发现了资本主义为何没有崩溃的原因。帝国主义是资本主义国家阻止其行将崩溃的手段。她认为马克思的《资本论》包含着错误，特别是马克思在《资本论》第二卷中提出的再生产图式，这是一个以封闭体系为前提才得出的结论（Mommsen 1981:40）。卢森堡试图通过解决其所发现的问题来反击修正主义，并对 19 世纪末以来资本主义的显著扩张及其殖民开拓作出解释。把帝国主义定位为对马克思再生产图式分析所作的本质上有缺陷的分析的必然副产品，并没有影响卢森堡对此问题研究所取得的积极成果。例如，卢森堡第一次揭示出军国主义实则是资本积累的辅助手段，如莫姆森（Wolfgang Mommsen）就认为，"国防开支"充当了实现剩余价值的一种额外方法——这一思想被后来的马克思主义思想家以不同形式所采用（Mommsen 1981:44）。

可以说，卢森堡对马克思主义帝国主义理论的贡献一直没有得到充分的重视。当然，《资本积累论》的重点并不是帝国主义。然而，她对这一问题却有其独到的理解：虽然帝国主义是"延长资本主义生涯的历史方法"，但这种延续绝不可能是永恒的，总会有一个最终的清算，"仅仅是其自身所采取的帝国主义趋向的形式，就会使资本主义的最后阶段成为一个灾难时期"（Mommsen 1981:43）。"资本主义的最后阶段"先于列宁的"资本主义的最高阶段"的提法，沃尔夫冈·莫姆森指出，列宁对帝国主义的分析在很大程度上应归功于卢森堡，但他却从未真正承认过这一点（Mommsen 1981:47）。

列宁著作的影响如此之大，以至于布哈林的贡献（列宁曾为其著作撰写序言）在很大程度上一直是被忽视的。然而，布哈林关于帝国主义的深刻见解得到了卡利尼科斯的极大认可——他在自己的著作《帝国主义和全球政治经济》中，就使用了布哈林"世界经济"的核心概念（Callinicos 2009:19）。布哈林的《世界经济和帝国主义》指出了资本主义在 20 世纪初所实现的高

52

度发展，他从帝国主义视角出发，指出资本主义与国家之间相互交织和相互依存的本质，这是在资本主义垄断阶段形成的一种关系。布哈林认为，国家已经与资本主义积累过程紧密地联系在一起，并创造了"国家资本主义托拉斯"（state capitalist trusts）这个词来描述这种关系。"国家资本主义托拉斯"依赖于民族国家的领土空间和国家对其资本家利益的服从。与这种民族国家特征相对的是资本主义积累过程的国际化程度日益提高。在资本主义帝国主义的政治和经济关系中，对国家与国际之间矛盾的发现可以说是布哈林对帝国主义理论最重要的补充。

有趣的是，布哈林和改良主义者一样，把帝国主义看作金融资本所依托的一种政策，换句话说就是一种征服政策（Bukharin 1973:114）。"金融资本"这一概念是直接从希法亭那里借取来的，它指工业资本和银行资本的融合，并成为德国工业发展的一个特征。乍一看，布哈林似乎将金融资本具体化了，将政策制定能力归结为一套社会关系。而在布鲁尔看来，布哈林的观点是资本主义在金融资本的庇护下已经变得如此有组织性，以至于每个国家集团的资产阶级开始走向联合。由于利益的统一，国家不再需要对相互竞争的零碎利益进行仲裁，因此国家可以被简单地视为对资本巨头的政策、价值观和目的的反映（Brewer 1990:115）。布鲁尔还正确地指出，布哈林对国家问题的处理"过于简单化了"（Brewer 1990:114）。

与改良主义者不同，布哈林认为不可能通过政策和立法来规避国际紧张局势和不可避免的战争，而这正是帝国主义的本质所在。帝国主义是不可能接受改良主义道路的，据此，布哈林将考茨基的"超帝国主义"的说法斥为空想。解决帝国主义这个难题的唯一办法就是无产阶级革命。

在 1917 年布尔什维克夺取俄国政权之前，列宁是少数仍在欧洲和俄国主张革命路线的俄国社会民主党领导人，他写作有关帝国主义著作的目的之一就是要证明考茨基等改良主义者对当时形势的判断是错误的。改良主义者认为，只要资本主义继续存在，帝国主义的残暴行径——如当时掀起的肆虐欧洲的可怕战争——就可以避免或通过改良来消除。《帝国主义是资本主义的最高阶段》不仅是一项苦心孤诣的学术研究，还服务于政治和论战的目的。

指出这一点是很重要的，因为有两位当代马克思主义批评家帕尼奇和金丁以"过度政治化的理论"来指责列宁——这两人对马克思主义经典理论家进行了一系列强烈的批判。除此之外，他们还声称，19 世纪末和 20 世纪初欧洲发展的特殊条件，特别是列强之间的激烈竞争，构成了经典马克思主义理论家思考的一个基本背景（Panitch and Gindin 2004:9）。帕尼奇和金丁在批判列宁对考茨基的回应时，对这些理论家和政治领袖为应对他们那个时代的动荡事件而不得不进行战略和战术的激烈斗争进行了概括——改良还是革命是那个时代的迫切问题。本书在第三部分对"全球化时代"的马克思主义著作给予了更详尽的分析，其中也对帕尼奇和金丁关于 21 世纪帝国主义的综合论述进行了更详细的研究。这里只需说明，他们对列宁著作的批评之一——"理论过度政治化"，说明了列宁关于帝国主义的论述已经并将继续引起某种误解。

不能把上述内容看成对列宁的帝国主义理论的完全认可——既不能完全否定他的论述，也不能断言他的著作是关于帝国主义的最后定论（Church-ward 1959:76）。与布哈林不同的是，列宁在研究帝国主义时并没有提出一种明显的工具主义国家观，为避开沙皇审查制度，他的论著本身对帝国主义的政治方面的分析是很少的（Lenin 1973:1）。在此意义上，帕尼奇和金丁提出的经典马克思主义者的帝国主义理论欠缺政治理论的批评也适用于列宁的著作。

尽管列宁的帝国主义理论存在着批评家们所正确地指出的一些问题，但不能否定其诸多观点的价值所在。列宁在 20 世纪初指出的世界的某些特征在今天已经很容易被看到：全球资本主义像以往一样无处不在，并且危机频发；巨量的财富与巨大的贫困并存，国际政治仍然奉行着"强权即公理"的原则，并成为现实政治的同义词。冲突仍在继续，尽管不可否认还没有达到 20 世纪上半叶燃起战火的程度。因此，列宁的这部小册子一直受到人们的关注——尽管它不是帝国主义理论的最终定论，更不是煞费苦心拼凑出的理

54

论补记之类的东西。它的当代价值是显见的——列宁在 1916 年洞察到的全球资本主义和地缘政治的主要特征在新千年中仍然清晰可见，尽管其形式可能有所改变。考察一下列宁关于帝国主义的著作就可以发现这一点。

本章提出了两个重要观点：其一，革命者对帝国主义的分析提供了仍具有当代意义的基准理论。革命者没有忽视改良主义者对帝国主义问题的研究，但在帝国主义的必然性问题上与改良派的分析产生了根本分歧。卢森堡、布哈林和列宁提出了丰富的经验性理论，并都为资本主义帝国主义给出了某种很有说服力的定义——值得注意的是，他们是最早这样做的人。革命者的研究工作一直并将继续产生巨大的影响，当代马克思主义知识分子通过参考卢森堡、布哈林和列宁的著作来确定他们关于 21 世纪帝国主义的著述重心。其二，是关于革命者在写作中明显缺乏政治分析。帕尼奇和金丁对经典马克思主义帝国主义理论中国家理论的遗漏或工具主义国家观的批评是很重要的，因为如果过于依赖对帝国主义的经济分析，革命者，特别是布哈林和列宁所提出的帝国主义理论就会陷入片面性之中。

## 一、卢森堡：帝国主义与资本积累

罗莎·卢森堡于 1871 年出生于波兰，后加入德国国籍，她是社会民主党内坚定的左翼分子之一，也是该党的主要理论家。毫无疑问，她属于马克思主义的革命派，反对社会民主党中的改良派。从 1910 年起，针对大规模罢工和革命在取代资本主义和建设社会主义中所起作用的问题，她与考茨基展开了论战（Nettl 1966a:414-450）。卢森堡的《资本积累论》出版于第一次世界大战爆发的前一年，该书的最后一部分被认为是"马克思主义者缔造的第一个全面的帝国主义理论"（Lee 1971:847）。

从书名上一眼可看出，这本书探讨的是马克思《资本论》中关于积累和扩大再生产的问题。卢森堡认为，《资本论》第二卷中马克思的再生产图式是有问题的，它仅仅建立在对一个由资本家（以及各种各样的食利者）和工人组成的经济的分析上，因而无法解释每个生产周期中大量涌向市场的消费资料和生产资料——因为对消费资料和生产资料的消费是一定的，扩大再生产就成了问题（Lee 1971:847）。对此，卢森堡对这个问题的解决相当直率：资本主义扩大再生产的可能性是通过把非资本主义地区纳入西方资本主义经济体系来实现的。实现这一吸纳过程经历了诸多阶段，最后一个阶段就是帝国主义。因此，她对帝国主义的定义是："帝国主义是一个政治名词，用来表达在争夺尚未被侵占的非资本主义环境的竞争中所进行的资本积累的斗争"（Luxemburg 1971:446）。

卢森堡的传记作者认为，她并没有像三年后列宁在他的小册子[①]中所做的那样，详细阐述帝国主义的五个显著特征，而是倾向于将帝国主义视为一系列因素综合作用的结果，包括：

军国主义与殖民主义、和整个强权政治密切关联的保护主义……世界军备竞赛……在世界范围内实行殖民掠夺和"势力范围"政策……无一例外地暴露出资本主义内外政策的民族侵略本质（Nettl 1966b:524）。

56

对卢森堡来说，帝国主义与资本主义的区别并不在于资本主义的性质发生了变化，而在于帝国主义带来了对社会和社会民主更多的破坏。卢森堡强调帝国主义是一种综合效应，从而巧妙地避免了将问题焦点局限在军国主义等某一特征上——例如，她的社会民主党同事卡尔·李卜克内西就把矛头聚焦于军国主义上（Liebknecht 1972）。卢森堡对帝国主义以及对社会民主主义应该如何应对帝国主义的观点是非常明确的。她认为，社会民主主义的任务是暴露帝国主义的方方面面，揭露它生成条件的普遍性，因而也需要社会民主主义全面地反对它（Nettl 1966b:524–525）。

① 指列宁的《帝国主义是资本主义的最高阶段（通俗的论述）》，见《列宁全集》第27卷，人民出版社2017年版，第323—439页。

吊诡的是，对于一个有革命立场的人来说，卢森堡的《资本积累论》(1971)中并没有多少政治分析和战略制定。彼得·内特尔指出，在该书中，卢森堡对帝国主义的经济成因进行了严谨的理论分析，但对其政治表现只进行了"面相"勾勒（Nettl 1966b:535）。内特尔用"面相"这一概念试图表明，卢森堡仅仅概括出了帝国主义的政治表现，而没有进行明确的界定。他推测卢森堡没有进行明确界定的原因大体可以从她极力主张帝国主义是"大写的资本主义"的观点中找到。通过描绘出一幅帝国主义贪婪的整体图景，卢森堡希望从社会民主党那里得到更为强烈的回应，而不是再来一次考茨基提出的"无关痛痒的争鸣"（Nettl 1966b:536）。

卢森堡认为，帝国主义是资本主义内在经济问题的产物。当资本主义国家的积累过程遇到国内市场的限制时，非资本主义地区就会被资本主义全球经济纳入其中，从而使剩余价值的生产得以继续。因此，积累不仅仅是"资本主义经济各部门之间的内部关系，它主要是资本与非资本主义环境之间的关系"（Luxemburg 1971:417）。和其他革命理论家如布哈林和列宁一样，卢森堡认为帝国主义是资本主义的最后历史阶段，并提出这个阶段的特点是"对外借贷、修建铁路、革命和战争"（Luxemburg 1971:417, 419）。

## 二、以国际贷款为杠杆：撬开非资本主义地区

国际信贷形式的借贷是促进新兴资本主义国家经济发展的一种强有力的工具，同时，贷款也是撬开和取代非资本主义地区的自然经济（即农业经济）的关键杠杆。起初，新兴资本主义国家利用资金来源为本国的工业化、国家建设和基础设施提供支持，但在接受贷款后，他们发现自己实际上处于乞讨者的地位。而对债权国一方而言，在开辟新的投资和资本积累渠道的过程中，这些老牌资本主义国家得以对新兴国家的外交、商业政策、财政和海关施加压力。不过，开辟新的投资和积累渠道也会带来负面影响——为本国的资本家制造出了新的竞争对手（Luxemburg 1971:421）。

卢森堡用以说明对外信贷不公平的典型例子是埃及的经历——在"现代埃及的奠基人"穆罕默德·阿里主持下开始的现代化项目（Luxemburg 1971:429）。在19世纪后半叶，由外国公司修建的苏伊士运河通过一系列贷款来融资，在这一过程中，埃及陷入了欧洲资本主义的泥潭。国际组合贷款、大型投机项目、苏伊士运河计划和对农民的剥削（农民背负着长期的税收负担），这几者结合起来有效地终结了埃及的自然经济（农业、农民经济），为商品经济开辟了道路。埃及对欧洲资本的负债导致欧洲人越来越多地介入到该国的金融、经济和政治生活中。埃及政府不得不通过税收榨取农民血汗来支付贷款利息。此外，在英法两国的操纵下，埃及国王伊斯梅尔帕夏在1879年6月被废黜。1882年英国又以埃及军队的兵变和亚历山大的民众起义为借口，对埃及实施了军事占领。如果没有国际资本的直接参与、控制，埃及从自然经济到商品经济再到资本主义经济的转变是不可能如此迅捷地发生的，而军国主义则成为资本主义利益——修建铁路和灌溉系统、开掘苏伊士运河项目、操纵国际信贷的执行者（Luxemburg 1971:434-439）。

## 三、自由贸易、关税与帝国主义

通过对资本主义发展的历史分析，卢森堡追溯了自由贸易向保护主义的转变，而后者正是帝国主义发展阶段的一个特征。英国作为最老牌的资本主义国家，拥有着一个庞大的帝国，并以促进和捍卫自由贸易自诩。与其他欧洲资本主义国家相比，英国所拥有的面积广阔、资源丰富的非资本主义腹地让它具有了无可比拟的优势——庞大的帝国为英国资本家提供了"几乎无限的资本积累机会"（Luxemburg 1971:451）。

自由贸易及其相应的利益和谐的理想是在特定的情况下产生的。卢森堡认为，曼彻斯特学派的自由贸易理论家们把他们的理论建立在一个错误的假设上，即资本积累完全建立在商品交换上。对于商品生产国之间、资本和劳动力之间存在利益和谐的观点，卢森堡同样持批评态度。自由贸易学说的主

58

导地位是短暂的，只从 19 世纪 60 年代到 19 世纪 70 年代持续了短短几十年。甚至在此之前，在 19 世纪 40 年代，当中国的开放（由于鸦片战争）带来一个利益范围体系时，商业国家间的利益和谐就已被证明是不切实际的（Luxemburg 1971:446-447）。自由贸易原则并不能完全合乎资本主义积累的总体利益，所以，当工业资本在欧洲主要国家建立起自己的地位时，这一原则就被抛弃了（Luxemburg 1971:450）。

59

然而，自由贸易时代的终结并不完全是由于欧洲工业化国家针对英国在工业领域的主导地位征收保护性关税所致，自由贸易衰落的原因非常复杂，包括来自美国工农业产品的竞争、欧洲国家之间的竞争压力以及大工业资本影响力的增长等方方面面。保护性关税既预示着自由贸易的终结，也预示着欧洲资本主义列强之间竞争的加剧。在卢森堡看来，竞争胜败的关键取决于能否进入非资本主义地区（Luxemburg 1971:447-450）。这样的竞争对世界来说并不是一个好兆头：

> 随着资本主义国家的高度发展，以及它们在争夺非资本主义领域中的日益激烈的竞争，帝国主义在无法无天和暴力中滋长，不仅对非资本主义世界进行侵略，而且在相互竞争的资本主义国家之间引发更严重的斗争……帝国主义虽是延长资本主义寿命的历史方法，但它也是带领资本主义走向迅速终结的不二手段。这并不是说，资本主义的发展实际上必然会达到这个顶点：只是走向帝国主义的这个倾向本身，其形式就使资本主义的最后阶段成为一个灾难时期（Luxemburg 1971:446）。

关税是资本主义列强之间竞争加剧的表现。与所有这一切密切相关的是一种特殊形式的殖民扩张，并以军事力量尤其是海军为后盾。卢森堡总结了资本主义列强在处理与非资本主义地区的关系时所采用的主要方法，这些方法是"殖民政策、国际贷款体系（利益范围政策）和战争"。资本主义国家在与非资本主义国家打交道时的行为是厚颜无耻的："武力、欺诈、压迫掠夺都是公开的，没有任何掩饰的意图"（Luxemburg 1971:452）。很明显，这些关系和行为都来源于资本积累过程。也即，对卢森堡来说，外交政策、战争以及军国主义等政治现象都以积累过程为基础，并由积累所决定："实际上，政治权力只不过是经济进程的一种工具"（Luxemburg 1971:452）。

## 四、既是武器又是积累领域的军国主义

军国主义在积累过程中的每一个阶段都发挥了重要作用。作为执行者，国家的武装力量在欧洲资本主义发展的最初阶段发挥了巨大的作用，马克思将其称为"原始积累的过程"。对美洲新大陆和印度次大陆的征服都是通过广泛使用军事手段实现的。维持殖民地秩序、以暴力方式剥夺原始生产资料，商品交换和商品经济就此被强加给了那些"社会结构对其不利"的国家（Luxemburg 1971:454）。土著居民的无产阶级化是通过强制手段实现的，而强制手段的背后就是武装力量。在军事力量的帮助下，落后国家的势力范围被划分出来，贷款条件被强制执行，铁路特许权被予取予夺。在资本主义列强争夺非资本主义地区的竞争中，军国主义起到了关键作用（Luxemburg 1971:454）。

此外，卢森堡还提出了一个有趣的观点，即军国主义是一个特殊的积累领域。军国主义的资金主要来自向工人和农民征收的间接税，此种做法无论对资本主义发展还是对资本主义国家而言都带来了大量利益。"工人阶级的正常生活水平"被降低了，资金从工资（可变资本）中克扣下来并被转移到国库，后由国家投资于军备制造。通过集中这些收入，国家积累了大量的购买力，为资本创造了一个新的积累领域。收入的集中使国家能够持续不断地下大量订单，这给军备工业的资本家带来了稳定的收益。军备工业的增长似乎有一种节奏和规律，并使它似乎有了无限扩张的潜力。卢森堡认为，军备制造和军国主义，以及其生产的规律性和节奏性，都是由资本控制的。

这种控制又是通过立法和新闻界对公众舆论的引导来实现的（Luxemburg 1971:464–466）。

军国主义和积累过程一样，都是以压低工人和农民的生活水平为前提的，因此最终必然会破坏其存在的基础：

> 资本对国内外非资本主义阶层的破坏越是无情，它就越是降低全体工人的生活水平，资本日新月异的变化也就越大。它已然成为一连串的政治和社会的灾难和动乱，在这样的情况下，周期性的经济灾难或危机不断出现，积累过程难以继续（Luxemburg 1971:466–467）。

## 五、卢森堡帝国主义理论的缺陷

为了避免灾难、动乱和危机，全世界的工人阶级必须起来反抗并采取行动来实施社会主义原则（Luxemburg 1971:467）。革命立场将卢森堡与考茨基及其他社会民主党中的改良主义者区别开来。卢森堡是考茨基在党内最强烈的一名反对者，因此，当卢森堡在《资本积累论》中没有抓住机会给出自身的政治策略时，多少有些令人惊讶。不过，这一疏忽也可能是有意为之，因为她的目的是表明积累过程已经达到了极限，不仅给非资本主义地区带来了衰落、贫困和灾难，而且给资本主义中心地带本身带来了灾难（Nettl 1966b:536）。因此，需要采取大胆的行动，而不是采取社会民主党内改良主义者所惯用的被动和妥协策略。

毫无疑问，卢森堡对帝国主义采取了革命的立场，认为它是资本主义积累过程的最后阶段。在回应奥托·鲍威尔（Otto Bauer）对她的作品的批评时，卢森堡予以了严厉的回击，进而也严厉批评了社会民主党内"专家们"关于社会革命的言论，并谴责了他们在 1914 年 8 月的战争公债投票问题上对德国政府所作的妥协。她声称，这种退败是"把领导权交给了帝国主义"

61

(Luxemburg and Bukharin 1972:149)。关于社会民主党应该对帝国主义采取什么样的政治反应，卢森堡有着非常鲜明的看法，这在她的许多著作中都可以发现。从她写作的小册子以及她在社会民主党报刊上发表的新闻报道中可以清晰地看到，在第一次世界大战之前，她倡导革命策略，并将大规模罢工作为德国工人阶级的首选武器（Nettl 1966b:864–917）。而在战后德国革命动荡时期，她因致力于革命最终在斯巴达克派起义中付出了生命的代价——卢森堡和李卜克内西于 1919 年 1 月 15 日被准军事组织自由军团的成员杀害（Broué 2006:255–257; Nettl 1966b:772–773）。

62

## 六、卢森堡对帝国主义理论的贡献

卢森堡在《资本积累论》中对帝国主义的评价是复杂多面的。在她看来，帝国主义不是一项或某一套政策，而是资本主义发展的一个阶段。帝国主义起源于她所说的积累问题——因为要继续积累，非资本主义国家就需要成为过剩商品的购买者。尽管乔治·李（George Lee）声称卢森堡的帝国主义理论是马克思主义者关于帝国主义的第一个全面的理论，但实际上它不算全面——它忽略了霍布森和希法亭在其著作中所发现的一些特征（Lee 1971）。例如，她的著作很少提到金融资本、资本输出和垄断的影响。另外，鉴于卢森堡的革命资历以及她对改良派（比如社会民主党的考茨基）直言不讳的反对态度，她在书中极少触及帝国主义的政治方面就颇令人费解了。当然，她的重点在于解释马克思主义经济理论中的问题，而且，她很可能认为自己在其他地方对帝国主义的政治方面的论述已经足够广泛了。

批评家们在卢森堡对积累过程和帝国主义的考察中发现了一些问题。卢森堡进行分析的关键前提是：只有在非资本主义地区吸收资本主义国家生产的过剩商品的情况下积累才有可能扩大，然而，这一前提是有缺陷的。对于非资本主义地区而言，并没有绝对的强制性让其成为过剩商品的倾销地。资本主义体系并不像卢森堡所假设的那样封闭。在卢森堡关于资本主义生产的观点背后是一种目的论的信念，即认为一般的生产应该有一个目的。然而，个体资本家的确是有目的，但资本主义体系作为一个整体并没有一个目的；

63　它是无政府主义的，它的唯一动机就是利润。将生产资料和其他商品出售给其他资本家以获取利润同样有助于扩大积累，这样的做法不仅是可能的，而且是实际发生的（Brewer 1990:60-66; Howard and King 1989:106-114）。

　　因此，卢森堡对帝国主义的定义就受到了质疑。在卢森堡看来，帝国主义的核心是资本主义国家为扩大再生产而进行争夺非资本主义地区的斗争。布鲁尔敏锐地指出，也许卢森堡并没有成功地证明资本主义需要非资本主义的环境，但她强调了资本主义在非资本主义环境中的出现和发展却是值得称道的（Brewer 1990:66）。

　　非资本主义地区对于资本主义的积累和帝国主义来说是绝对必要的，这一主题在冈德·弗兰克的新马克思主义"依附理论"中得到了呼应。卢森堡的研究与新马克思主义"依附理论"的一个重要区别是：卢森堡强调了欧洲资本主义积累在处理资本主义地区和非资本主义地区关系中发挥着关键作用。

　　卢森堡对西方资本主义向非资本主义世界进军的描述也影响了最近的评论家们。哈维和伍德这两位"全球化时代"的马克思主义者对卢森堡的工作表示了认可。事实上，哈维发展了卢森堡关于使用武力、掠夺等术语，并形成了他的"剥夺性积累"概念（Callinicos 2009:40-41）。卢森堡另一个值得称道的见解是把军国主义视为一个积累的领域。社会民主党的理论家们也有关于军国主义的研究（李卜克内西就写过一本关于这个主题的著作），但卢森堡是第一个明确地把军国主义、积累过程和帝国主义联系起来的经典马克思主义者。后来的马克思主义者在这方面继续推进了她的开创性工作（Mommsen 1981:44）。

　　卢森堡对埃及、土耳其和中国所遭受的帝国主义列强侵略历史的描述，是对帝国主义的有力控诉。在反对资本主义最后阶段的积累过剩的斗争中，卢森堡不仅从事写作、鼓动，还组建了一个新的政党（斯巴达克派）并为之献出了自己的生命。作为一位坚定的革命者，一位富有洞察力的和打破传统的马克思主义理论家，她的榜样力量会不断鼓舞后来者。 64

## 七、布哈林对世界经济与帝国主义的系统分析

与卢森堡的研究不同，布哈林对帝国主义的研究可以真正算得上是一个全面的论述。布哈林生于 1888 年，于 1906 年加入俄国社会民主工党，并作为该党最重要的理论家之一而声名大噪，1938 年他在大清洗中遭受迫害。布哈林广泛借鉴了希法亭关于帝国主义的开创性著作，并在此基础上进行了拓展——他将帝国主义视为"金融资本主义的政策"，更确切地说，是金融资本主义必然采取的政策（Brewer 1990:111; Bukharin 1973:114; Cohen 1970:439; Howard and King 1989:246）。希法亭的核心关注点是更新马克思对资本主义政治经济学的批判，帝国主义理论仅仅是这一分析的衍生产物；卢森堡的《资本积累论》也是如此，帝国主义并不是她这本著作的主要关注点，而布哈林则不同，他是经典马克思主义者中构建出较为系统的帝国主义理论的第一人。

布哈林的观点远远超出了希法亭对金融资本的理解，他认为，帝国主义是现代资本主义"最基本的要素"。在布哈林看来，帝国主义是一个不可避免的历史范畴，它出现在资本主义发展的一个特定阶段，即最后阶段（Cohen 1970:439）。布哈林反对在社会民主党的官方圈子中出现的"帝国主义是一种政策"的观点，这与他对于帝国主义必然性的强调背道而驰。布哈林认为，在帝国主义时代设想一个没有战争的未来是一种"极其有害的乌托邦式的幻想"，这是改良主义的典型征兆，因此，他率先预告了列宁会对考茨基"超帝国主义"概念进行批判。换句话说，考茨基对资本主义抱有一种"乐观"态度，这种态度使他在指出资本主义适应性的同时掩盖了资本主义固有的内在矛盾（Bukharin 1973:142–143）。

在布哈林看来，20 世纪早期资本主义的一个决定性因素是世界经济的

中心地位。在这里，他的观点与希法亭的观点形成了鲜明的对比，后者关注的是发达国家的经济，而布哈林认为，发达国家的经济是作为世界经济的单位来运作的，并受全球市场规律的支配（Howard and King 1989:245）。一方面，发达资本主义国家的国民经济受制于世界市场规律；另一方面，资本主义的变化，如垄断、卡特尔化、资本集中、国家干预等，使价值规律不能在国民经济中发挥作用，只能在国际层面上起作用。布哈林之所以得出这样的结论，是因为资本主义已经超越了其早期自由竞争带来的动荡时期，竞争资本主义已被垄断资本主义所取代，垄断资本主义又为"有组织的"国家资本主义的形成奠定了基础（Howard and King 1989:246）。

以有组织的资本主义在国家层面和国际层面的矛盾为基础，布哈林构建了《世界经济和帝国主义》（1973）一书。霍华德和金总结了布哈林对帝国主义理论的总体贡献，认为布哈林对经典马克思主义著述的贡献主要有三点：其一，通过将希法亭的理论系统化和激进化，布哈林将著述重点从国民经济转向了世界经济；其二，布哈林提出了关于"资本主义国家集中化[超越]金融资本，形成了……准极权国家资本主义"的论述（Howard and King 1989:246）；其三，也是最后一点，布哈林认识到帝国主义时代国家的本质，即"新利维坦"反对任何革命政党利用国家来建设社会主义。这样的国家必须被摧毁（Howard and King 1989:248）。

## 八、布哈林的世界经济理论

布哈林把他分析的核心内容定义为"一种生产关系体系，以及相应的世界范围内的交换关系体系"（Bukharin 1973:26）。世界经济受制于无政府主义不受监管的状况——这种状况曾在竞争资本主义时代困扰着各国经济。通过不断扩张，资本主义最终通过交换和生产过程将全球各地联系起来。而国内与国际范围内劳动分工和生产力的不平衡发展相结合，形成了不同类型的经济和生产领域，增加了社会劳动分工（Bukharin 1973:20）。以工业和农业生产形式为基础，整个国家的分裂是非常明显的，并且这种"城镇和乡村"的分裂在全球范围内被复制开来。国民经济曾经是资本主义发展的顶峰，现在则成为世界经济的一个单位。

66

布哈林提请人们注意资本主义在世界经济中发展的深度和广度，一方面是更广泛的联系，另一方面是更密集、更深厚的网络（Bukharin 1973:28）。这些广泛的联系促进了非资本主义地区被纳入资本主义世界经济体系之中，而密集的网络则加强了现有的资本主义生产关系。

技术的进步使生产过程有了质的改进，这推动了世纪之交资本主义的迅猛发展。电力、内燃机、涡轮机、化学发现的应用，以及科学与工业的高度交织，使世界资本主义生产力发生了质的飞跃（Bukharin 1973:28-29）。值得注意的是，布哈林在其论著中用统计表来支撑他的论点。他采用了来自重工业的经验证据，如煤炭、铁矿石、铸铁、铜和黄金等行业，并辅之以食品生产、铁路铺设、造船和移民等行业的数据来支持他的观点（Bukharin 1973:30-31, 33-35, 37, 39, 40, 42-45）。与希法亭、考茨基和卢森堡的贡献相比，布哈林提供了更为丰富的经验材料。

追随希法亭的脚步，布哈林对德国大型"国家"银行所建立的日益增长的国际联系进行了追踪。进行扩张的并不只有德国的银行，英国、法国和荷兰的银行也纷纷在其殖民地扩张分支机构。作为银行和工业资本的结合，金融资本巩固了其在欧洲各国经济中的中心地位，并将其影响力扩展到国际。生产过程中技术的快速进步，加上工业和金融资本在国际范围内联系的加强，以及垄断的发展，已经逐步将工业塑造为"一个有组织的系统"（Bukharin 1973:52）。

在金融资本对投资和生产的组织和方向产生了强大的影响，从而使较弱的竞争对手被淘汰或退居从属地位之后，组织化的资本主义出现了。国民经济已经从一个资本竞争的舞台转变为一个所有生产部门都有组织地联系在一起的实体。国家资本主义经济不是通过政策指令成为有组织的，而是通过资本主义竞争规律的必然展开而成为"组织化的"。

67

布哈林认为接下来就是将国家纳入国家积累过程。国家权力与银行、工业资本交织在一起，形成了"国家资本主义托拉斯"，由此产生了"国家资本主义"：

> 对布哈林来说，现代资本主义最显著的特点是国家的新干预主义角色。正如"国家资本主义"一词所表达的那样，国家已经不再仅仅是统治阶级（或几个阶级）的政治工具，不再是资产阶级各集团之间经济自由竞争的公正裁决者；通过金融资本的代理，它已经成为经济的直接组织者和所有者，成为"国家资本主义托拉斯的一个非常大的股东"，成为"最高的和包罗一切的组织顶点"（Cohen 1970:441）。

战时的德国是"国家资本主义托拉斯"的典范。德国政府渗透到经济的各个方面，通过进行调控、实施军事化和指导生产，显示了经济需求和要求是如何决定国家职能的（Bukharin 1973:63）。对布哈林来说，至关重要的一点是，国家资本主义是第一次世界大战前 20 年经济、社会和政治条件的产物，正如自由放任是"多元化"竞争资本主义时期的产物一样。

通过卡特尔的运作、关税设定、金融资本和国家的联合（最终形成了国家资本主义托拉斯），组织化的资本主义实际上消除了国家层面的竞争。然而，对于世界经济而言，情况并非如此，世界经济的竞争更加激烈了。由此展开的政治斗争和经济斗争是如此激烈，以至于军国主义和冲突变得不可避免。在战争爆发之前，殖民地的人民目睹了帝国主义的野蛮、浪费和破坏行径。现在，处于资本主义中心地带的劳动者们也经历了同样的破坏性力量，并且其规模要大得多。通过殖民政策、小恩小惠、民族主义以及与帝国主义国家的有限联系所积累起来的全部利益，与欧洲无产阶级没有什么关系，这些利益也无法弥补"数百万被屠杀的工人……对被掠夺的生产力的破坏，以及高昂的生活成本和饥饿"（Bukharin 1973:167）。

68

欧洲工人阶级的选择是非常明确的。帝国主义是第一次世界大战的起因，也将成为更多战争的起因。每个国家的国家资本主义托拉斯都同样卷入这场浩劫之中。社会民主党（如德国的社会民主党）在呼吁支持其相应国家的资本主义托拉斯时，不仅使第二国际破产，而且表明了这样一个事实，即通过议会制度和改良方式实现缓慢进步的计划是一场骗局。考茨基作为社会民主党中改良派的代表，他的"超帝国主义"的概念是改良主义传统所有错误的一个缩影：

> 然而，"超帝国主义"时代终究不是一种真实的可能性，它能够免于集中化进程的影响吗？难道国家资本主义托拉斯不是逐渐地互相吞并，直到有一种包罗一切的力量征服了所有其他的托拉斯吗？如果把社会进程看作一个纯粹机械的过程，而不将那些敌视帝国主义政策的势力考虑在内，这种可能性是可以想象的。然而，在现实中，战争接踵而来，以及其规模的不断扩大，这必然导致社会力量的转移。从资本主义的角度来看，集中化的进程将不可避免地与一种同前者对立的社会政治趋势相冲突。因此，它绝不可能到达它的逻辑终点；它会遭受崩溃，只有在一种新的、纯粹的非资本主义形式下才能实现。正是基于这个原因，考茨基的理论是根本不可能实现的。它并不把帝国主义看作资本主义发展的必然产物，而是将其视为资本主义发展的一个"黑暗面"……他的概念隐含着对撕裂现代社会的巨大矛盾的回避，从这方面而言，这是一个改良主义的概念（Bukharin 1973:142–143）。

69

## 九、布哈林与国家和国家资本主义的问题

布哈林在《世界经济和帝国主义》中提出的国家资本主义的概念以及他对国家的处理，引起了两种主要的批评。首先，他忽略了国家与市民社会之

间复杂的互动关系。在积累过程中，国家作为国家资本主义托拉斯的一部分参与其中，这又进而成为国家资本主义的一部分。这一主张把《共产党宣言》中关于"现代的国家政权［是］……管理整个资产阶级的共同事务的委员会罢了"的表述提升到了另一个层次（Marx 1973:69）。也就是说，整个资产阶级的共同事务已经凝结为国家资本主义托拉斯的经济事务，进而成为国家资本主义的经济事务。按照布哈林的描述，国家资本主义从一开始就是一个经济基础决定政治上层建筑的例子：

> 事实上，现代国家作为明确的政治实体的基础是由经济需求和要求造成的。国家在经济基础上发展；它只是经济关系的一种表现；国家关系只是作为经济关系的一种表现形式出现的（Bukharin 1973:73）。

除了国家的经济职能之外，国家的合法性问题以及国家的其他职能（如社会职能和政治职能）都被忽略了。随着组织化的资本主义的出现，资本主义各个阶层之间的紧张关系在很大程度上得到了缓和。因此，议会，这个历来代表资产阶级与君主制、封建地主利益集团进行斗争来解决其阶级内部矛盾的政治舞台，其合法性面临着危机。在帝国主义时代，议会成为一个"装饰性的机构"，其职能是传达商人协会做出的决定，正式批准"整个资产阶级的集体意志"（Bukharin 1973:128）。通过阐述国家资本主义的机制和议会合法性的消失，布哈林表明了政治对经济的从属地位，从而使他能够摆脱改良派对议会的依赖。其目的是瓦解考茨基所青睐的政治策略。

布哈林对国家资本主义托拉斯和国家资本主义的构想确实存在其自身的问题。他对国家的处理"过于简单"（Brewer 1990:114），但这并不是他一个人的问题。正如奇伯所指出的，在关于帝国主义的问题上，经典马克思主义著作的标志就在于忽略了"对推动帝国主义进程的深层经济力量的政治调节"（Chibber 2004:429）。此外，奇伯关于卢森堡和列宁在他们的帝国主义著作中很少触及国家问题的重要洞见，也适用于布哈林和希法亭。也就是说，他们都认为"国家并不能作为一个独立的因素来解释帝国主义，这主要是因为他们对国家—资本之间关系的理解过于简单"（Chibber 2004:429）。"处理国家问题时的还原论和工具主义方式"是经典马克思主义帝国主义理论的主要缺陷之一（Panitch and Gindin 2004:6）。毫无疑问，布哈林在对待国家及其与资本主义帝国主义的关系问题上同样过于简单化了。

对布哈林著作的第二个主要批评是针对他的国家资本主义概念。支撑国家资本主义概念的一个假设是，资本主义在国家内部的竞争在很大程度上已经被克服。正是在国内资本主义的问题上，布哈林和列宁的观点产生了分歧。两位作家都强调，自由放任资本主义已经转变为垄断资本主义，但列宁并不认为垄断资本主义是铁板一块。在发达资本主义国家中，垄断和自由竞争相互结合，产生了一种非常复杂的景象。因此，垄断和托拉斯化并没有消除内部危机（Cohen 1970:448-449）。相反，垄断进程的不平衡甚至加剧了个别资本主义经济的内部危机。例如，垄断部门和竞争部门之间存在着利益冲突，这表明竞争压力仍然存在。布哈林提出的国家资本主义是有问题的，因为它没有考虑到资本主义在国家内部和整个资本主义世界经济中的不平衡发展。资本主义发展的不平衡导致资本主义列强之间的相对实力发生变化，并成为欧洲列强之间军事竞争的重要经济基础（Howard and King 1989:249）。列宁对国民经济内部存在持续竞争的强调，与布哈林将关键问题领域转移到世界经济上形成了鲜明对比。他们对这个特殊时期中资本主义发展本质的不同看法，成为两人争论的焦点问题（Buchanan 1976:69；Cohen 1970:449；Howard and King 1989:249）。

71

## 十、对布哈林帝国主义理论的评价

对布哈林这两方面的批评突出了他对帝国主义政治和经济组成部分的复杂性的忽视或简单化的做法，尽管如此，布哈林仍然是第一个对帝国主义问题作出全面论述的马克思主义者。他在将希法亭《金融资本》中的一些洞见（如工业资本和银行资本的产物——金融资本、组织化的资本主义、卡特尔化和资本输出等）汇集一处的基础上，创建了一个内容连贯且逻辑一致的帝国主义理论。这一理论强调了资本主义世界经济的重要性：不仅在于它的积累过程，而且在于它是帝国主义不可分割的组成部分。世界经济和国家经济之间的关系（主导和从属）是具有挑战性和启发性的。同样值得注意的是，布哈林收集了大量的经验证据来支持他的论点——在"帝国主义理论的开拓者"中，霍布森、布哈林和列宁与众不同地使用了统计数据来支持他们自身的论点。与之对比，有趣的是，"全球化时代"的马克思主义者哈维和伍德（以及包括哈特和奈格里在内的许多其他马克思主义者的著作）均因为他们在帝国主义的研究中缺乏经验证据而受到批评（Sutcliffe cited in Callinicos 2009:19; Fuchs 2010:222）。

　　布哈林试图提供一种理论来解释这场吸引了欧洲主要列强的战争是如何爆发的，并且他像卢森堡和列宁一样，强调了垄断资本主义、资本主义的扩张、国家、帝国主义内部竞争和战争之间的联系。与霍布森和考茨基等改良主义者将帝国主义视为一种或一套改良政策不同，布哈林认为帝国主义是金融资本主义的必然结果，具有必然性、不可改良性。克服帝国主义这种毁灭性后果的唯一办法就是粉碎国家，并用"革命的无产阶级专政"取代"金融资本专政"（Bukharin 1973:170）。其他的路线要么是自由主义式的，要么是危险的乌托邦，都是具有误导性的。尤其是考茨基关于"超帝国主义"的预言和应对方法，是布哈林最为反对的。无论如何，布哈林的著作勾勒出了列宁在一年后即 1916 年出版的著作中所关注的一些问题，并由此成为经典马克思主义帝国主义著作的重要组成部分。

## 十一、列宁的《帝国主义论》

　　列宁关于帝国主义的小册子自出版以来，在受到高度赞扬之余也不乏尖锐批评。该著作崇高的地位让其不容被忽视。列宁坚定地站在革命者的阵营中，他的目的之一是反对考茨基的"超帝国主义"概念，进一步的目的则是解释为什么大国之间会发生战争。另外，它还致力于阐释第二国际为何会破产——该书认为导致这一结局的原因是各社会民主党在大战爆发后纷纷屈从于支持本国资产阶级政府所致。《帝国主义论》一书具有很强的论战色彩，因此有人批评它是一种"过度政治化的理论"（Panitch and Gindin 2004:9）。显然，这种批评忽视了战争的政治复杂性、第二国际的破产以及社会动荡对列宁帝国主义写作的影响。再有，列宁提出的帝国主义理论被认为是最具权威性的理论，因而自然会遭到敌人和"被误导的马克思主义追随者"的攻击（Bagchi 1983:2）。

列宁，本名弗拉基米尔·伊里奇·乌里扬诺夫（1870—1924 年），出生于辛比尔斯克，父亲是一名政府官员，母亲是一名教师，早年就投身于革命政治。在写作这本关于帝国主义的著作时，列宁已经领导了俄国社会民主工党的布尔什维克派超过 12 年，而在这期间的大部分时间中他都处于流亡状态。在 1917 年为该书出版所写的序言中，列宁相信他的小册子能够"有助于理解帝国主义的经济实质这个基本经济问题，不研究这个问题，就根本不会懂得如何去认识现在的战争和现在的政治"（Lenin 1973:2）。列宁刻意避免过多地讨论帝国主义的政治方面，以避免沙皇的审查制度。尽管存在这样的限制，政治和地缘政治的发展在这本小册子中仍然得到了全面的阐述——尽管是最低限度的，因为它们也是列宁对帝国主义的理解中不可或缺的一部分。

73

## 十二、集中导致垄断

列宁承认他从霍布森和希法亭的研究中受益颇多。在他们的一些核心创见的基础上，列宁发展出自身的帝国主义理论。从生产的集中和垄断开始，列宁给出了美国和德国一些大型公司发展的经验证据。利用这些数据，他得出结论：

集中发展到一定阶段，可以说就自然而然地走到垄断。因为几十个大型企业彼此之间容易达成协议；另一方面，正是企业的规模巨大造成了竞争的困难，产生了垄断的趋势（Lenin 1973:14）。

列宁认为，竞争向垄断的转变是当代资本主义发展的一个重要特征，而希法亭正是第一个强调这一特点的经典马克思主义作家。

希法亭还指出了现代资本主义的另一个特点，即"联合"，列宁同样认为这一点非常重要。在这里，生产过程中原本独立的领域被统一在一个企业实体之下。换句话说，不同的工业部门被联合进一个企业之中，例如，同一个企业既把矿石炼成生铁，又把生铁炼成钢，可能还用钢制造各种成品（Lenin 1973:14）。联合确实带来了好处，通过稳定或者消除变幻莫测的贸易波动，联合确保了更稳定的利润率。在萧条时期，与未联合的企业相比，联合加强了这些企业的地位（Hilferding cited in Lenin 1973:15）。

在德国，集中和联合的力量是如此强大，以至于各个行业的大企业都聚集在一起形成了许多巨型企业。这些巨型企业"有柏林的 6 家大银行做他们的靠山和指挥者"（Lenin 1973:16）。集中的经历并不局限于德国和美国这种新兴的资本主义国家。由于这些企业的规模和它们内部的大量投资阻碍了竞争，英国也感受到了这种集中进程的影响。不同于德国和美国的资本主义发展，这两个国家卡特尔的形成得益于保护性关税的设立，在英国，垄断联盟是在主要竞争企业的数量减少到十几家时才产生的（Lenin 1973:17）。

列宁断言，生产的集中是资本主义发展的基本规律和一般规律。各国对保护性关税或自由贸易问题所采取的不同做法并不能改变这一基本规律的展开。20 世纪初，随着自由竞争被垄断资本主义所取代，资本主义的性质发生了变化（Lenin 1973:18）。资本主义从自由竞争向垄断的过渡经历了三个阶段：在 19 世纪 60 年代，垄断还处于萌芽阶段，自由竞争是普遍规律；1873 年经济危机的爆发标志着卡特尔的形成和稳步发展；19 世纪末的繁荣和随后 1900 年至 1903 年的经济危机则见证着卡特尔成为经济生活的基础之一。至此，转变已经完成，资本主义蜕变为帝国主义（Lenin 1973:20）。

希法亭对卡特尔、托拉斯这些组织化现象进行了分析——它们在一定程度上促进了德国和美国资本主义的组织化，例如，就市场份额和熟练劳动力的雇佣达成协议已然成为惯例。然而，无论垄断过程在多大程度上对生产过程进行了组织化并使其社会化，它都无法完全摆脱资本主义仅受利润驱动所带来的生产混乱："相反，在几个工业部门中形成的垄断，使整个资本主义生产所特有的混乱现象更加厉害，更加严重"（Lenin 1973:28）。这与布哈林关于在国家垄断资本主义条件下的资本主义组织是怎样消除了发达资本主义国家内部的竞争，从而将竞争斗争转移到世界经济的主张形成了对比。科恩认为，布哈林和列宁在国民经济危机和国家垄断资本主义现象上的分歧，成为从 1917 年开始一直延续到 20 世纪 20 年代的"一系列分歧"的基础（Cohen 1970:449）① 。

银行与集中进程、卡特尔化和垄断过程密切相关：在资本主义发展的垄断阶段，银行不仅在加速集中进程和卡特尔化过程中发挥了关键作用，而且本身也经历了同样的集中过程。最初，银行只是卑微的"支付中间人"（Lenin 1973:31），但随后，它们的规模越来越大，数量却越来越少。

## 十三、银行和垄断资本主义

列宁认为，在资本主义向资本主义帝国主义转变的过程中，银行发挥了

---

① 此外，霍华德和金也提到布哈林和列宁在诸多问题上的分歧，比如国家在垄断资本主义中的作用、民族自决以及无产阶级和农民联盟的可取性等问题。这些分歧使布哈林和列宁在战争期间的 1916—1917 年关系紧张。然而，霍华德和金声称，在《帝国主义论》出版后，列宁开始接受布哈林关于国家的观点（Howard and King 1989:249-250）。关于这个问题的更深入的分析，见 H. 雷·布坎南的文章（Buchanan 1976）。

显著的作用：

> 银行就由中介人的普通角色发展成为势力极大的垄断者，它们
> 支配着所有资本家和小业主的几乎全部的货币资本，以及本国和许
> 多国家的大部分生产资料和原料产地（Lenin 1973:31）。

前面已经提到了德国的巨型企业和总部设在柏林的 6 家主要银行之间的
密切联系（Lenin 1973:16）。抛开列宁提供的关于德国银行所持资本增加的
数据（Lenin 1973:32, 34–35），结论是非常明朗的：

> 银行渠道的密网扩展得多么迅速，它布满全国，集中所有的资
> 本和货币收入，把成千上万分散的经济变成一个统一的全国性的资
> 本主义经济，并进而变成世界性的资本主义经济……愈来愈多的从
> 前比较"独立的"、确切些说是地方性的同外界隔绝的经济单位，
> 隶属于一个统一的中心。……（德国银行体系在 19 世纪末 20 世纪
> 初经历的并不是分散化，而是）集权，是垄断巨头的作用、意义和
> 实力的加强（Lenin 1973:35）。

76

德国银行业在网络广度和深度方面的经验被英国、爱尔兰和法国所效
仿。资本主义国家银行体系的共同特点是少数几家银行垄断者拥有强势地
位，他们对各资本家的金融状况了如指掌，并能够通过扩大或限制信贷来操
纵和控制他们（Lenin 1973:37）。这些银行业垄断者变得如此强大，以至于
它们实际上使国家的商业和工业运作都服从于它们的意志。

上述细节在银行和工业之间的关系中体现得最为明显。银行资本和工业
资本的结合是通过股份收购、任命银行家进入工商企业董事会以及相互任命
工业家和其他商人进入银行董事会来实现的。列宁用德国经济学家奥托·耶
德尔斯（O. Jeidels）的数据说明了资本和企业的集中程度：

柏林 6 家最大的银行由经理做代表，参加了 344 个工业公司，又由董事做代表，参加了 407 个公司，一共参加了 751 个公司。它们在 289 个公司中各有两个监事，或者占据了监事长的位置。在这些工商业公司中，有各种各样的行业，如保险业、交通运输业、饭馆、戏院、工艺美术业等。另一方面，在这 6 家银行的监事会中（在 1910 年）有 51 个最大的工业家，其中有克虏伯公司的经理、大轮船公司汉堡—美洲包裹投递股份公司的经理等。在 1895—1910 年间，这 6 家银行中的每一家银行都参加了替数百个（281 至 419 个）工业公司发行股票和债券的工作（Lenin 1973:45）。

正如布哈林所观察到的，其结果是银行和工业资本的结合（Lenin 1973:48）。在列宁看来，20 世纪无疑迎来了金融资本的时代。　　　　　　　77

## 十四、金融资本和金融寡头

列宁密切关注希法亭对金融资本的分析，并注意到布哈林对银行和工业资本形成联合的强调，在此基础上他补充了大量的经验细节，这些细节有助于说明银行的集中程度以及银行与工业企业之间的相互联系。希法亭曾将金融资本定义为由银行支配并由工业家运作的资本。对于列宁而言，一个至关重要的问题是，希法亭忽略了垄断是怎样成为金融资本的一个构成因素的（Lenin 1973:52）。

通过控股公司、发行股票和向国家提供贷款，少数处于金融资本上层的人士发挥了巨大的作用，这些人就是金融寡头。国际金融寡头们觊觎以债券形式发放的国际贷款，因为它们能够产生惊人的利润率。金融资本和金融寡头控制着这些数额惊人的资金，并让这些利益渗透到公共生活的各个领域，而不管政府的组成形式如何（Lenin 1973:67）。这些金融寡头的特点是，在 20 世纪早期资本主义条件发生变化的情况下，他们使自己远离生产过程。

换言之，金融寡头满足于充当食利者，依靠货币资本产生的收入为生。实际上，金融寡头和金融资本与生产过程的分离不断扩大，这是这一阶段资本主义发展的标志。金融资本形成统治局面意味着"食利者和金融寡头占统治地位"（Lenin 1973:69）。集中的过程并没有就此停止，少数几个金融实力雄厚的国家登场了。

在 1910 年，金融实力雄厚的国家有英国、法国、德国和美国。在当时全球流通的价值 5750 亿至 6000 亿法郎的证券中，这 4 个国家拥有约 4790 亿法郎，约占全世界总量的 80%。鉴于此，列宁得出结论："世界上其他各国，差不多都是这样或那样地成为这 4 个国家、这 4 个国际银行家、这 4 个世界金融资本的'台柱'的债务人和进贡者了"（Lenin 1973:71–72）。

## 十五、资本输出

在对资本输出的讨论中，列宁借鉴了霍布森和希法亭等人的开创性研究（Lenin 1973:74 脚注）。马克思对资本主义政治经济学的批判有一个基本主张，即商品生产是资本主义的标志。列宁断言，这个主张仍然是正确的。事实上，资本输出鼓励商品出口，因为贷款通常规定向债权国的生产商购买商品（Lenin 1973:77）。然而，资本主义在世纪之交发生了质的变化，虽然商品出口仍然非常重要，但却被资本输出所掩盖。

向落后国家输出资本以获得高额利润是具有非常诱人的前景的。由于资金短缺，土地价格相对较低，原材料和劳动力价格低廉等因素，投资海外的资本可以获得高额的回报。此外，一些老牌的资本主义国家正在成为"过度成熟"的资本主义。也就是说，它们在国内已经找不到任何"有利可图"的投资领域了，因此加大了资本的输出（Lenin 1973:73–74）。

主要输出国的资本输出采取了不同的路径：英国人主要把资本输出到他们的殖民地，而法国人则把大部分资本集中在欧洲，尤其是俄国。1910 年前后，德国人只占有很少的殖民地，他们的资本均衡地输出到美国和欧洲

（Lenin 1973:75–76）。随着资本输出区域的划定，以及殖民地与各自的殖民势力的附属关系，列宁对资本主义和帝国主义列强提出了两点看法：第一，卡特尔、辛迪加、托拉斯和垄断资本主义的联合体在经济上把世界瓜分完了；第二，列强在地缘政治上又将世界领土瓜分殆尽（Lenin 1973:79, 89）。

## 十六、资本主义的联合与世界市场的瓜分

以卡特尔、辛迪加和托拉斯等形式表现出来的资本集中并没有止步于国界，在将本国市场中的各产业捆绑起来之后，垄断同盟就把它们的触角伸向了世界市场。因此，随着资本输出的增加，"势力范围"的扩大以及殖民地与外国之间更为密切和复杂的联系，顺理成章地，"这些垄断同盟就'自然地'走向达成世界性的协议，形成国际卡特尔"（Lenin 1973:79）。

列宁以美国和德国的电力工业、商业航运和钢铁工业等为例，展示了列强瓜分世界市场的不可阻挡的动力。德国的电气工业是由七八个集团组成的，其中大约有 28 家公司，相应地它们也得到了一些银行的资金支持。在 1908 年到 1912 年的四年间，这七八个集团合并成两个集团，合作瓜分德国和其他国家的电气产品市场。合并后出现的两家大公司分别是电气总公司和哈尔斯克电报建设公司。仅电气总公司一家公司就控制着超过 10 个国家的 175 至 200 家公司和 34 家直接代表机构，这使其成为一个巨大的联合企业。与德国的电气联合企业一样，美国也实现了电气行业公司的合并，这一过程以通用电气公司的成立而告终。1907 年，美国和德国的大型托拉斯之间达成了一项协议，将美国和加拿大的市场分配给通用电气公司，另将德国、奥地利、俄国、荷兰、丹麦、瑞士、土耳其和巴尔干半岛的市场分配给电气总公司。这样，两个托拉斯结束了它们之间的竞争。这些电气巨头规模如此之大，以至于它们主宰了整个行业，甚至可以扼杀新生的竞争对手。对此，列宁发出了一个警告，即在破产、战争、发展不平衡等情况下，联合企业（比如电气行业巨头）对世界的瓜分，并不排除对市场或市场份额的重新划分。

79

换言之，全球经济的划分随着各公司的经济实力而波动（Lenin 1973:80–82）。

列宁关于全球经济划分的主张还得到了其他行业各种实例的支撑，这些例子都证明了同样的观点，因此这里无须一一展示。在说明世界市场是如何被强大的联合企业所瓜分时，列宁借机谴责了考茨基。考茨基认为，资本主义的集中和组织化为资产阶级政治家提供了一个借鉴，他预言战后世界资本主义国家的外交政策可能会走向卡特尔化，并认为，"超帝国主义"不仅可以为世界市场的和平划分铺平道路，而且还可以为帝国主义列强之间的和平铺平道路。但列宁坚信，"超帝国主义"不仅在理论上是荒谬的，而且在实践中等同于诡辩，是"最恶劣的机会主义"（Lenin 1973:88）。这些论断仅仅是列宁猛烈批评考茨基的开端。关于资本主义联合体对世界的瓜分，列宁得出的结论是，资本主义的最新阶段自然而然地产生了这些关系。集中的过程导致了垄断和巨头联合企业的产生，而大型联合企业又反过来抑制了竞争。最终，联合企业之间就市场份额和市场范围达成协议。大型联合企业对世界的经济瓜分，同时又在地缘政治领域得到了呼应，即列强实现了对世界领土的瓜分。

## 十七、列强与 19 世纪后期的世界地缘政治

列宁断言，到 1900 年，世界已经被瓜分完毕，殖民地列强几乎占领了所有未被占领的土地（Lenin 1973:90）。虽然领土瓜分已经完成，但这并不排除重新瓜分的可能性。因而，19 世纪后期地缘政治的突出特点就是围绕世界瓜分的斗争不断加剧。

列宁援引了霍布森的数据作为 1884 年至 1900 年期间对殖民地和领土的争夺日益加剧的证据，并对比了 1840 年至 1860 年间英国的反殖民政策。在这个时期，英国制造业占据世界的主导地位，自由贸易的口号引起远近各地的共鸣，资产阶级的政治家们纷纷开始谴责对殖民地的占有和追逐（Lenin 1973:92）。然而，在矿业资本家和诸如塞西尔·罗得斯等金融家以及约瑟

夫·张伯伦等政客们的阴谋推动下，殖民政策在之后的几十年里发生了翻天覆地的变化。讽刺的是，一些英国资产阶级政客开始鼓吹帝国主义是解决诸如过度拥挤、人口过剩和失业等社会问题的办法。正是罗得斯操控政治的这种玩世不恭的态度激怒了霍布森。列宁在引述罗得斯和一位记者朋友1895年的对话时提到了这一点，其大意是，为了避免内战，英国需要采取帝国主义政策（Lenin 1973:93-94）。

81

列宁承认，殖民政策和帝国主义在资本主义之前就已经存在，但是，伴随发达资本主义国家中垄断的出现和金融资本的统治，殖民政策和帝国主义的性质也随之发生了变化。社会经济制度决定了帝国主义和殖民政策的形式和性质，"资本主义过去各阶段的资本主义殖民政策，同金融资本的殖民政策也是有重大差别的"（Lenin 1973:97-98）。

垄断资本主义的联合企业致力于夺取所有原材料的来源地，这使得它们成为其各自国家政府进行殖民地兼并的热切支持者。大型联合企业通过占有殖民地确保自身能获得原材料，并通过国家的支持来阻止竞争者获得资源，这一目标有时是通过国家垄断立法来实现的（Lenin 1973:98）。由于这些企业并不满足于现有的原材料来源，因而，它们对于具有潜在原材料来源的地区的兼并也推动了瓜分全球的争夺战。

在考察阿根廷和葡萄牙的经验时，列宁对帝国主义的政治分析显示出一定的复杂性。阿根廷是一个政治独立的国家，接收了英国大量的资本。通过阿根廷的资产阶级与英国金融资本建立的牢固联系能够轻而易举地看出这个南美国家的政治和经济生活是如何被塑造的。同样，葡萄牙也是一个政治上独立的国家，甚至拥有自己的殖民地，与阿根廷一样，它与英国也有着密不可分的关系——两个世纪以来一直与英国保持着政治和金融上的联系。葡萄牙成为英国的保护国后，英国至此可以轻松地向葡萄牙及其殖民地输出商品和资本。葡萄牙与英国之间的这种半殖民地关系并不新奇，其真正新奇之处在于，在资本主义的最新阶段，这些关系已经成为一个总体体系的一部分，成为瓜分世界和再瓜分世界进程总体动力的一部分（Lenin 1973:101-103）。

82

在列宁看来，由于世界已经被列强瓜分，这使他们几乎没有回旋的余地，因而冲突是必然的结果：

> 试问，在资本主义基础上，要消除生产力发展和资本积累同金融资本对殖民地和"势力范围"的瓜分这两者之间不相适应的状况，除了用战争以外，还能有什么其他办法呢？（Lenin 1973:118）

列宁断言，列强间的竞争必然导致战争，因此，除了世界革命和建设社会主义之外，没有其他办法能够摆脱这个僵局。显然，改良无法解决资本主义最新阶段所产生的根本的政治问题和经济问题。

对帝国主义政治方面的分析并不是列宁主要关心的问题。国家在帝国主义中的作用被忽略了，这使得布哈林成为唯一一个在帝国主义理论中对国家进行详细论述的经典马克思主义作家。列宁确实考察过帝国主义时期国家的职能问题，尤其表现于他的著作《国家与革命》而不是之前所考察的《帝国主义论》这一经典文本中。正如丘奇沃德所指出的那样，列宁并没有试图在他的帝国主义理论中解释国际关系，他也不是不知道强权政治和政治因素的作用，尽管表面上确实忽略了它们。他的目的非常谦逊——希望他的小册子能有助于探究帝国主义的经济本质和对战争进行预判（Churchward 1959:77）。因此，《帝国主义论》对国际和国内政治的分析并不是其关注重点。帕尼奇和金丁认为，经典马克思主义对帝国主义的分析缺乏国家理论，这一批评同样适用于列宁的著作。

## 十八、五个特征和一个定义

尽管注意到自己所说的"所有定义都只具有有条件的、相对的意义"，列宁还是简要概括了帝国主义的五个基本特征（如上所述），得出了帝国主义的定义。他给出的定义是：

83

帝国主义是发展到这样一个阶段的资本主义，在这个阶段上，垄断组织和金融资本的统治业已确立，资本输出具有特别重大的意义，国际托拉斯已开始分割世界，最大的资本主义国家已把全球领土瓜分完毕（Lenin 1973:105-106）。

更简洁地说，列宁认为，帝国主义是"资本主义的垄断阶段"。虽然列宁对帝国主义的定义有些简洁，但却是建立在大量经验证据的基础上的。在霍布森、希法亭、布哈林等一大批资产阶级经济学家（也许还有卢森堡，虽然不被承认）和作为反面教材的考茨基著作的基础上，《帝国主义论》提出资本主义的最新阶段不可避免地会导致战争。列宁还认为，资本主义的发展必然从早期自由竞争的资本主义转变为垄断资本主义。这一进程在资本主义帝国主义阶段达到顶峰，而这一进程不能通过诉诸议会改良道路而从根本上得到改变，因为国家与金融资本是捆绑在一起的，并为金融资本服务。因此，对于工人阶级政党而言，革命是战胜帝国主义战争的恐怖和进行社会主义建设的唯一策略。

列宁这本著作的主要优点之一就是他对帝国主义的定义——本书简明而连贯地总结了他和其他一些"帝国主义理论开拓者"所认为的资本主义新阶段的主要特征。与其他开拓者相比（将帝国主义视为一种金融资本政策的布哈林除外，其定义也异常简洁），列宁的定义既逻辑一致又毫不含糊，并且他并没有把该定义作为帝国主义的最终定论，相反，他指出了"所有定义都只具有有条件的、相对的意义"（Lenin 1973:105）。

## 十九、寄生性、腐朽性、最高阶段和考茨基

"寄生论"是列宁从霍布森那里借来并予以改写的另一个关于帝国主义的命题。随着金融资本的出现，除了顶端的金融寡头(霍布森所谓的金融家)外还进一步分化出一个食利者社会阶层，他们依靠投资收益为生。由于资本

84

79

输出的重要性日益增加，这使得食利者能够采取这种寄生的生活方式。这些人完全处于生产过程之外，正是他们的出现给那些资本输出国"打上了寄生性的烙印"——以剥削殖民地和海外劳动力为生（Lenin 1973:120）。

列宁援引霍布森的观点，认为金融家或食利者并不是帝国主义寄生政策的唯一受益者。列宁进一步指出，工人贵族已经形成。资本主义帝国主义的寄生性产生了垄断利润，其中一些被用来收买下层阶级使他们安分守己（Lenin 1973:122）。伴随着工人贵族阶层（通常是霍布森所认定的如那些与海军造船、政府承包商等有关的职业人群）崛起的是机会主义的兴起。所谓机会主义是指，无产阶级的部分人接受资本主义和资产阶级意识形态，从而导向民族主义或列宁所说的社会沙文主义（Lenin 1973:123–124, 129, 130–131）。

工人阶级中机会主义的盛行，意味着垄断资本主义的寄生性和腐朽性已经蔓延到所有的社会阶层。仍然是借助机会主义，帝国主义的寄生性也感染了社会民主党派，第二国际的崩溃和德国社会民主党议员投票支持战争公债就是证明。

机会主义的典型正是考茨基。在"超帝国主义"概念中，考茨基提出的实际上并不是马克思主义，而是：

> 拿资本主义制度下可能达到永久和平的希望，对群众进行最反动的安慰，其方法就是使人们不去注意现代的尖锐矛盾和尖锐问题，而去注意某种所谓新的将来的"超帝国主义"的虚假前途（Lenin 1973:143）。

很明显，对列宁来说，考茨基掩盖了帝国主义的基本矛盾——他看不到即使国际社会有平静时期，也只是暴风雨来临前的沉闷罢了。考茨基企图不惜一切代价维护欧洲社会民主主义中日益瓦解的机会主义式的团结（Lenin 1973:143–148）。

85

垄断资本主义本质上是垂死的资本主义。然而，在它内部孕育着一种新的社会制度的种子。因此，垄断资本主义是一种过渡的社会制度，所以说帝国主义是资本主义的最后阶段（Lenin 1973:153）。垄断资本主义（或帝国主义）垂死的本质可以从当时在列强之间肆虐的战争灾难中看到。然而，列宁的结论是，资本主义暂时不会崩溃，它将国家权力留给机会主义工人阶级政党的代表。帝国主义无法被改造成不那么具有攻击性的东西，它必须通过世界范围的无产阶级革命加以克服。按照列宁在 1920 年的观点，帝国主义代表着无产阶级社会革命的前夜（Lenin 1973:10）。

## 二十、对列宁《帝国主义论》的一些批评

列宁这本关于帝国主义的小册子被确立为权威文本，这无疑促使人们对它的态度更加严格。在批评者看来，列宁过于关注帝国主义的经济方面。此外，由于在一定程度上依赖于霍布森和希法亭的理论，这使他对帝国主义的理解存在一些缺陷。一些批评家，比如历史学家 D. K. 菲尔德豪斯、约翰·加拉格尔和罗纳德·罗宾逊等人认为霍布森和列宁都构建了一个糟糕的帝国主义模型，一个可以被冠以"经济帝国主义"名号的模型。正如这三位历史学家所理解的那样，霍布森和列宁提出的帝国主义理论都可以被归结为经济帝国主义。霍布森尤其关注英国的扩张，在他 1902 年出版的著作中，他利用英国资本输出、殖民兼并等方面的统计数据，并结合他对"过去 30 年的帝国主义"的分析，"使帝国主义成为殖民主义的代名词"（Stokes 1969:288-289）。

列宁曾经写过关于殖民主义和殖民政策的作品，但在他对帝国主义进行的分析中，这些只是他的次要兴趣。首先，他"不是要对 19 世纪最后 30 年的殖民地争夺进行理论分析，而是要对 1900 年后欧洲战争的起源进行理论分析"（Stokes 1969:291）。此外，列宁在《帝国主义论》中的论述是为了解决"战术上的紧急情况"，他的写作是为了谴责以"叛徒考茨基"为代表的

86

"改良主义"和"社会民主党人的机会主义"错误（Stokes 1969:296）。要理解列宁的小册子，就必须认识到，它的目的不仅是从革命的马克思主义的角度来分析帝国主义，而且还试图揭示垄断资本主义的经济本质并将其变为一种论战。列宁写这本书的目的是相对谦逊的，他并没有试图提供一个关于帝国主义的一般理论（Churchward 1959:77）。

霍华德和金深刻地指出了列宁帝国主义概念中的一些问题。他们认为列宁所概述的帝国主义的各种要素仅仅是松散地联系在一起，而且他对资本输出背后力量的探索和阐述是非常含糊的。[①] 两人还认为列宁（和布哈林）对垄断资本主义的经济分析不够深刻（Howard and King 1989:259）。通过贿赂或收买一部分工人阶级从而产生工人贵族，加之帝国扩张对欧洲工人运动的影响，导致了改良主义或机会主义的产生，这样的分析也是存在问题的。霍华德和金承认，一般而言，分享帝国主义的剥削成果和参与议会可能会使欧洲工人阶级更深入地融入资本主义的说法并无不妥。他们之所以指责列宁（和布哈林），是因为两人认为只有少数工人运动受到了影响，而无产阶级的革命完整性没有被改变。况且，工人贵族是如何融入资本主义的？其机制是什么？这些都是列宁在解释工人运动中的机会主义时没有回答的问题（Howard and King 1989:260）。布鲁尔通过对工人贵族问题的研究证明了列宁和布哈林对无产阶级中已出现分层的判断是正确的。一些工人的生活水平提高了，特别是那些生活在主要资本主义国家的工人。基于阶层的和民族主义的情绪确实影响着工人阶级，而且这样的影响是建立在物质基础之上的。列宁和布哈林在他们关于帝国主义的著作中把这一点写得淋漓尽致，这是值得赞扬的（Brewer 1990:128）。

---

① 另参见布鲁尔对资本输出的讨论，他在书中说明了列宁为何会提高资本输出重要性的原因，即发达资本主义国家中资本主义的"过度成熟"。布鲁尔承认，列宁关于向欠发达国家进行资本输出可以获得高额利润的断言是有道理的，再加上利用资本输出来确保原材料的获取和控制，这确实构成了资本输出的强烈动机。然而，布鲁尔认为，这些理由仍不是一个充分的解释或"一个完整的理论"（Brewer 1990:119）。

列宁曾经说过，大国之间的竞争，或后来被称为帝国主义间的竞争（列宁在书中并没有使用这个词），将不可避免地导致战争，这一论断引起了相当多的争议。列宁是在对垄断资本主义的经济特征进行分析的基础上，在反对考茨基的"超帝国主义"改良政策的基础上得出这一结论的。

在上面关于考茨基的章节中，已经看到帕尼奇和金丁对列宁的批评。他们指责列宁和经典马克思主义者将"帝国竞争的一个关键期提升为资本主义全球化的永恒法则"（Panitch and Gindin 2004:5）。其他人则提出了更为微妙的批评，他们认为，尽管列宁和布哈林最终都强调了帝国主义战争的必然性，但他们也意识到了资本主义的适应性，并承认可能会有和平时期，甚至会有由资本主义强国主导的和平时期。但由于过分强调战争的必然性，两位理论家"未能预测到 20 世纪下半叶在美国霸权主导下主要资本主义国家之间的长期和平"（Howard and King 1989:261）。布鲁尔认为，列宁和布哈林针对考茨基的论战可能有一定的道理，但他们反对考茨基的论据在理论上并不是决定性的，他们过分夸大了自己的论据。有点奇怪的是，布鲁尔同时也承认，两次世界大战确实强有力地证明了帝国主义之间的竞争是当时导致战争的主导趋势（Brewer 1990:133），这一立场无疑削弱了他前面的批评。

要评价列宁关于帝国主义必然导致大国竞争和战争的主张，其中一个关键因素就是必须认识到 20 世纪上半叶主要的地缘政治趋势是大国之间的战争。当列宁和布哈林进行写作时，帝国主义的竞争已经使先进的资本主义国家（和其他许多国家）陷入了空前野蛮的对抗中。第一次世界大战之前的几年也不是风平浪静的，相反，小规模战争、军国主义和军备竞赛已引起了"帝国主义理论开拓者"的注意。因此，不难提出这样一个论点：20 世纪初的帝国主义与大国竞争和战争有着明显的联系。列宁论证中的必然性结论，与卢森堡、布哈林等马克思主义革命者对同时代的资本主义和帝国主义的分析是一致的。革命者们强调资本主义的经济特征，认为这些特征是具有决定性的。因此，在他们的作品中，帝国主义的政治特征被淡化了，这导致了一种倾向，即只看重资本主义帝国主义的经济方面，而除此以外的其他复杂因

88

素却被低估了。事后看来，列宁夸大了这一点（经济因素），即帝国主义之间的竞争必然导致大国之间的战争。

在有人指责列宁因过于强调经济因素而有夸大、简单化之嫌时，还有针对这种批评的反批评的声音：首先，有必要考虑到列宁写作此文有对抗考茨基等人改良主义策略的目的；同时要看到，在战争和革命动荡时期开展政治实践活动已属不易，还要求对政治理论的细节进行系统化的研究有过于苛刻之嫌。处于 20 世纪后半叶甚至进入新千年的马克思主义批评家们，他们有着舒适的条件来进行写作，自然能后知后觉地指责列宁的著述不仅过于简单，而且没有预见到二战后的事态发展——后一种批评认为列宁没有预见到 20 世纪后半叶美国霸权主导下的和平，是在指责他没有先见之明。此外，虽然 20 世纪下半叶资本主义大国之间的竞争可能无法与上半叶的情况相提并论，但在 20 世纪下半叶发生的冲突足以表明战争与帝国主义之间的联系并没有被切断。

或许，对列宁帝国主义理论最有力的批评就是它缺乏政治分析。"如果没有更多的论据将国家社会形态的演变与世界积累过程联系起来，就不可能从资本输出推导出帝国统治，也不可能从不平衡发展的逻辑中推导出资本主义竞争"（Willoughby 1995:328）。列宁在他的书中没有讨论国家在积累过程中的作用，也没有谈到国际国家体系领域中的复杂关系。如前所述，经典马克思主义作家对帝国主义的论述很少关注资本主义的国家理论，而且不止一个批评家认为，列宁将政治从属于经济是一种还原论的错误（Willoughby 1995:328）。鉴于布哈林在其国家资本主义托拉斯和国家资本主义论述中有对国家的理论分析，后一种批评是否适用于他还值得商榷，但这种批评不仅对其他经典马克思主义者有效，而且对整个"帝国主义理论开拓者"都是有效的。（Callinicos 2009:70–71，该书只关注到一些经典马克思主义者；Chibber 2004:429; Panitch and Gindin 2004:6，他们既批评经典马克思主义者，也反对霍布森；Willoughby 1995:330，尽管该书把考茨基排除在批评之外）。

89

## 二十一、列宁帝国主义理论述评

在 20 世纪的大部分时间里，列宁的著述一直被左翼人士赋予了标志性文本的地位，如果他目睹了这一切，他也许会对这种崇拜感到困惑。他非常明确地概括了他对帝国主义理论的贡献，宣称他只是提出了一个"通俗的提纲"。可以理解的是，这一文本的地位使得人们对其中的帝国主义理论产生了两极分化的态度。列宁《帝国主义论》的批评者有时会对他们所认为的"帝国主义论"进行抨击；例如，经济帝国主义的批评者菲尔德豪斯，加拉格尔和罗宾逊，他们将霍布森和列宁的帝国主义理论混为一谈，此外，由于"张冠李戴"的情况，他们曲解了列宁在分析帝国主义时的意图。在这些批评家看来，帝国主义的概念已在国际社会主义运动中被固化，而列宁正是该帝国主义理论的主要倡导者（Stokes 1969:285–289）。

如上所述，当代的一些批评家指出了列宁著作中的不足之处。在此没有必要一一重新审视这些评论，只需要说他们认为列宁对帝国主义的分析确实存在问题就够了。尽管如此，马克思主义者提出的一些批评还是（有意地）忽视了这本书所限定的范围和列宁分析帝国主义时所依据的具体历史条件。这些历史上的特定条件包括第一次世界大战、第二国际的崩溃和反对改良主义（修正主义）的斗争。此外，列宁主要是一位政治领袖和战略家的这一事实也常常被忽视——对列宁来说，理论创作的目的并不仅仅是为了理论本身，理论还必须为政治目的服务。

列宁的《帝国主义论》并不打算为这一主题盖棺定论，而是致力于促进对帝国主义经济本质的理解。从积极的方面来说，该论是列宁对资本主义新阶段的主要经济特征作出的合乎逻辑和清晰的解释。此外，列宁的分析包含着丰富的经验材料，并广泛地借鉴了资产阶级和马克思主义者的理论资源。他对帝国主义构成要素——五大特征——的见解持续引发着人们的共鸣。

不难发现，列宁的帝国主义理论对目前从事这方面写作的人来说仍然具有现实意义。亚历克斯·卡利尼科斯在其对帝国主义理论的阐述中，不仅对

90

经典马克思主义理论进行了批判，而且还将布哈林和列宁的帝国主义理论作为其理论模板（Callinicos 2009:25-66）。克里斯蒂安·福克斯认为，列宁的帝国主义理论可以作为"当代全球化批判性研究的理论和方法论模型"（Fuchs 2010:223）。此外，福克斯还认为，当代一些关于新帝国主义、帝国和全球资本主义的讨论都没能准确地理解帝国主义的构成要素，这意味着它们缺乏经典马克思主义的理论基础，特别是对列宁理论的借鉴。要想了解当代政治经济的发展，就必须重新研究列宁的帝国主义理论，更新他的理论观点，并用他所采用的严格的实证方法对其进行充实（Fuchs 2010:222–223）。其他马克思主义思想家可能不像卡利尼科斯和福克斯那样对列宁的理论持乐观态度，但这两人的观点足以表明，列宁关于帝国主义的见解仍能引起共鸣。

总之，列宁的《帝国主义论》尽管不是帝国主义理论发展的终点，但它为后来的思想家提供了可供借鉴的丰富概念和经验材料。列宁用来支持他的论点的大量数据以及他对帝国主义的明确定义足以弥补它在政治理论方面的不足。公正地说，列宁的《帝国主义论》不仅具有很高的影响力，而且仍然是一个非常重要的理论资源。

## 小　结　"开拓者们"的遗产

从上述对"帝国主义理论开拓者"著作的批判性分析中，可以得出一些观点。其一，"开拓者"们都认识到资本主义在 20 世纪初发生了质的变化。这些质变被一些作家视为是资本主义从一个阶段过渡到另一个阶段的标志。在 19 世纪的大部分时间里，竞争性资本主义一直是英国主导全球经济的标志，后来的转变在很大程度上归因于美国和德国的工业化。这两个国家的工业化是通过使用保护性关税、卡特尔、资本集中以及国家对经济的直接干预实现的，而不是像英国政府那样采取自由放任的政策。在希法亭看来，德国和美国的这些发展不仅是工业化的象征，而且是资本主义新阶段的象征，在这一阶段中，金融（和金融家）变得非常重要和有影响力。考茨基、卢森堡、布哈林和列宁都承认希法亭发现了这一趋势，其他国家也将遵循这一趋势走上工业化的道路，并随后融入资本主义社会体系。其二，资本主义的质变在国际舞台上产生了重要的影响。在霍布森看来，存在了数百年的殖民主义已经发生了改变。正如霍布森所描述的那样，从英国人对待中国和中国人的态度来看，英国人的贪婪程度已经明显上升到了一个新的高度，这对中国以及英国本身的政治和社会都产生了破坏作用。同样，卢森堡也列举了英国和法国金融家对埃及的殖民经历，以及欧洲对中国、土耳其曾犯下的殖民罪恶，以强调欧洲国家和商业利益集团在与不发达国家打交道时是多么残酷无情。国家间关系的掠夺性质在发达资本主义国家之间也很明显。所有的"开拓者"都意识到，大国的好战、军国主义和军备开支不断升级，而这些最终导致了第一次世界大战的爆发。

19 世纪末 20 世纪初资本主义发生的变化与国际关系的掠夺性和贪婪性之间存在着某些因果联系。在这些思想家看来，帝国主义是一种历史上的特殊现象，它与资本主义的扩张、资本主义的内在矛盾、资本主义与国内和全球政治的共生关系有关。尽管人们对帝国主义的基本要素已达成共识，但对于如何克服其肆掠无度行为却存在着根本性的意见分歧：一方面是改良派，他们认为帝国主义可以通过政策或立法的改变加以纠偏；另一方面是革命派——如卢森堡、布哈林和列宁，他们认为改良路径并不适用于帝国主义，因其暴虐本性是由资本主义的内在动力决定的。<sup></sup>92

在已有成果基础上，最终一个涉及帝国主义主要特征的定义出现了。列宁借鉴了霍布森、希法亭、布哈林（甚至可能还有卢森堡）的开创性研究，并在批判考茨基的"超帝国主义"概念的过程中不断完善自己的理解，最终使这一定义变得明确——尽管他本人并不愿意将其称为定义。正是帝国主义的五个主要特征，以及资本主义已经达到其最高阶段的规定——列宁的定义具有言简意赅的特点——为人们广泛接受。在下一批从事帝国主义研究的马克思主义思想家之中，即在新马克思主义者那里，有不少人都把列宁的帝国主义理论作为默认的或常识性的立场。例如，本书第二部分所讨论的保罗·斯威齐和萨米尔·阿明就是这种情况。

后来的许多思想家都把列宁的帝国主义概念作为标准定义，当然不乏另有一些学者对霍布森（Cain 2002; Etherington 1984）、希法亭（Bottomore 1981）、卢森堡（Lee 1971）、考茨基（Panitch and Gindin 2004）和布哈林（Cohen 1970）的帝国主义理论所作出的贡献表示了肯定。显然所有的"帝国主义理论开拓者"都对基础文献作出了贡献，但有些贡献更有分量。霍布森的贡献是非常值得注意的，他对维多利亚时代晚期英国的政治、经济、社会甚至道德方面的批判，确立了其他人或多或少要遵循的标准。就希法亭而言，他是第一个认真尝试更新马克思对资本主义分析的马克思主义者，他认为金融资本、资本输出、卡特尔、辛迪加、关税以及资本集中都是资本主义变化的标志。布哈林和列宁对希法亭的见解（还应包括霍布森和其他一些人的观点）进行了系统化研究，从而得出了帝国主义的明确定义，两人的分析都应用了大量的经验数据提供支撑。在马克思主义帝国主义理论三个阶段中的第一阶段中，这四位作家的文本对建立和巩固帝国主义理论起了非常大的作用。

"开拓者"的影响，特别是列宁著述的影响人们现在仍可以感受到。在上面关于列宁的部分，提到了卡利尼科斯和福克斯最近对全球资本主义经济、帝国主义和全球化的批判性研究。福克斯认为，理解列宁关于帝国主义的经典著作对于批判性的全球化研究是非常必要的。他基于列宁关于帝国主义的五个主要特征，并增添了新的数据材料来论证列宁的理论仍有助于理解当代资本主义和地缘政治（Fuchs 2010:215-245）。在对待经典马克思主义理论的态度上，比卡利尼科斯和福克斯更具有批判性的人，如帕尼奇和金丁，更多的不是接受了新马克思主义者的观点，而是回到了早期思想家的作品上了，因在其看来，经典马克思主义者为帝国主义理论提供了理论基准。通过对经典马克思主义理论的批判性思考，帕尼奇和金丁以自己的方式确认了经典马克思主义帝国主义的理论地位。

自从"开拓者"的理论问世以来，世界发生了许多变化。作为20世纪上半叶历史的一大特征，发达资本主义国家之间爆发的战争似乎已经过去，当代国际政治受到一个霸权国家的影响，它处于发达资本主义国家等级体系的顶端。这是一种完全不同于开拓者们进行理论建构时的情况。同时，资本主义本身也发生了重大变化。然而，连续性也是显而易见的，资本主义的积累过程不断扩大、加深，但是并没有从根本上得到改变；集中进程仍在继续，兼并和收购明显增多，资本输出从没有停止。自西方经济长期繁荣结束以来，金融或金融家，及至金融资本，日渐占据强大的地位，以至于各国不得不放松监管。另外，在 2008 年全球金融危机之后，很多国家实际上已被美国、英国和其他欧洲国家的金融业所"绑架"。美国对伊拉克和阿富汗的入侵以及一小撮仆从国家的支持立场清楚地表明，军国主义和战争仍然是富国和强国议程的一部分，它们针对的是实力较弱的国家，而不是针对彼此。多年前开拓者们所强调的资本主义积累过程的诸多特征，以及作为资本主义 <sub></sub>帝国主义表征的国际关系的贪婪性和战争性并没有消失。因此，开拓者的帝国主义理论仍然具有当代意义。

94

这个群体的共同成果的主要缺点是对帝国主义的政治方面缺乏关注，而对这一缺陷最尖锐的批评来自"全球化时代"的马克思主义者。这些批评家认为，帝国主义的政治中介作用，尤其是国家的职能，没有得到"帝国主义理论开拓者"的足够重视。这种批评是有道理的，布哈林和列宁对国家的简单化或工具主义的阐述就是例证。尽管存在这些问题，这些"开拓者"仍然为未来的作家们留下了丰富的理论资源。现在是时候进入下一个理论化阶段了，即新马克思主义者的阶段。

95

# 第三章

## 保罗·斯威齐和保罗·巴兰：新马克思主义帝国主义理论的奠基者

## 引　言

　　保罗·斯威齐和保罗·巴兰是杰出的非正统马克思主义理论家，他们关于垄断资本主义和帝国主义的研究对世界范围内的激进学术和革命政治产生了巨大影响——尤其表现于 20 世纪六七十年代的动荡时期。《垄断资本》①(Baran and Sweezy 1968) 一书自 1966 年出版以来，就被赞誉为对"马克思主义理论的高超普及，比任何其他的激进政治经济学著作都更具影响力"(Howard and King 2004:411)。斯威齐和巴兰的研究成果不仅通过学术出版物进行传播，而且还在《每月评论》上发表，自该杂志 1949 年 5 月创办起，斯威齐就一直担任该杂志的编辑，一直到他 1997 年退休 (Howard and King 2004:413)。60 多年来，该杂志推动了对马克思主义的批判性学术研究。在 20 世纪六七十年代，很多《每月评论》的撰稿人共同关心的一个主要问题是殖民地国家和新获独立国家的不发达问题，他们认为这是垄断资本主义造成的直接后果。对于斯威齐和巴兰这两位理论家来说，垄断资本成为 20 世

---

① 该书全名为《垄断资本——论美国的经济和社会秩序》。——译者注

纪资本主义的决定性因素，以至于在他们合著的《垄断资本》一书中，帝国主义这一概念几乎完全消失了。

全球政治和经济状况的巨大变化为斯威齐和巴兰的分析提供了丰富的材料。在经历了大萧条和第二次世界大战之后，发达资本主义国家的政治、经济和军事等相对实力发生了根本性的变化。由于美国的崛起和它采取的反老牌帝国主义、反旧殖民主义的立场，二战后的反殖民斗争取得了一定的进展。这预示着国家体系的政治面貌发生了变化："通过将国家重组为非正式的美帝国的组成部分，而非通过正式的帝国，国际资本主义秩序现在得以重组和规范"（Panitch and Gindin 2004:17）。在建立这个非正式帝国的过程中，美国借助所谓的"门户开放"政策反对殖民主义——这项政策旨在向非殖民地国家开放美国的贸易和投资，并通过向其他的殖民帝国施加压力，让美国企业在其殖民地进行贸易和投资时享有平等的机会。该政策始于罗斯福的"新政"，其最初目的是破坏英国在整个帝国范围内给予本国企业的优惠待遇（Magdoff 1969:125）。

去殖民化进程最重要的推动力来自许多殖民地的民族解放斗争。这段抗争历史对世界的社会和政治结构产生了强大的影响，包括在联合国大会成员国组成上，新独立国家数量使会员国的数量从 1945 年的 51 个增加到 1970 年的 127 个。在 20 世纪 50 年代末 60 年代初，联合国大会的主要议题就是殖民主义问题，尤其是纳米比亚、罗得西亚、刚果和南非的反殖民主义的胜利，显示出第三世界新独立国家在国际事务中获得了更多的投票权（Luard 1979:47）。

然而，许多前殖民地的经济并没有因为政治独立而得到明显改善。这个问题引起了包括斯威齐和巴兰在内的许多批判思想家的关注，并为后来许多新马克思主义者的写作奠定了基础。事实上，由于不断强调"依附、剥削和压迫关系"，新马克思主义者倾向于将帝国主义"定义为西方发达资本主义国家对欠发达国家的剥削"（Polychroniou 1991:87）。

本章认为，斯威齐和巴兰两人都把对帝国主义的批判性分析从欧洲的

"中心"国家转移到第三世界不发达的"外围"国家上，后来的作家们则在此基础上进一步开展研究和扩展。资本主义和帝国主义对外围国家的影响成为新马克思主义批判性研究的标志性内容，尤其是斯威齐和巴兰借助自身著作和《每月评论》的有利条件，极大地提高了人们对该问题领域的关注，他们也由此成为新马克思主义帝国主义理论的奠基人。本章的第二个论点涉及斯威齐和巴兰使帝国主义概念化的轨迹。从斯威齐的《资本主义发展论》(1970) 开始到《垄断资本》为止，两位作家对马克思主义政治经济学的某些方面进行了明显的修改（甚至有所背离）。这种对马克思主义政治经济学关键方面的背离，影响了两位作家发展帝国主义理论的方式，到《垄断资本》出版时，帝国主义这个词几乎不再被提及。

本章首先依次对斯威齐的《资本主义发展论》和巴兰的《增长的政治经济学》(1976) 进行批判性的文本分析，接下来的章节专门研究了斯威齐和巴兰对三个经济概念的使用——正是这三个概念导致了他们对帝国主义的研究兴趣开始下降。本章最后对《垄断资本》进行了文本分析，并给出了一些总结性的评论。

# 一、斯威齐和《资本主义发展论》

斯威齐于 1910 年出生于华尔街的一个银行家家庭，之后在哈佛大学和伦敦政治经济学院接受教育，到 20 世纪 30 年代，斯威齐已经确信了马克思主义政治经济学的解释力，及至 2004 年去世为止，他一直致力于马克思主义的研究。1942 年他首次出版了《资本主义发展论》，并借此奠定了他作为杰出的马克思主义思想家的声誉。

斯威齐在这本书的第四部分讨论了帝国主义的问题。其中有两章（第十七章和第十八章）特别值得注意，在第十七章"帝国主义"中，斯威齐考察了五个相互交错的主题：民族主义、军国主义与种族主义，帝国主义与各阶级，帝国主义与国家，重新瓜分世界的战争，帝国主义的极限。第

98

十八章则包含一些对于法西斯主义和帝国主义之间关系的重要见解。在第十七章，斯威齐对列宁关于帝国主义的定义作出了基本概述，并对其进行了改进（Sweezy 1970:307）。他认为作为世界经济发展阶段的帝国主义有五大特点：

　　（1）若干发达资本主义国家在世界工业品市场上居于有竞争力的地位；（2）垄断资本是资本的主要形式；（3）积累过程中的矛盾已经达到成熟，以致资本输出成为世界经济关系的一个显著特点。由于这些基本的经济条件，又看到另外两个特点：（4）世界市场的激烈交锋导致残酷竞争和国际联合垄断；（5）主要的资本主义列强（及其卫星国）对世界上"未占领"地区实施领土分割（Sweezy 1970:307）。

　　斯威齐总结了帝国主义的本质，认为"帝国主义的国际对抗，基本上就是敌对的民族资产阶级的对抗"（Sweezy 1970:308）。他进一步主张，"由于在国际范围内，资本的利益直接而迅速地转化为国家政策，因此这些对抗具备了国与国的冲突形式，并间接诱发了国家间的冲突"（Sweezy 1970:308）。斯威齐这里实则提出了"帝国主义内部斗争"的概念，这一概念与经典马克思主义帝国主义观是契合的。此外，斯威齐还指出，与前一阶段的资本主义相比，帝国主义下的民族主义和军国主义的性质已经发生了变化。现在，它们已成为"敌对的资本家集团进行世界战争的武器"（Sweezy 1970:308）。

　　根据斯威齐的说法，军国主义已经在"所有帝国主义国家"中占据了永久重要的地位。并且，这产生了"深远的经济后果"，因其： 99

　　在那些对军备生产最重要的行业，如钢铁和造船业中，出现了一群享有特殊利益的垄断者。军需品巨头对最大限度扩大军需生产有直接的利害关系；他们不仅从国家订货的形式中得到好处，而且军需生产还为他们所积累的利润提供了安全而有利可图的出口。所以，正是这样一些资产阶级因素积极要求采取侵略性外交政策（Sweezy 1970:309）。

斯威齐对军国主义的见解，即使不是全部，也部分地归功于卢森堡、霍布森和德国社会民主党人士如李卜克内西等人——李卜克内西在第一次世界大战爆发之前就写过关于军国主义的文章（Liebknecht 1972）。斯威齐断言，陆军和海军的支出是一种对"消费不足趋势"的抵消机制（Sweezy 1970:309）。

帝国主义和种族主义之间也存在着关联。正如希法亭和霍布森所指出的，"种族优越"的概念构成了帝国主义意识形态武器库的组成部分。种族主义的作用并不局限于使对外征服合理化，它还有助于统治阶级转移人们对阶级斗争的注意力。尽管对少数种族实施种族对抗和歧视会导致弱势群体工资的下降，但"人群中得宠的那些人，却可以得到巨大的物质报酬"（Sweezy 1970:311）。

在发达资本主义条件下，大地主和工业家之间的利益发生了融合。这两个群体之间的冲突在资本主义早期非常普遍，现在则变得缓和，工人阶级的利益也随之统一起来。工人们越来越意识到，组织和合作是实现阶级目标——包括缩短工作时间、提高工资和改善工作条件等——的主要手段。这为组建工会和政党以出台有利于工人阶级的政策、方案奠定了基础（Sweezy 1970:312）。

斯威齐描述了一群介于统治阶级和工人阶级之间的中间阶级。原来属于中间阶级中的一些人其重要性有所下降，例如自耕农，他们中的许多人变成了没有财产的佃农、雇佣劳动者，甚至在少数情况下变成了资本家租地农场主（Sweezy 1970:313）。现在讨论的中间阶级其构成则出现明显变化，"行业和政府官僚、推销员、公关人员……经销商、技术人员、教师等"，他们都是"新"中间阶级的一部分（Sweezy 1970:313-314）。促成这一变化的因素是生活水平的提高、垄断的发展以及资本集中（Sweezy 1970:313）。简而言之，在发达资本主义国家中，一部分中间阶级的重要性有所下降，而另一部分中间阶级的人数和影响力则有所上升。斯威齐对阶级的分析是符合传统的马克思主义的，他认为除了两个主要的阶级外，还存在一个中间阶级，虽然这个阶级的人数比在资本主义的前几个阶段要多，却仍被挤在"垄断资本的勒索"和"工人阶级的要求"之间（Sweezy 1970:314）。

在关于帝国主义对各阶级影响的概述中，斯威齐确立了资产阶级的利益与垄断资本的扩张和它们对国家保护、依赖之间的直接联系（Sweezy 1970:314）。斯威齐认为帝国主义对工人阶级的影响是复杂的，他同意列宁关于工人贵族崛起的观点：

> 只要对外贸易和资本输出能够输入低廉工资兑来的商品并增大资产阶级的利润，很明显，工人就有机会提高自己的生活水平而不一定会激起雇主强烈的敌意（Sweezy 1970:315）。

工人阶级对他们的阶级敌人采取了一种和平共存的态度，因为这种安排是互惠互利的。

一旦帝国主义之间的竞争升级，对市场的竞争加剧，资本家们就会采取行动压低工资以维持自己的利润。那时，工人阶级和统治阶级或有产阶级的利益就会发生分歧（Sweezy 1970:316）。当帝国主义内部竞争达到顶点并出现其最终产物——战争时，工人阶级才会意识到他们在帝国主义统治下只会变得损失惨重而收益甚微，利益的分歧也因此会进一步加深。至于中间阶级，斯威齐认为很难概括他们与帝国主义的关系。这一群体中的一部分人会遭受损失，另一部分人则会获得利益。尽管如此，民族主义和种族主义这些强大的意识形态因素可以被用于而且已经被用于中间阶级（和部分工人阶级），以使他们支持帝国主义进程。斯威齐断言，"帝国主义的最终结果是把

101

中间阶级同大资本连接得更为紧密，并扩大了中间阶级和工人阶级之间的鸿沟"（Sweezy 1970:317）。

关于帝国主义与国家的关系，主要有两点：第一，帝国主义通过帝国的崛起、资本集中、垄断和军国主义的发展，保证了国家权力的增大和国家职能的不断扩张："帝国主义时期积累过程的矛盾为国家活动的增加提供了额外的由头，特别是在经济领域"（Sweezy 1970:317）。第二，帝国主义在增强国家权力的同时，也导致了立法机关的权力相对于行政机关权力的弱化。他将近代早期议会的作用与帝国主义时代议会的作用作了对比，当时新兴的资产阶级利用议会来对抗中央集权的君主政权：

> 但是，在帝国主义时期，发生了一个急剧的变化。随着阶级界限的明朗化和社会矛盾的日益尖锐化，议会愈来愈成为代表不同阶级和群体利益的政党争夺的战场：一方面是议会采取积极行动的能力下降，另一方面人们越来越需要一个强大的中央集权国家——它应该准备好并有能力统治遥远的领土、指挥舰队和军队的活动，并能解决困难而复杂的经济问题。在这种情况之下，议会被迫一个又一个地放弃它所珍视的特权，眼睁睁地看着在它的眼皮底下建立起一种中央集权——它有着不受约束的权力，这种权力恰恰是议会制在其初兴时代曾经猛烈和出色地予以抗击的（Sweezy 1970:319）。

在关于帝国主义那一章的最后几节中，斯威齐考察了重新瓜分世界的战争和帝国主义的限度。他对重新瓜分世界的战争的评析是对列宁主张的重述（略有更新），即由于欧洲人的扩张，世界已被殖民主义或帝国主义列强瓜分了。接下来这些列强之间发生的斗争是为了重新瓜分世界，并不是为了"占有"世界上还未被侵占的地区。斯威齐还提请注意他所声称的罗莎·卢森堡帝国主义理论的明显弱点，即吞并现象只发生在全球农业地区或落后地区。与列宁一样，斯威齐认为，帝国主义国家在寻求新市场和新的原材料产地的过程中，对农业区域和高度工业化地区是不作区分的（Sweezy 1970:320–321）。

真正令人感兴趣的是，斯威齐并未简单地将第二次世界大战描述为帝国主义之间的内部斗争。相反，斯威齐将它看作三场不同的战争合一：第一场是重划一战格局的战争，一方是德国、意大利和日本，另一方是英国和美国；第二场是资本主义和社会主义之间的战争，一方是德国，另一方是代表社会主义的苏联；第三场是中国抗击日本帝国主义的民族独立战争。这意味着，作为第一次世界大战基石的帝国主义之间的竞争中已经加入了反对帝国主义的斗争，从而改变和限制了帝国主义的影响（Sweezy 1970:324）。

在本章的最后一节，斯威齐指出了帝国主义的两个基本限度：其一，帝国主义国家自身的内部发展加剧了阶级斗争并促成了军国主义的兴起。帝国主义内部竞争导致战争的可能性增加，反过来又导致了革命热情的高涨和社会的动荡（Sweezy 1970:324–326）。斯威齐在这里的论点是，帝国主义的内部矛盾会限制它自身的发展，这一论点与列宁的观点是一致的。其二，帝国主义是从大都市国家与殖民地的关系中产生的，这个关系后来成为新马克思主义理论家们大力研究的一个主题。斯威齐声称：

> 殖民地经济的发展是这样一种不平衡发展的结果：在帝国主义统治之下，工业化进展很慢，慢到无法吸收源源而来的手工业生产者，而这些手工业生产者的破产则是受发达地区工厂机器制造产品的竞争摧毁所致（Sweezy 1970:326）。

103

此外，被摧毁的手工业生产者又回到了农民的行列，这给土地供给带来更大的压力，迫使广大农民的生活条件下降。斯威齐认为，解决这些问题的办法是改变土地制度，增加农业产出，减少靠农业为生的人口，并提高工业化程度（Sweezy 1970:326）。但帝国主义的性质妨碍了这些发展。

强大的利益集团反对殖民地的发展。殖民地的地主不支持土地改革，大都市国家的生产者反对殖民地的保护性关税，这导致殖民地的工业发展受到抑制，经济发展停滞不前（Sweezy 1970:326）。除地主和"实际上已经成了帝国主义统治代理人的少数集团"外，殖民地国家的绝大多数人的生活水平都下降了（Sweezy 1970:327）。

通过强调殖民地工业发展遭受扼杀和经济停滞，斯威齐修正了布哈林和列宁等经典马克思主义理论家的理论——后两者都认为殖民地的工业会得到发展，并且工业发展是不平衡的，有的部门发展迅速，有的部门发展滞后，整个过程是由利润以及典型的资本主义方式决定的利润预期所决定的。无论怎样，布哈林和列宁都认为殖民地会实现工业化。斯威齐的分析则得出不同的结论，他认为殖民地将实现工业化的观点至少在 20 世纪中叶还没有得到证实。《资本主义发展论》中关于大都市国家与殖民地的关系、经济停滞和殖民地世界欠发展状况等主题，成为后来新马克思主义帝国主义理论研究的核心问题。因此，可以说斯威齐是新马克思主义帝国主义理论的奠基人。

## 二、法西斯主义与帝国主义的关联

斯威齐在《资本主义发展论》的第十八章中，专门讨论了法西斯主义的问题。他把法西斯主义在德国和意大利的兴起与帝国主义时代典型的重新瓜分世界的战争联系起来。虽然把法西斯主义和帝国主义联系起来在当时并不罕见，但它的确代表了当时对马克思主义帝国主义理论的一种新发展。下述文字简明扼要地说明了法西斯主义产生的条件：

> 一个国家的经济和社会结构由于帝国主义的重新瓜分世界的战争而受到严重破坏，在社会主义革命失败之后，可能进入一个以资本主义生产关系为基础的阶级 [斗争] 平静时期。在这样的条件下，资本主义矛盾一旦激化就会导致严重的内部危机，这是不能用帝国

主义扩张的"正常"方法来解决的。这就是法西斯主义扎根、生长的土壤（Sweezy 1970:332）。

斯威齐认为，法西斯主义的根基在于被夹在有组织的劳工和统治阶级之间的中间阶级。中间阶级对其他阶级表现出明显的敌意，尽管他们对统治阶级的敌意通过诉诸种族主义、民族主义、战争和对外征服，即法西斯主义的意识形态而有所缓和。除中间阶级外，法西斯主义还吸引了其他社会力量，特别是当法西斯政党在政治上取得进展之时，罪犯、无组织的劳工、失业者、自耕农和心怀不满的青年纷纷加入其中（Sweezy 1970:333）。随着时间的推移，资本家对法西斯主义的态度发生了改变，从开始的怀疑——这种怀疑态度源于德国纳粹早期对金融资本的猛烈攻击和他们的"民族社会主义"言论——转变为接受。而一旦法西斯主义显示出它的野心和力量时，资本家们就认为他们可以加以利用，并与之结盟同有组织的工人阶级和外国资本家进行对抗（Sweezy 1970:334）。法西斯政党在欧洲崛起的必然结果是产生了法西斯主义国家。

在法西斯主义统治下，生产资料保留了资本的形式，而剥削仍然采取生产剩余价值的形式（Sweezy 1970:339）。因此，即使法西斯主义出现了，统治阶级仍然是资产阶级，尽管其人员可能发生了变化。例如，在德国，犹太资本家的资产和资本被没收，法西斯的官僚掌握了工业生产中的权力，但这些统治阶级的新成员仍然不得不保存和扩大资本（Sweezy 1970:339）。法西斯主义并不是一种新的社会秩序，那些在帝国主义内部斗争中遭到蹂躏或失败的国家，其资本主义结构受到了严重的伤害，但还没有被推翻，法西斯主义就是在这样的灰烬中产生的（Sweezy 1970:346）。法西斯主义是建立在垄断资本主义基础上的一种极端的政治统治形式，它把种族主义、民族主义和对外征服、军国主义和战争作为其运作的惯用手段。因此，法西斯主义无论在过去还是现在，都与帝国主义有着密切的联系。

## 三、帝国主义与《资本主义发展论》

斯威齐进行讨论的起点是他对帝国主义的定义，这个定义依赖于列宁提出的关于帝国主义的五个基本特征，斯威齐在此基础上稍微作了修改。接着，他探讨了"帝国主义理论开拓者"曾经讨论过的主题，包括军国主义、民族主义、垄断资本主义、阶级及其与帝国主义的关系、国家在帝国主义中的作用以及作为意识形态工具的种族主义。

通过对 20 世纪中期社会、政治和经济状况进行分析，斯威齐对马克思主义帝国主义理论作出了三个重要贡献：其一，他揭示了法西斯主义和帝国主义的关系；其二，他对第二次世界大战提出了一种与众不同的分析；其三，他非常关注导致殖民地世界不发达或停滞不前的"大都市国家—殖民地"关系。对法西斯主义与帝国主义关系的考察是斯威齐对马克思主义帝国主义理论作出的重大发展。他的考察不仅揭示了法西斯时代所开创的新的政治形态以及法西斯主义与帝国主义的联系，还阐明了各个阶级与法西斯主义之间的关系。同样，斯威齐将第二次世界大战解释为三场战争的合一，也是对马克思主义关于二战和帝国主义著作的一个独特而深刻的补充。在这里，斯威齐的贡献可以被理解为对经典的补充发展，而不是对现有理论的根本性挑战。最重要的是他提出的关于殖民地不发达的概念。缺乏工业化和发展停滞可以说是世界上大多数民族国家的共同命运。这种对第三世界及其不发达状况的关注，实际上是一种理论研究重心的转移，这也构成了后来新马克思主义理论家对帝国主义进行分析的焦点。

对于《资本主义发展论》接下来要说明的一点是（这将使分析暂时偏离斯威齐的帝国主义理论），斯威齐对经典马克思主义政治经济学的某些方面是持保留态度的。具体而言，斯威齐不同意马克思在《资本论》第三卷中将价值转化为价格的观点。斯威齐认为，马克思从价值体系推演出价格体系的做法为"最终证明劳动价值理论的正确性奠定了基础，而劳动价值论，乃是他的整个理论体系的坚实基底"，但马克思对价值向价格转化的处理却并不令人满意（Sweezy 1970:123）。对于斯威齐来说，尽管这是一个必须去解决的问题，但它并不是一个主要的困难。劳动价值论的最终辩护是以拉迪斯劳斯·冯·博尔特凯维奇（Ladislaus von Bortkiewicz）提供了一种替代性解决方案而宣告结束（Sweezy 1970:115–130）。批评家们注意到，博尔特凯维奇的分析最早提出于 1907 年，在当时他的辩护却为许多试图改良或否定劳动价值论的人提供了理论基础（Mandel 1976b:289–291; Mandel and Freeman 1984:ix–x, 141–163）。虽然关于"转形问题"及劳动价值论一直存在很多争议，但斯威齐这一保留态度的重要之处在于，它表明了一种批判性地参与马克思主义政治经济学的意愿。无论过去还是现在，对马克思主义政治经济学的批判性参与都有助于促进其发展并防止其僵化。此外，从其他经济学学派获得的见解也不能被马克思主义者轻易否定。尽管如此，斯威齐和巴兰还是因为对马克思主义政治经济学的核心要素持保留态度而受到了批评。特别是，他们试图用不怎么准确的"经济剩余"概念取代马克思主义政治经济学的基石——剩余价值，这被认为是有问题的（Brewer 1990:142）。之所以提到这一点，是因为斯威齐和巴兰倾向于取代剩余价值等重要的马克思主义政治经济学的概念，从而模糊了资本主义和帝国主义之间的关系，这一点将在后面一节中予以进一步说明。随着时间的推移，斯威齐和巴兰的帝国主义理论已变得缺乏有效性，并且"帝国主义"这个术语本身也几乎从他们的分析中消失了。

## 四、帝国主义的本质和《增长的政治经济学》

巴兰于 1910 年出生于俄国的尼古拉耶夫，他的家庭与俄国社会民主党的孟什维克一方有着密切的联系。在苏联、德国和美国之间辗转多年后，巴兰最终于 20 世纪 30 年代定居于美国，并在 1951 年获得斯坦福大学的教授职位。巴兰并不是一个多产的作家，他的主要作品《增长的政治经济学》（1976）和合著的《垄断资本》都是在他生命的最后十年间创作的（Foster 1992:24）。巴兰于 1964 年去世。

107

在《增长的政治经济学》第一版的"序言"中，巴兰写道，这本书的主要观点之一是证明"当代帝国主义本性未改，以及它对欠发达国家经济发展的所有原动力的发自内心的敌视"（Baran 1976:13）。此外，巴兰认为，与帝国主义有关的主要问题可以从他的主张中得到一个简要的答案，即"欠发达国家的经济发展十分不利于发达资本主义国家的既得利益"（Baran 1976:120）。

到 19 世纪末，西方工业化进程的第一阶段已经基本结束，最终带来了"资本主义经济结构"的重大变革（Baran 1976:113）。资本集中程度明显提高，伴随着小企业被大企业所取代，大企业在发达资本主义国家的经济生活中占据了中心地位。大型企业成为垄断和寡头垄断的基础，这是"现代资本主义的基本特点"之一（Baran 1976:113）。欧洲扩张、军备竞赛、政治危机和战争从 19 世纪中叶一直持续到 20 世纪初，这是一个"帝国主义、战争、民族和社会革命的时代"（Baran 1976:113-114）。巴兰对西方资本主义发展和诸如此类的政治事件的总结与经典马克思主义帝国主义理论是一致的。

第二次世界大战和随之而来的全球性事件对全球资本主义的地位提出了挑战。巴兰认为，1949 年后中国的崛起，加上社会主义阵营国家的发展以及殖民地和附属国的崛起，引起了大都市中心国家的警惕。从 20 世纪 40 年代到 50 年代末，国际舞台最突出的特点是形成了一场"声势日益壮大的推翻整座资本主义大厦、结束世界上绝大多数人落后和贫困状态的运动"（Baran 1976:117）。

这场"声势浩大的运动"产生的条件是：对于不发达国家而言，资本主义和帝国主义的经济和政治秩序阻碍了其经济和社会进步。发达资本主义国家也遭遇了来自自身内部的发展瓶颈，在寡头垄断要求利润最大化的条件下，私人投资和消费受到束缚（Baran 1976:118-119）。这些国家很有可能会"不断地重复出现战争诱发的产量猛增和萧条诱发的失业洪流之间的可怕困境"（Baran 1976:119）。

帝国主义列强极力遏制其殖民地和附属国的经济和社会发展——当面临

108

民族解放斗争时，帝国主义列强就会结成反革命联盟（Baran 1976:120）。支持欠发达国家经济发展的言论是西方列强在殖民时代后期所采用的一种政治和意识形态策略。来自发达国家的援助被指定用于逐步改善当地人民的生活水平，以减轻那里人民要求工业化的压力，削弱经济和社会发展运动（Baran 1976:121）。

　　巴兰指出，当代帝国主义不再采取老式做法而使用了新的策略——它们会给予一些附属国以政治独立的地位。随着政治独立的到来，殖民地与大都市中心国家之间的旧的依赖关系，即使没有完全割断，也发生了重大变化。然而，通过经济渗透机制，依赖关系以一种新的形式得以维系，而这正是美帝国主义偏爱的方法（Baran 1976:123）。

　　巴兰的帝国主义概念是有局限性的，他并没有试图给帝国主义下一个明确的定义。他谈论了发达国家和欠发达国家在面临"资本主义和帝国主义的经济政治秩序障碍"时所需要的经济发展条件（Baran 1976:118）。帝国主义是资本主义政治经济秩序的组成部分，其核心特征之一是形成了国际统治体系。帝国主义列强对欠发达国家的统治必然意味着欠发达国家工业化进程受阻和经济停滞。以上就是巴兰对帝国主义理解的核心，也是他在著作的一开头即指出的帝国主义的本质。

## 五、金融家、国家和资本主义

　　巴兰借鉴了霍布森的观点，即：与金融和工业有关的小集团同政治家、政治集团相勾结，并使后者实行他们所期望的外交政策。尽管霍布森的主张非常重要并颇有见识——他诉诸意识形态上的文明同化并强调精英阶层对外交政策的强大影响，但这仍不足以解释帝国主义的复杂性：

　　　　垄断企业使发达资本主义国家本身心甘情愿地充当其对外利益的工具，在此方面最具关键意义的不是因为群众头脑不清、政府官员腐败与政客的两面三刀。列宁清楚地认识到，在帝国主义国家中，帝国主义政策在事实上会使普通公民得益。他注意到"工人贵族"也在分享着垄断企业超额利润的事实（Baran 1976:245）。

帝国主义的果实不仅为先进资本主义国家的富豪所享有，剩余的利益也流向了他们的仆从者，而且整个社会的生存状况也受到帝国主义政策的影响（Baran 1976:245）。帝国主义并不只是通过宣扬"白人的负担"及与之相关的"种族优越论"来愚弄民众。

另外，从整体上来看，帝国主义政策的实施会占据一个国家国民生产总值的相当大的比重——向友好国家政府提供贷款和捐赠、军事开支、支持附属地区以及对"其他竞争性或'待确认'的帝国主义国家"进行宣传、颠覆或监视，都使帝国主义国家的支出不断上升（Baran 1976:246）。与帝国主义政策有关的支出占据了巴兰所谓的经济剩余（有别于国民生产总值）的一大部分，它不仅使精英阶层受益，还帮助形成和维持了工人贵族。这些支出成了"为达到充分就业而进行政府干预的核心。事实上，这种形式的政府支出才是一种完全能为垄断资本接受的形式"（Baran 1976:247）。在这种政府支出机制下，通过将人们的工作、收入与高水平商业活动的运营相挂钩，不同阶级、阶层的人被黏合到了一起，大型企业由此更受青睐，军国主义自此也成为社会的基本构成要素（Baran 1976:247）。人民由此也作为一个整体与垄断企业之间的利益变得日益协调，其秘诀就在于"充分就业"上，它不仅满足了工人、农民的要求，能使"一般公众"感到满意，还能减少对垄断资本统治的反对声音（Baran 1976:247）。

## 六、帝国主义、军国主义、军费开支、战争和帝国主义内部竞争的衰落

在巴兰看来，军费开支对于垄断资本主义的稳定至关重要。维持繁荣与

高就业率、获取利润和民众支持都依赖于此种支出（Baran 1976:258–259）。反过来，军国主义和军费开支需要对民众进行意识形态上的"加工处理"，以确保其对垄断资本主义的支持（Baran 1976:259）。要实现对这种意识形态的"加工处理"就需要一种宣传和灌输制度，以使发达资本主义国家的民众与之保持一致。就会有许多事件被"挑拨起来"（Baran 1976:260），因为制造事端是轻而易举的事情——帝国主义国家本身被仆从国和殖民地国家所包围，这些国家会不断挑战它们的统治和权威。战争、恐惧、军国主义和受帝国主义意识形态灌输的民众，这些构成了帝国主义的本质特征。

　　二战后美国的崛起是地缘政治的一个新因素。随着一个占统治地位的帝国主义国家的出现，帝国主义国家之间的战争已变得不太可能了：

　　　　甚至以前得意一时的帝国主义强国，今天也屈降为占统治地位的帝国主义国家的卫星国的地位，大的帝国主义国家在帝国主义阵营中越来越多地扮演着最高仲裁者的角色。尽管小的帝国主义国家之间或者说帝国主义国家不同联盟之间仍有可能发生战争，但这种可能性极小（Baran 1976:260）。

　　巴兰认为，有两个因素制约了帝国主义之间的战争——社会主义阵营以及核武器的潜在破坏力。社会主义阵营遏制了帝国主义在亚洲和非洲的军事冒险主义，而核武器具有一种强大的威慑力量：

　　　　在高就业与心理战的帮助下，动员公众支持帝国主义政策和军备竞赛是一回事，但在面临原子武器的报复时，确保民众的合作则是另一回事（Baran 1976:261–262）。

　　发展核武器的后果之一是需要不断维持和增加军备，这样做的结果就是军备竞赛，这是冷战的一个关键特征（Baran 1976:262–263）。

在巴兰的书中，只有两个章节直接涉及帝国主义。在这些章节的第一部分中，他认为资本主义制度已经从"经济发展的强大引擎"变成了发展的阻碍（Baran 1976:402）。这在欠发达国家表现得尤为明显。尽管如此，资产阶级作家们认为，虽然有必要向一个更加理性的经济组织转变，但由于垄断资本和帝国主义的统治，经济现状仍将维持不变（Baran 1976:403）。在关于帝国主义的最后一节中，巴兰考察了反苏意识形态在推动发达国家和欠发达国家政府将资源用于军事开支方面的作用——这种支出是一种"巨大的资源浪费"，其真实目的不是为了针对苏联这样的外部危险，而是为了压制"国内那些争取国家和社会解放的人民运动"（Baran 1976:413）。对欠发达国家而言，这种支出只能让它们陷入经济落后和依赖的状态无法自拔；对于社会主义国家来说，西方的军费开支促使本国国防开支也相应增加，而这部分开支本来可以用来提高人们的生活水平。这就是帝国主义强加给欠发达国家和社会主义国家人民的巨大负担（Baran 1976:416）。

## 七、巴兰帝国主义理论概述

巴兰明确指出了垄断资本主义和帝国主义之间的关系，帝国主义产生于资本主义的政治经济秩序，其核心特征之一是西方资本主义强国形成对欠发达国家的统治。其他主要特征还包括，发达资本主义国家给欠发达国家造成了经济发展不足和经济停滞的后果。

巴兰借鉴了霍布森和列宁著述中的核心思想，但与后两者不同的是，他从未给出帝国主义的定义。巴兰认为金融和工业精英促使政府采取帝国主义外交政策和文明同化政策，并成为帝国主义不可或缺的组成部分——这一主张明显受到了霍布森作品的影响。巴兰还借用了列宁的"工人贵族"的概念，用以修正霍布森关于精英阶层是唯一从帝国主义中受益的阶层的主张。巴兰承认，国家在维护与促进国内外垄断和寡头企业政策方面发挥着重要作用。此外，他还探讨了帝国主义、战争、军国主义与帝国主义内

部竞争之间的联系，并且提出帝国主义列强特别是美国所青睐的政治形式
已经发生了变化。换言之，新帝国主义国家更倾向于在经济渗透下允许附
属国取得政治独立。

第二次世界大战之后，随着冷战的到来，帝国主义的发展受到了制约。
两个对立的集团——以美国为首的资本主义国家阵营和以苏联为首的社会主
义国家阵营——采取行动遏制帝国主义之间的竞争。另一个改变帝国主义行
为的因素则是核武器的增加和改进。

从《增长的政治经济学》这本著作来看，巴兰对帝国主义的理解与斯
威齐早期的努力是一致的，并且显著地吸收了"开拓者"的基本理论。虽
然没有给出帝国主义的定义，但巴兰指出帝国主义、垄断资本主义和发
达资本主义国家与欠发达国家之间有着直接的统治与被统治的关系。与斯
威齐一样，巴兰为帝国主义理论提供了新见解、促成了新发展。在他进行
写作的这个时期，帝国主义已成为全球资本主义和国际政治的一个显著
特征。

## 八、对巴兰的若干评价

萨特克利夫指出，巴兰的贡献在于澄清和综合了以往马克思主义关于垄
断资本主义的研究成果，并增加了凯恩斯主义对资本主义经济短期运行的见
解（Sutcliffe 1976:99），同时巴兰还指出了凯恩斯主义方法在长时段应用上
的局限性。关于马克思主义的帝国主义理论，萨特克利夫认为巴兰作出了两
点补充：其一，巴兰"有力地重申了列宁的帝国主义理论"。巴兰赞同列宁
的观点，即将垄断的增长与资本输出以及随之而来的帝国主义对世界的瓜分
联系起来，认为这导致了帝国主义之间的竞争、军国主义和战争（Sutcliffe
1976:99）；其二，巴兰对帝国主义体系在欠发达地区的表现做了更为全面、
更为完整的论述（Sutcliffe 1976:99）。萨特克利夫称，巴兰对欠发达国家停
滞状态的强调是基于以往马克思主义作家隐含的观点。对此，萨特克利夫还

特别引用了马克思、希法亭和卢森堡的观点，认为他们都是"停滞理论"或隐或显的提出者。

不过，巴兰的著作显然不是对列宁帝国主义理论的简单重述，与斯威齐一样，巴兰表现出了一种积极参与的意愿，他不仅批判性地研究了马克思主义政治经济学，也批判性地对经典马克思主义帝国主义理论进行了研究。因此：

> 巴兰的见解（及其作品）对激进的经济学家产生了巨大影响……鼓舞作家们去探索自力发展的可能性、质疑外国援助和外国借贷的影响、衡量剩余的规模……调查剩余被转移到富裕国的方式，并研究国内阶级结构、国际依赖性和资本积累之间的联系（Griffin and Gurley 1985:1112）。

斯威齐和巴兰在他们的分析中使用了三个经济学概念：消费不足、垄断抑制竞争以及经济剩余。其中，经济剩余的概念最终导致他们对帝国主义及其在马克思主义理论体系中地位的理解发生了变化。斯威齐和巴兰的帝国主义理论从接受"开拓者"所确立的基本框架开始，逐渐转变为一种不太清晰的阐述，并将帝国主义归入垄断资本的范畴。

## 九、消费不足、垄断抑制竞争和经济剩余

斯威齐和巴兰用"消费不足"概念来解释他们所看到的垄断资本主义所特有的长期需求不足和停滞的状况。布鲁尔认为，他们对这个概念的使用与霍布森的用法非常相似（Brewer 1990:137）。消费不足首先出现在斯威齐的《资本主义发展论》（第162—189页，第216—236页）中，然后又出现在巴兰的《增长的政治经济学》（第209—214页）中，并最终成为他们共同著作的一部分（Brewer 1990:138）。在他们合著的《垄断资本》中，两人提出生

产是围绕消费资料的生产而展开的:

> (他们) 论证中的缺陷 (恰恰与霍布森的论证一样) 是显而易
> 见的; 斯威齐假设, 生产资料只是用来生产消费品, 但是投资还进
> 入生产生产资料的产业……推动资本主义的是赢利的前景, 而不是
> 消费的扩大 (Brewer 1990:138)。

关于消费不足的假设, 其形式最简单的表述是: 通过提高工资来增加消
费, 进而通过需求带动国内市场投资的增加。这将推动经济增长速度加快并
限制资本流出。正如布鲁尔所指出的那样, 推动资本主义发展的是盈利前
景, 如果资本输出能带来更大的利润, 那么国内市场的投资就会被放弃。消
费不足的假设中隐含着这样一种观点, 即资本主义危机或停滞的最坏方面可
以通过更开明的社会政策 (如增加工资) 加以克服。然而, 工资的大幅增长
必然会影响利润率。

正统的马克思主义立场认为, 源于生产领域的资本主义矛盾不能通过以
流通领域为中心的改良政策加以克服。此外, 恩格斯"消费不足"的理论警
示对巴兰和斯威齐来说——就像对霍布森一样——也是适用的。恩格斯指
出, 消费不足在整个历史中都是明显的, 但随着资本主义的发展, 出现了历
史上特有的生产过剩现象 (Engels 1976:371–372)。①

布鲁尔指出巴兰和斯威齐关于垄断资本主义的观点是他不能同意的, 即

---

① 恩格斯的原文是:"如果说消费不足是数千年来的经常的历史现象, 而由生产过剩所引
起的、爆发于危机中的普遍的商品滞销, 只是最近 50 年来才变得明显, 那么, 只有具
备杜林先生的庸俗经济学的全部浅薄见解, 才能够不是去用生产过剩这种新的现象, 而
是用存在了几千年的消费不足这一老现象来解释新的冲突。这就像在数学上不从变数发
生了变化这一事实, 而从常数没有发生变化这一事实去解释一个常数和一个变数之间的
关系的变化一样。群众的消费不足, 是一切建立在剥削基础上的社会形式的一个必然条
件, 因而也是资本主义社会形式的一个必然条件; 但是, 只有资本主义的生产形式才造
成危机。"(《马克思恩格斯选集》第 3 卷, 人民出版社 2012 年版, 第 673 页。)——译
者注

巴兰首先提出的"垄断扼杀竞争"的说法。布鲁尔认为：

> 这里有一个对经典马克思主义立场的明显偏离。经典马克思主义者认为，垄断的趋势是加剧竞争的因素，而不是抑制竞争的因素，尽管他们在这一点上并不完全一致。相比之下，巴兰和斯威齐却认为，当每个市场上只有少数几家大公司在运营时，竞争实际上就消失了，因为它们通常会采取"和平共存"的政策（Brewer 1990:139）。

116

这个命题的问题在于：它把"论证的重心落在这样的主张上，即垄断限制产量的扩大是为了保护垄断利润……将一种静态论证应用于本质上是动态性的问题上了"（Brewer 1990:141）。这里动态性的意思是，即使在垄断阶段，资本主义也会出现动荡和因竞争而起的资本兴替现象。汉弗莱·麦奎因曾指出，"一家公司永远不会因为太出名而不被兼并或收购"（McQueen 2001:115）。垄断企业也会感受到竞争的压力，这迫使它试图削弱竞争对手去提高自己的市场份额以实现利润最大化。竞争未必会被垄断所抑制。

"经济剩余"概念最早由巴兰在《增长的政治经济学》中提出，它又被分为实际经济剩余和潜在经济剩余。实际经济剩余是"社会当前实际劳动产品产出与社会当前实际消费之间的差额"（Baran 1976:132）。因此，实际经济剩余"与当前节余或积累概念同义。具体体现在该时期社会所增加的各种资产"——巴兰认为这些资产表现为"生产性工具设备、库存、对外结余和黄金存量"（Baran 1976:132）。重要的在于接下来的论点，巴兰声称，实际经济剩余是所有社会经济形态的副产品，只是剩余的结构和规模有所不同，这取决于对应形态的发展水平。但是，作为"巴兰看待帝国主义的核心观点"，剩余更多的是一个古典经济学概念，而不是马克思主义的概念（Howard and King 1992:169）。

潜在经济剩余是"在一定自然条件和技术条件下，凭借已有的生产资料所能生产的最大数量产品和必需消费品之间的差额"（Baran 1976:133）。巴兰用"潜在经济剩余"这个概念似乎是为了强调通过对潜在经济剩余的合理规划和控制来超越资本主义社会秩序的可能性。在垄断资本主义下，"由于受到工人有限的购买力、无所事事的富人的浪费性消费、非生产性活动和垄断造成的低效率的限制，技术潜力和实际实现的利益之间存在差异"（Freeman 1996）。

117

阿兰·弗里曼（Alan Freeman）认为，从经济学的角度来看，巴兰和斯威齐合著的《垄断资本》一书存在着两个主要问题。第一个问题是：

> 将注意力从利润率转移到利润规模的大小上，并将这个规模重新定义为一个含义不明确的"物质剩余"概念，而不是剩余劳动，[这]悄悄地排除了一个内生过程的可能性，即利润率的下降是由资本的有机组成的上升引起的，可能引发内部危机（Freeman 1996）。

利润率的下降趋势作为资本主义内部危机的可能诱因之一，这一点被淡化或忽略的原因或许可以在巴兰和斯威齐写作时的历史背景中找到：当他们写作时，恰逢资本主义出现了战后的繁荣，这似乎排除了利润率下降、甚至排除了爆发危机的可能性。弗里曼认为，在这个"资本主义黄金时代"，马克思主义者需要进行理论研究的仅剩下利润的实现问题和资源的合理使用问题。

《垄断资本》暴露出的第二个问题是，通过将主要焦点集中在垄断上，它回避了资本主义市场体系能否维持无限增长的问题。弗里曼指出的上述两个缺点有一个共同的基础，即巴兰和斯威齐倾向于修正或回避马克思主义政治经济学的重要组成内容，如利润率下降的趋势和资本主义危机的必然性。当他们在战后资本主义的"大繁荣"时期撰写著作时，与其争论似乎已经被克服的资本主义危机，不如以经济上更为合理的方向为基础对社会主义进行辩护。

在确定了斯威齐和巴兰所采用的这三个经济学概念确实存在问题之外，还有另外一个问题尚待解决，即其中的一个概念"经济剩余"对这两位作者看待帝国主义产生了怎样的影响？根据他们对发达资本主义国家经济剩余的分析，巴兰和斯威齐认为，经济剩余一般只能通过三种方式被吸收："(1) 它可以被消费掉；(2) 它可以用于投资；(3) 它可以被浪费掉"（Baran and Sweezy 1968:87）。《垄断资本》的很大篇幅都在分析美国的经济剩余是如何被吸收的，而在其中，军国主义和帝国主义现象成为一种备受青睐的吸收剩余的手段。

## 十、《垄断资本》中的军国主义、帝国主义和对剩余的吸收

《垄断资本》的第七章是该书中唯一与帝国主义有关的章节，它首先提出了这样一个问题，即为什么美国寡头统治集团认为有必要维持一个庞大的军事机器，而在过去，一个规模小得多的军事力量就已经足够了？（Baran and Sweezy 1968:178）接下来，巴兰和斯威齐对垄断资本主义条件下的军国主义，特别是对美国的军国主义进行了广泛分析，但两位作者并没有明确地把军国主义和帝国主义联系起来（该书第七章开头部分使用的是"帝国"一词，而"帝国主义"一词仅仅出现在该章的一两个脚注中），也没有对帝国主义进行任何定义。

巴兰和斯威齐参考了列宁关于帝国主义的简短定义——帝国主义是资本主义的垄断阶段（Baran and Sweezy 1968:17），并称赞列宁将马克思主义理论从其已过时的竞争模型——马克思经济理论的基础——中解放了出来。然而，巴兰和斯威齐又声称，列宁及其后来的作家对垄断及其对资本主义经济的影响没有给予足够的重视（Baran and Sweezy 1968:18）。于是，两人要一起着手纠正他们所认为的这个"漏洞"，而其意图也非常明确，他们关心的

首要问题就是垄断资本主义及其矛盾与后果，这一点反映在他们对待帝国主义的态度上就形成了以下的局面："帝国主义"这个概念几乎从他们的著作中消失了——被归并入了垄断资本主义和军国主义之中。

巴兰和斯威齐概述了"构成资本主义制度的国家等级关系"（Baran and Sweezy 1968:179）。他们认为，这种国家结构在本质上是剥削性的，处于顶层的国家在不同程度上剥削所有处在下层的国家，以此类推，所有的国家都通过这样的关系依次向下关联。最低一层的国家则无法剥削其他国家： 119

> 这样，就有了一个对抗关系网，其中剥削者和被剥削者彼此对抗，互相竞争的剥削者又彼此对抗。抛开法律范畴不论，可以称处在等级制度顶层或接近顶层的单位为"中心国"，将处在底层或接近底层的单位称为"殖民地"。在某一中心国的剥削范围内，竞争对手或多或少地被排除在外，这就是它的"帝国"……现在很明显，所有的国家——除了处在底层的附属的和毫无防御能力的国家——都需要有军队来维持，并在可能的情况下提高它们在剥削体系中的地位。某一国家在某一时刻究竟需要多少军队，以它在这个等级体系中的地位以及当时整个等级体系中的关系格局为转移（Baran and Sweezy 1968:179–180）。

巴兰和斯威齐注意到美国在扩张和帝国主义化进程中的一些变化。这种被称为"新殖民主义"的帝国主义新做法，其源头可以追溯到美国自身作为前殖民地的经历。因此，美国依赖于间接的剥削形式，而不是像欧洲旧殖民帝国那样进行直接的政治和经济控制（Baran and Sweezy 1968:182）。到此为止，书中对帝国主义的分析也就结束了。

吸收剩余、军国主义和帝国主义之间的联系并没有真正得到探讨——这个问题可以归结为经济剩余的问题，因为这一概念把资本主义的主要矛盾从生产过程及其生产关系转移到市场、交换和贸易领域。对于巴兰和斯威齐而言，资本主义的根本问题不是生产问题，而是剩余的实现，进而是"在使用剩余的过程中产生了诸如广告、政府扩张、军备、帝国主义和战争等令人厌恶的一类东西"（Mattick 1978:192, 195）。

保罗·马蒂克（Paul Mattick）认为，巴兰和斯威齐坚持用"经济剩余"代替"剩余价值"，这表明无论是竞争的资本主义还是垄断的资本主义，他们并没有对资本主义进行马克思主义的分析。当巴兰和斯威齐致力于重新构建或更新马克思对垄断资本主义的分析时，他们断言，马克思在垄断改变资本主义之前就已经完成了写作，因此他的分析已经过时。在他们看来，这意味着马克思所认定的法则（如利润率下降的趋势、劳动价值论及其相关的剩余价值概念）需要进行更新或予以摒弃。但这是一个严重的错误：

> 通过将剩余价值视为"剩余"，巴兰和斯威齐设法将资本主义视为不同于其本身的东西。他们写道，"剩余的规模是生产力和财富的指标，反映了一个社会拥有多少自由来实现它为自己设定的目标"……这是以抽象的方式看待社会，而不是将其看成具体的社会，说到底是没有将其作为资本主义社会来对待（Mattick 1978:203）。

马蒂克指出巴兰和斯威齐存在的问题是用"经济剩余"取代"剩余价值"，这实际上是用一个不那么简洁的表述取代了一个仍然有效的马克思主义概念。在这一过程中，巴兰和斯威齐放弃了价值、剩余价值等术语，转而采用"混合国民收入、'有效需求'的概念和凯恩斯主义对资本停滞的补救措施"（Mattick 1978:191-192）。上面提到，巴兰认为，剩余或者确切地说是实际剩余，是所有社会经济形态的副产品（Baran 1976:133）。那么，巴兰和斯威齐需要弄清楚的是，在历史上特定的资本主义社会经济形态中，剩余又是如何产生的、为什么会产生以及在何处产生的。

生产过程中产生的剩余价值对资本主义的竞争时期和垄断时期都是至关重要的。巴兰和斯威齐却在术语和范畴上做文章，将剩余价值替换为经济剩余，并将实现问题（即市场关系）作为垄断资本主义的主要矛盾。在这个过程中，他们的研究重心逐渐从生产关系和阶级斗争中偏移开来，从而远离了生产过程、利润率、利润率下降的趋势、资本主义必然导致危机的内部矛盾和资本输出等问题。最后导致的结果就是背离了经典马克思主义关于帝国主义与资本主义密切相关的观点。通过在分析中引入新古典主义经济学和凯恩斯主义的概念（如剩余），并去掉马克思主义政治经济学的关键要素，巴兰和斯威齐对资本主义、垄断资本主义和帝国主义的分析已变得不再严谨，从而引发了更多的问题。这种情况在《垄断资本》（1968）中达到了顶峰，在该书中，帝国主义及其与资本主义（垄断资本主义）的联系没有得到任何深入的探讨，帝国主义这一概念本身只是作为脚注出现在表面上涉及该主题的章节中。通过抛弃、回避某些马克思主义政治经济学的范畴和概念，巴兰和斯威齐把重点放在他们认为更重要的垄断资本主义的形态上，而不是将帝国主义看作资本主义的一个阶段。这样的做法产生了非常严重的后果——导致"帝国主义"一词从他们的分析中几乎消失不见了。

121

## 小　结

在这一章中，保罗·巴兰和保罗·斯威齐的三部重要著作都得到了批判性的评述。他们的帝国主义理论与"开拓者"（特别是经典马克思主义理论）渐行渐远。同时，他们的帝国主义理论预示着一些新马克思主义者所追随的趋势，即对这一主题研究兴趣的消散和随之而来的与帝国主义有关的理论研究质量的下降。尽管如此，巴兰和斯威齐帮助人们注意到帝国主义对欠发达世界的影响，并指出垄断资本主义（帝国主义）的必然后果是停滞而非发展。这一思路重新激发了人们对马克思主义的兴趣，并在许多观察家、活动家和知识分子中引发了热烈的讨论。此外，他们的研究也为后来的新马克思主义者，也就是所谓的依附论者，奠定了基础。其中之一的冈德·弗兰克即本书下一章要讨论的主题人物。

122

# 第四章

# 冈德·弗兰克：不发达、依附性与幻灭

## 引　言

　　安德烈·冈德·弗兰克是最早认真看待斯威齐和巴兰学说——他们认为资本主义带来的是停滞而不是发展——的理论家之一。同时，冈德·弗兰克也属于发展"依附理论"的一位作家，这一理论将资本主义世界体系分为中心和外围（或核心和外围、大都市和卫星国等），发达资本主义国家以牺牲外围国家（相对不发达的国家或新殖民地）为代价发展起来（Brewer 1990:161），而外围民族国家的经济发展依附于处于中心地带的发达资本主义国家。冈德·弗兰克提出了一个"大都市—卫星"模型来解释大部分第三世界国家，特别是拉丁美洲国家的依附地位。在其毕生的工作中，冈德·弗兰克不仅致力于解释拉丁美洲的从属地位，而且还与伊曼纽尔·沃勒斯坦等人一起致力于建构世界体系理论，力图将政治和经济的发展问题置于一个长时期的整体框架中。在他生命最后几年完成的著述中，冈德·弗兰克非常关注西方史学和社会理论中存在的"欧洲中心主义"偏见。因此，他的理论立场发生了转变——整体上脱离了沃勒斯坦和马克思主义的分析。冈德·弗兰克的写作可以分为三个截然不同的阶段：第一个是早期阶段，在这一阶段中，他运用帝国主义等马克思主义的概念来分析和解释第三世界的依附性；在第

123

116

二个阶段中，他与沃勒斯坦等人共同致力于以长时期框架分析地区间的社会、政治和经济联系，即构建世界体系理论；最后，在第三个阶段中，他在总体上对世界体系理论、马克思主义和西方社会理论都采取了保留的态度。

本章认为，冈德·弗兰克的早期著作集中论述了拉丁美洲对欧洲和美国等大都市国家的依附性，从而将"依附性""不发达"概念引入帝国主义理论研究的前沿。冈德·弗兰克的帝国主义理论吸纳并扩展了斯威齐和巴兰的主张，即欠发达国家经济发展的结果是经济停滞和不发达。在冈德·弗兰克看来，不发达是资本主义世界经济一体化的必然结果。他提出这一论点是为了反驳两种发展观：一种来自经济发展和工业化的主流理论；另一种则源自拉丁美洲共产党的正统观点，即拉丁美洲必须从所谓的封建生产关系开始，经过资本主义阶段后进入社会主义（Gunder Frank 2000a:189）。此种"阶段论（stagist）"的发展模式引发了相当多的争议和讨论，依附理论就是众多回应之一。反过来讲，依附理论也因其与帝国主义理论、马克思主义的特殊关系而受到批判（Chilcote 1982:3–15; Howard and King 1992:168–169, 175–176）。

冈德·弗兰克早期作品的一个重要元素是他对"经济剩余"概念的使用，这是他从斯威齐和巴兰那里借鉴来的。在他看来，不发达的原因是由于大都市国家抽走了殖民地、前殖民地和欠发达国家的经济剩余。然而问题在于，自殖民时代起，对剩余的占有就一直是欧洲列强与外围地区经济关系的一个特征。在冈德·弗兰克的欠发达和经济依附理论中，他将对经济剩余的依赖视为自身理论的核心要素，这就导致他对帝国主义、殖民主义、重商主义和资本主义的理论分析出现了问题。他无法清楚地界定这其中的任何一个术语，也不能清楚地界定资本主义和帝国主义之间的关系。

与斯威齐和巴兰不同的是，冈德·弗兰克在其生命的最后几年中抛弃了马克思主义理论和西方社会理论，这在很大程度上是因为他沉浸在宏观历史制度变迁的问题中。本章后面会提到，他在写作的第二和第三阶段中，不仅抛弃了帝国主义理论，而且也离开了马克思主义。冈德·弗兰克对西方社会理论，尤其是对马克思主义的"幻灭"源自他对资本主义和"欧洲中心主义"

124

的质疑。

本章第一部分简要概述了依附（发展）理论的起源及其历史背景，随后一部分的主题是冈德·弗兰克关于帝国主义的早期著述；第三部分简要概述了冈德·弗兰克对"经济剩余"概念的理解，以及欧内斯托·拉克劳（Ernesto Laclau）对冈德·弗兰克使用这一概念的批判。之后的一部分探讨了冈德·弗兰克的世界体系理论，最后一部分则回顾了冈德·弗兰克的后期著述——正是在他的后期作品中，因对帝国主义理论、马克思主义和西方社会理论流露出的"欧洲中心主义"偏见不满，他表现出了所谓的"幻灭"。

## 一、依附理论：理论与历史语境

研究拉美经济的知识分子和活动家非常关注外围国家因融入全球资本主义体系而导致的社会、政治和经济发展不足问题，他们寻求一种理论框架来解释这种现象。同时，他们还力图寻求一种将第三世界国家从这一局势中解放出来的政治战略。依附理论对既有现代化模式——第三世界国家应该效仿西方发达国家，实现工业化的"腾飞"——提出了挑战，根据比约恩·海特恩（Bjorn Hettne）的说法，依附理论：

125

> 产生于两大思潮的交汇：其中一种拥有马克思主义的传统，而马克思主义传统又包含了经典马克思主义、马克思列宁主义、新马克思主义等理论取向；另一种则源于拉丁美洲关于发展的结构主义讨论，最终形成了 CEPAL 传统（Hettne 1995:88）。

所谓的拉丁美洲经济委员会传统（西班牙语：CEPAL）是受 20 世纪 30 年代拉丁美洲各个国家为应对大萧条所采取的战略启发而成立的。与 CEPAL 相关的两位主要知识分子是劳尔·普雷维什（Raul Prebisch）和塞尔索·富尔塔多（Celso Furtado）[①]，他们在论及拉丁美洲问题的著作中将结构主义和依附理论联系在一起（Hettne 1995:91）。以此为代表的 CEPAL 的理论驳斥了贸易既使发达国家受益，也使欠发达国家受益的观点，并利用"中心—外围"模型提出了贸易有利于中心国家而损害外围国家的观点。通过将进口替代作为迈向工业化的一个步骤，加上国家干预和计划，CEPAL 促进了经济民族主义（Hettne 1995:92）。在 20 世纪五六十年代，CEPAL 的"改革型结构主义"成为许多拉美国家公认的发展战略。这一发展战略试图"通过凯恩斯主义干预形式所建立的资本主义发展的标准模式"重新调整拉丁美洲扭曲的经济发展历史（Henfrey 1982:17）。

CEPAL 战略在实施过程中遇到了重重阻碍，因而被认为是不完善的，这催生了许多"关于依附方法的阐述，从而产生了各种各样的'依附理论流派'，其中一些是旧的 CEPAL 策略的延续，另一些则更倾向于某种形式的马克思主义"（Hettne 1995:93）。依附理论在 20 世纪 70 年代达到顶峰，并促进了国际经济新秩序的产生（Hettne 1995:103）。至 20 世纪 70 年代末，一些第三世界国家显然已经走上了工业化的道路，从而"与普遍认为它们的发展受到阻碍的观点相矛盾"。依附范式的说服力已然消失（Hettne 1995:99）。　126

随着依附范式的消亡，处理第三世界不发达问题的新方法应运而生。世界体系理论起源于依附范式，但与之不同的是，它根本没有提供一个发展

---

[①] 以阿根廷经济学家劳尔·普雷维什为代表的拉美知识分子在 20 世纪五六十年代创建了研究泛拉美发展理论的民族主义发展经济学。1950 年，普雷维什发表了《拉丁美洲的经济发展及其主要问题》，被第三世界国家推崇为"拉丁美洲宣言"。他在探讨当代资本主义国际经济体系中发达国家和发展中国家利益关系时，首先采用"中心—外围"的结构分析方法，后来通过拉丁美洲国家的学者弗兰克、阿明、多斯桑托斯等人发展成了依附理论的重要概念。普雷维什把发展中国家的经济滞后和收入不均，归结为市场失灵和生产刺激不能引导资源取得最大报酬。他指出，发展中国家（外围）的市场不完全性、发达国家（中心）的经济垄断，以及发展中国家被分割的资本市场，加剧了发展中国家的经济贫困和停滞。与激进学派不同的是，民族主义的发展经济学理论更加倾向于比较温和的结构改革和经济体制的变革和重组，提倡人道和市场导向的社会主义模式。——译者注

方案。这可归因于其更为全面的结构主义方法，即"体系"使第三世界国家很难打破依附关系的束缚而让其内部产生发展。资本主义世界体系具有非常大的限制性："在资本主义世界经济中进行转型的可能性是非常有限的"（Wallerstein cited in Hettne 1995:142）。20 世纪 70 年代末，随着沃勒斯坦著作的出版，世界体系理论风生水起，吸引了一大批理论家的兴趣，其中就包括冈德·弗兰克，他从中已看到了依附理论岌岌可危的前景。

## 二、冈德·弗兰克著述第一阶段

冈德·弗兰克于 1929 年出生于柏林，是一位杰出的学者，他一生都处于漂泊动荡之中。希特勒上台后，他随父母离开了德国，40 年后，在 1973 年皮诺切特发动政变后，他又逃离了智利。冈德·弗兰克于 2005 年去世，享年 76 岁。在其 1963 年写的一篇关于不发达问题的早期论文（直到 1975 年才发表）中，他概述了发展与不发达之间的关系。他认为，不发达不应仅仅被理解为欠缺发展，还应该被理解为外围国家的一种消极发展形式。也就是说，西欧发达国家的工业化和资本主义积累过程是以占有拉丁美洲等地区的剩余为基础的。如果没有从卫星地带占有的经济剩余，欧洲就不可能发展起来。自拉丁美洲并入西班牙和葡萄牙帝国以来，这种对经济剩余的占有就成为一种固定模式。通过阻止卫星国获得自己的剩余，大都市国家确保了第三世界在社会、政治和经济上对其存在的依附性（Gunder Frank 1971:33）。

127 在其写作的早期阶段，冈德·弗兰克理论研究的重心是外围国家的不发达与欧美国家发展之间的必然对立。这是一种"零和关系矩阵，其中大都市国家的财富是从卫星国家所获取剩余的直接函数"（Howard and King 1992:177）。这一点成为冈德·弗兰克理解资本主义、殖民主义和帝国主义的关键。正是在这篇早期的文章中，冈德·弗兰克首先阐述了"不发达的发展"这一重要主题，这成为他在 20 世纪 60 年代至 70 年代著述的主要内容（Gunder Frank 2000a:190）。

从这篇文章（以及冈德·弗兰克其他的早期著作）中可以清楚地看到，他很少关注帝国主义、殖民主义、资本主义和重商主义等概念的定义。在冈德·弗兰克看来，历史表明"重商主义、资本主义、殖民主义和帝国主义紧密地交织在一起……资本主义（帝国主义）……绝不会停止剥削不发达的外围地区以造福发达的大都市"（Gunder Frank 1975:72）。至于帝国主义本身，冈德·弗兰克指出：

> "帝国主义"的本质不应被理解为某个特定国家的帝国，而应将其理解为大都市成员国家与外围国家之间的某种关系。这就是列宁理解这个概念的方式，也是马克思、斯密，可能还有他之前的佩蒂理解类似概念的方式（Gunder Frank 1975:56）。

冈德·弗兰克还声称，"帝国主义"一词只是"最近才流行起来的"，最初由霍布森、列宁和布哈林提出。他还认为，他们对这个词的理解包含了"19世纪末20世纪初，即工业化或工业化大都市的殖民扩张时期的某些世界性关系"（Gunder Frank 1975:56）。他断言在霍布森、列宁和布哈林之后，帝国主义被认为包括了美国与拉丁美洲和近东之间的关系，这种关系并不是正式的殖民关系。换言之，帝国主义改变了它的一些政治形式——新殖民主义成为一种备受青睐的政治方式，特别是对美国而言。冈德·弗兰克还声称，帝国主义是当代资本主义的另一种简略说法（Gunder Frank 1975:56）。非常明显的一点是，冈德·弗兰克对帝国主义政治因素的分析微乎其微，这 128 也是他关于帝国主义的诸多著作的一个共同特点。

即使在后来关于不发达问题的著作中，冈德·弗兰克依然拒绝在定义上花费太多精力。其理由是，对于外围的不发达国家来说，重商主义、殖民主义、资本主义和帝国主义的现象意味着同一回事，都是指剥削、不发达和落后，尽管它们的表现形式可能有所差异（Gunder Frank 1975:72）。例如，在冷战时期，随着一种新的"美国式"帝国主义形式的出现，他说：

尽管在技术细节上与它的前身有所不同，但它本质上仍然与以前所有形式的资本主义、殖民主义、帝国主义是一样的，特别是对不发达世界而言，它是剥削和不发达的根源和体系化（Gunder Frank 1975:61）。

在《资本主义与拉丁美洲的不发达》（1971）一书中，冈德·弗兰克描述了欧洲和拉丁美洲所经历的资本积累和不发达的各个时代："资本主义发展的殖民时代"是欧洲开始资本积累过程的时期，在这个时期，欧洲本身没有资本和劳动力储备来启动资本积累过程。因此，原始资本：

只能来自拉丁美洲印第安人和非洲黑人的劳动和外来资金，这首先造成了这些地区高达 8/9 的人口（在墨西哥）遭到屠杀，然后造成了这些地区的文明被毁灭，最后导致了这些地区永久性的不发达（Gunder Frank 1971:310）。

这种西班牙—美洲式的财富积累方式间接地为葡萄牙人在巴西发展殖民经济提供了资金，也为随后荷兰、英国和法国入侵加勒比给予了财力支持（Gunder Frank 1971:310）。欧洲与美洲的早期殖民关系导致拉丁美洲的剩余被强行掠夺，这在损害这一地区利益的同时却给大都市国家带来了好处。贸易和金融是获取剩余和造成不发达的主要机制。这些贸易和金融措施带来的另一后果是在殖民地建立了不发达的政治、经济和社会结构。这一过程将投资引向旨在向大都市国家出口的矿业、农业和商业领域。大部分的投资预算用于从大都市国家进口奢侈品，只有非常少的资本被投入与国内市场有关的生产和消费中（Gunder Frank 1971:312）。

帝国主义时代紧随着殖民时代之后到来，冈德·弗兰克认为，"新帝国主义的金融投资"在迅速而悄然地潜入拉丁美洲后，排挤、取代了当地旧有的金融模式——导致这一变化的原因以及这种金融模式与以往大都市国家金融模式有何不同，他都没有详述。冈德·弗兰克以卢森堡关于欧洲侵占埃及的论述为例，指出帝国主义在拉丁美洲的表现只能是有过之而无不及："帝国主义不仅利用国家的力量入侵农业，而且接管了几乎所有的经济和政治机构，从而将整个经济纳入帝国主义体系之中"（Gunder Frank 1971:323）。然而，冈德·弗兰克并没有对殖民时代和帝国主义时代之间的社会、政治和经济差异作出说明。

第二次世界大战期间，世界资本主义体系发生了质的变化。大都市中心从欧洲转移到了美国，而且"工业资本主义和金融资本主义已转变为垄断资本主义"（Gunder Frank 1971:324）。这种情况最早出现在美国，随后又出现在欧洲和日本：

> 这种总部位于国内，但面向世界的国际性的巨型垄断公司，是跨行业的、大规模生产标准化产品的流水线生产商，现在又成为新技术的代表者，它是自己的全球采购代理、销售商和投资人，并且，它通常是许多卫星国家和越来越多的大都市国家事实上的政府（Gunder Frank 1971:324）。

130

在 20 世纪 30 年代，公司国家成为这种公司形式的逻辑延伸，到了 20 世纪 60 年代，他所谓的"战争国家"也发挥了此种作用。垄断公司和大都市国家的需求催生了新的外国投资和金融工具，比起对外贸易，它们在更大程度上阻碍了拉丁美洲的发展。世界资本主义体系的这些变化，意味着帝国主义已经转变为新帝国主义（Gunder Frank 1971:324–325）。

冈德·弗兰克在使用一些术语时往往会前后矛盾，这导致他对殖民主义、帝国主义和新帝国主义这三个时代的分析变得分外复杂。例如，在描述拉丁美洲的不发达进程时，他用"新帝国主义"和"垄断资本主义的发展"两个术语分别指称两个互相独立的实体，而在两页之前，他又将它们统称为"新帝国主义的垄断资本主义"（Gunder Frank 1971:341, 343）。现在，已经确定了冈德·弗兰克早期写作的中心是不发达问题，并且认识到他在定义其分析的核心术语时缺乏严谨性，重点将转向冈德·弗兰克对经济剩余的论述。他提出的拉丁美洲自16世纪以来就已融入资本主义世界经济的主张，以及他对经济剩余这一概念的使用，都遭到了猛烈的批评。

## 三、16世纪以来的经济剩余、拉丁美洲和世界资本主义体系

经济剩余既可以成为发展的因素，也可以是不发达的原因，因其构成"一个社会单位的生产超出其必要消费的实际的或潜在的过剩部分，这种过剩可能会被利用或投资，也可能不会被利用或投资"（Gunder Frank 1975:11）。在资本主义的发展和不发达之间的三个核心矛盾中，经济剩余是其构成基础之一。其中，第一个矛盾是"对经济剩余的剥夺、占有的矛盾"（Gunder Frank 1971:30）。根据冈德·弗兰克的说法，马克思已经"确认并强调了资本家对生产者创造的剩余价值的剥夺和占有"（Gunder Frank 1971:30），冈德·弗兰克则发现巴兰的"经济剩余"概念和马克思的"剩余价值"概念之间存在直接的关联——二者之间的联系是通过假设实际剩余（当前生产中被用于储蓄和投资的那一部分）是剩余价值的子集或组成部分而建立的（Gunder Frank 1971:30）。而潜在剩余是指，如果一个社会没有受到发达资本主义国家垄断结构的阻碍从而可用于投资的那一部分。不过，冈德·弗兰克又自相矛盾地提出，尽管资本主义社会的垄断结构阻止了潜在剩余的生产，但无论生产出什么，生产出来的东西都"通过奢侈消费被占有和浪费了"（Gunder Frank 1971:30–31）。

即便如此，对冈德·弗兰克来说，经济剩余不仅是生产和维持经济支配和从属关系的一个关键因素，而且引申开来说还是在生产和维护一种等级体系——这个体系中的主导国家成为大都市国家，而从属国家成为其卫星国。后一个问题，即国家体系和国家之间的关系问题是冈德·弗兰克所说的发

展—不发达关系中的第二个矛盾，他将其称之为"大都市和卫星的两极化矛盾"（Gunder Frank 1971:32）。经济剩余被大都市国家剥夺，用于自身经济发展，而：

> 卫星国始终处于不发达状态，这不仅因为它们无法获得自己的剩余，还因为大都市国家在卫星国国内的经济结构中引入和维持着同样的两极分化和剥削性矛盾。一旦被牢牢地植入，这些相互结合的矛盾就会加强日益占主导地位的大都市国家的发展进程，并加剧日益处于依赖状态的卫星国家的不发达进程（Gunder Frank 1971:33）。

在拉丁美洲，剩余的榨取过程已经持续了几个世纪。通过重商主义、自由贸易和帝国主义等阶段参与进世界资本主义体系，拉美国家已经被纳入世界资本主义的"垄断性大都市—卫星结构"中。从 16 世纪开始，这个过程就致力于"从卫星国家吸走资本或经济剩余，并将这部分剩余输送到满是卫星国的世界大都市国家"（Gunder Frank 1969:6-7）。正如在上一章讨论巴兰和斯威齐对经济剩余的使用时所指出的，经济剩余是所有社会经济形态的副产品。不过，即使使用了这一经济概念，冈德·弗兰克的分析也没有清楚地揭示大都市和卫星之间的政治经济关系在殖民主义、重商主义、资本主义和帝国主义时期各自的具体特征。

拉克劳对此就曾提出过批评，认为冈德·弗兰克倾向于模糊或融合不同的历史时代，从而混淆了不同时代的经济、社会和政治条件。拉克劳认为，冈德·弗兰克对资本主义生产方式及其伴随的生产关系的特殊性的根本误解使其作品的理论说服力遭到了破坏。他还把资本主义与以前的政治经济形态联系起来，这样的方式显然过于笼统。尽管，从马克思主义的观点来看，资本主义和以前的社会政治经济结构确实都是以阶级为基础的，并且以某种形式的剥削为前提，但每个时期都有其特定的剥削形式。冈德·弗兰克认为，

132

"资本主义的根本内在矛盾是剥削者和被剥削者之间的矛盾，这种矛盾不仅出现在国家内部，也出现在国家之间"——拉克劳认为这一说法最接近于冈德·弗兰克对资本主义的定义（Gunder Frank cited in Laclau 1979:22）。然而，这种对资本主义的定义实在太过宽泛了——不严谨性正是冈德·弗兰克作品的一个典型特征。对此，拉克劳也曾说过："在确定分析对象时缺乏严谨性只是冈德·弗兰克在概念上不精确的一个例子，他的所有作品都受到这种不严谨性的影响"（Laclau 1979:22）。正是由于这种不严谨性，冈德·弗兰克作出了这样的一个推论：16世纪以来的欧洲扩张必然是资本主义的，因为商业资本（重商主义）牵涉其中。

对拉克劳来说，显然，冈德·弗兰克（以及其他新马克思主义者）优先考虑的是分配过程（市场）或拉克劳所说的"流通领域"，而不是生产过程及其伴随的生产关系，而后者才真正孕育着资本主义矛盾的萌芽（Laclau 1979:34）。把资本主义的主要矛盾从生产过程转移到分配（或市场）领域，这是冈德·弗兰克遭受批评的焦点。

尽管招致了不少批评，但在很长一段时间内，冈德·弗兰克仍然继续采用新马克思主义的方式分析帝国主义问题，并将他的考察重点牢牢地集中在第三世界，尤其是拉丁美洲。他在20世纪60年代和70年代的作品常常是论战性的和实证性的——它们在很多方面都塑造和反映了革命情绪的高涨。尽管冈德·弗兰克对其不发达理论的建构受到诸多批评，但他仍然对依附理论作出了重要贡献，甚至，他本人已成为依附理论的代名词，被人们称为"停滞模式论的历史学家"（Henfrey 1982:22, 33）。他因批判马克思主义正统学说和主流经济学思想，以及不顾风险到拉丁美洲工作（他后来逃离了皮诺切特统治下的智利）而声名大噪。毫无疑问，在这一早期阶段，冈德·弗兰克是拉丁美洲人民试图通过社会主义寻求替代发展道路的热情支持者。到20世纪70年代末，在那场预示着战后资本主义大繁荣终结的危机之后，冈德·弗兰克认为依附理论已不可靠。于是，他放弃了依附理论，转而采用一种更加全球化的方法来分析世界经济及其伴随的社会和政治体系。

## 四、冈德·弗兰克理论写作的第二阶段

根据冈德·弗兰克的说法，他在 20 世纪 60 年代和 70 年代的作品倾向于向伊曼纽尔·沃勒斯坦、特伦斯·霍普金斯（Terence Hopkins）、乔瓦尼·阿里吉（Giovanni Arrighi）和萨米尔·阿明等人的思想理念和主题靠拢。这些作家主要关注的是揭示全球资本主义的复杂性，由于他们的分析不是基于个别资本主义国家，而是把资本主义作为一个系统的整体，因此被称为世界体系理论。冈德·弗兰克表示，他在 20 世纪 60 年代中期开始推动对"世界体系"的研究，并在 1970 年发表了一篇论文，旨在发展一种"足以将资本主义制度的结构和发展包含在一个一体化的世界范围内的理论"（Gunder Frank 2000b:217）。在从智利流亡之前，他收到了沃勒斯坦的《现代世界体系》（Wallerstein 1974）一书，自此他认识到他和沃勒斯坦有着共同的关注点、概念和主题（Gunder Frank 2000b:217–218）。

沃勒斯坦和冈德·弗兰克一直关注世界资本主义制度的起源问题——世界资本主义制度"在 1450 年到 1500 年间起源于欧洲，并以西欧为中心向外蔓延后将世界其他国家的社会、政治和经济纳入其网络之中"（Gunder Frank 2000b:218）。尽管他们的侧重点有所不同，但冈德·弗兰克认为，在整个 20世纪 70 年代和 80 年代，他和沃勒斯坦的理论是交织在一起的。沃勒斯坦复活了一位鲜为人知的苏联经济学家的资本主义长周期理论（"康德拉季耶夫周期"），该理论让冈德·弗兰克大受启发。"康德拉季耶夫周期"旨在展示资本主义自诞生以来出现的长波或周期，包括它的增长期、停滞期和衰退期，这一理论成为沃勒斯坦世界体系理论的核心，同时也构成了冈德·弗兰克著作的一部分。在冈德·弗兰克和阿明 20 世纪 70 年代和 80 年代写就的作品中，无论是合作还是独著，他们都非常关注"康德拉季耶夫周期"所产生的政治影响和其他后果（Gunder Frank 2000b:219）。

沃勒斯坦和冈德·弗兰克的著作还有其他的共同点，即对中心—外围关系，以及对东欧—西欧关系的共同研究兴趣。两人的不同之处（尤其表现在

他们有共同理论旨趣的早期阶段）在于：

> 沃勒斯坦更多地关注了该体系的核心—外围—次外围结构，与之相比，我试图确定该体系的周期性动态，尤其关注资本积累的周期性长时段经济危机对世界资本主义体系的地理和经济结构的改变（Gunder Frank 2000b:218）。

到了 20 世纪 80 年代末 90 年代初，冈德·弗兰克对资本主义世界体系的立场开始与沃勒斯坦发生分歧。沃勒斯坦理论的一个基本特征是，资本主义世界体系是有限的，它将被其他一些"体系"所取代。冈德·弗兰克则采取了一种更为审慎的观点，因为他觉得"'系统性'转变的证据很少"。此外，冈德·弗兰克还对沃勒斯坦所认定的资本主义的基本特征提出了质疑（这些特征明确地界定了资本主义起源于欧洲），认为沃勒斯坦提出的特征不仅可以在世界其他地方找到，而且在沃勒斯坦提出这些特征出现的时间之前就已经存在了，"因此，（现代世界体系）不可能是在欧洲诞生和成长的，'资本主义'并没有什么特别之处，更不用说'封建主义'和'社会主义'了"（Gunder Frank 2000b:221）。

此外，冈德·弗兰克对沃勒斯坦的"欧洲中心主义"立场也提出了质疑——他和他的一些同事认为资本主义生产方式并没有什么特殊的地位。例如，冈德·弗兰克和吉尔斯（Barry Gills）断言，他们提出的世界体系可以追溯到 5000 年前，它是独立存在的，并且早于"任何一种生产方式或其组合，无论是封建的还是其他某种附属的、资本主义的或社会主义的"（Gunder Frank and Gills 1993a:xx-xxi）。这确实是冈德·弗兰克和他的新合作者提出的一个重要理论主张。他认为，这个世界体系独立于任何生产方式而存在，与资本主义、封建主义和社会主义等社会性质无关。这已表明，到 20 世纪 90 年代，冈德·弗兰克已经偏离了马克思主义对社会结构、社会和政治经济的批判。此外，在冈德·弗兰克写作的第二阶段，他对拉丁美洲在重商主义、殖民主义和帝国主义条件下的发展所表现出的关注其实并不是他的研究重心。也即，在其写作的这一阶段，对帝国主义的政治和经济方面的分析并没有占据重要位置。

## 五、冈德·弗兰克的后期作品

　　冈德·弗兰克第三阶段的工作可以说始于《世界体系：500 年还是 5000 年?》（Gunder Frank and Gills 1993a）的出版。这本书是他与巴里·吉尔斯共同编纂的，其中包含他写的一章名为《意识形态上的过渡与生产方式——封建主义、资本主义、社会主义》的章节（Gunder Frank 1993a）。在这一章中，冈德·弗兰克除详细阐述了他对沃勒斯坦世界体系理论新的理解外，还特别指出了沃勒斯坦的研究中存在的一些问题（Gunder Frank 1993a:200-217）。这一章并没有明确提到帝国主义——事实上，冈德·弗兰克与吉尔斯合著的章节也只是简短地提到了帝国主义，而且所提及之处都是专指包括波斯、罗马和亚述在内的古代帝国，对"帝国主义"的理解也仅限于一种更有效的国家积累方法（Gunder Frank and Gills 1993:89, 99）。表面上来看，冈德·弗兰克和吉尔斯的目的是"保留并提炼历史唯物主义的基本观点，这当然既不是马克思的独创，也不是马克思独有的"（Gunder Frank and Gills 1993b:301）。然而，在提炼唯物史观的过程中，他们通过暗示资本和资本积累发生在西欧资本主义兴起之前的时代，模糊了资本这一重要经济范畴及其对特定经济体的支配地位。这一命题在某些方面倒是符合正统马克思主义政治经济学的提法——马克思认为早在资本主义生产方式和"最多样化的社会经济形态"之前，就已出现了以高利贷者资本（生息资本）及其"孪生兄弟，商业资本"为表现形式的资本（Marx 1981:728）。

　　与正统的马克思主义观点不符的是冈德·弗兰克和吉尔斯提出的如下观点：由于资本在早期的社会经济形态中已经存在，因此不可能谈论资本主义在西欧的兴起以及它在 16 世纪或 19 世纪在世界其他地区的扩张。显然，这

136

触及了从马克思到经典马克思主义帝国主义理论家的核心预设，即资本主义（根据列宁等作家的说法，在其垄断阶段就变成了帝国主义）起源于欧洲，然后传播到世界其他地方。冈德·弗兰克和吉尔斯命题的问题在于，虽然马克思承认资本在 18 世纪末和 19 世纪初之前就已经出现，但马克思又指出，在之前的这些时代里，资本并没有主导生产方式。换言之，只有在资本成为一种特殊的、主导性的生产方式，也即成为一种历史性的生产方式后，才形成了资本主义的主要特征（对各种过往形式资本的讨论，参见 Marx 1981:728–748）。

如果冈德·弗兰克和吉尔斯的主张是正确的，那么这对资本主义和以前的社会经济形态的理论化，以及对帝国主义的概念化都会产生重大影响。如果真如他们所说，资本不是资本主义所独有的，资本主义因此失去了与以往社会经济形态相区别的独特性，那么经典马克思主义作家在 20 世纪将资本主义与帝国主义联系起来的做法就基本上是徒劳的。这也就解释了为什么随着时间的推移，帝国主义问题从冈德·弗兰克的作品中消失了。正如笔者在对冈德·弗兰克的著作进行整体梳理时所指出的那样，他表现出一种强烈的倾向，即没有明确地定义他所研究的一些主要概念，这导致了他对资本主义、垄断资本主义和帝国主义进行理论研究时遇到困难。解决困难的方法要么是放弃这些概念、否认它们的重要性，要么是修改它们，而这正是冈德·弗兰克在他后期的这部作品中所采取的方法。

这两位作家的另一个论点是，政治经济学家和历史学家过于强调农业和工业积累模式之间的区别，或者说犯了一种"孤立式分析"的错误。乍一看，这种批驳似乎是合理的，然而，正如埃里克·霍布斯鲍姆所观察到的那样，工业革命的重要性是不容削弱的："在 18 世纪 80 年代的某个时候，人类历史上第一次解除了对社会生产力的束缚，从此以后，人类社会才能够持续、快速……并似乎无限地实现人、商品和服务的增殖"（Hobsbawm 1977:43）。这无疑是一个了不起的突破，"以前没有一个社会能够突破前工业社会的社会结构、科学和技术上的缺陷，以及由此造成的周期性的崩溃、饥荒和死亡给生产造成的限制"（Hobsbawm 1977:43）。因此，一个自然浮现的问题是，为什么冈德·弗兰克（和吉尔斯）觉得有必要模糊农业时代和工业时代之间的显著差异？答案可以从冈德·弗兰克后期写作中所关注的兴趣点中找到，尤其是在《重新面向东方》（Gunder Frank 1998）[1] 中，这是他去世前几年出版的最后一本重要著作。

　　在《重新面向东方》一书中，冈德·弗兰克试图解决困扰西方社会理论的"欧洲中心主义"预设。他认为，如此多的学者屈从于欧洲例外论的观念——欧洲是世界经济的基础，世界其他地方围绕它运转——是一种有严重 138 缺陷的社会理论。因此，"这种社会理论的设计师包括马克思、韦伯、桑巴特、波兰尼等，还包括布罗代尔（Fernand Braudel）和沃勒斯坦（以及早期的冈德·弗兰克）。所有这些人都错误地把他们各自理论的中心位置设定为欧洲，而欧洲在过去的世界经济中从未实际占有这种位置"（Gunder Frank 1998: xxv）。

　　在该书中，冈德·弗兰克提出，马克思主义对生产方式的依赖不仅是单线式的、过于简单化的，而且"生产方式"这一概念本身也有很大的缺陷。马克思将前资本主义时代的亚洲经济称为专制的亚细亚的生产方式，这引起了冈德·弗兰克的不满（Gunder Frank 1998:14-15），他认为这不仅是马克思的问题，也是许多其他社会理论家的问题。因此，世界历史和世界经济的著作都必须被改写，人们应更加意识到亚洲在全球经济中已经和将要继续发挥的作用。

　　这本书中没有任何关于帝国主义的理论，因为在冈德·弗兰克看来，帝国主义的问题是社会理论家们以一种非整体主义的方式关注欧洲时所带来的问题。因此，列宁将帝国主义视为资本主义的一个发展阶段是错误的，因为他将帝国主义视为从欧洲内部产生并向外扩散过程中的一个发展产物

---

[1]　该书英文名为 *"Reorient: The Global Economy in the Asian Age"*（1998），直译为"重新面向东方：亚洲时代的全球经济"。中译本更名为《白银资本》，2000 年由中央编译出版社出版。——译者注

(Gunder Frank 1998:18)。对农业时代和工业时代之间的模糊处理，以及对资本主义、帝国主义、"欧洲中心主义"社会理论和生产方式等问题的质疑，都可以归结为冈德·弗兰克对马克思主义以及西方学术研究产生了一种"幻灭"。

此处无须对冈德·弗兰克最后的主要作品作进一步讨论。从上面的分析中可以看到，他逐渐脱离了马克思主义的帝国主义理论，正如他最后一本书中所表明的那样，他似乎已将马克思主义理论弃置一旁。在生命的最后几年里，他沉浸在他所谓的宏观历史中，认为这是更全面地分析世界经济和世界体系的方法，并由此提出了很多关于世界历史、世界贸易和世界各地区之间相互联结的观点，却很少对帝国主义进行分析。

## 小　结　冈德·弗兰克关于帝国主义的著述

在冈德·弗兰克第一阶段写就的著述中，殖民主义、重商主义、帝国主义、垄断资本主义和不发达这几个概念是非常突出的（尽管前四个概念的定义相当模糊）。他认为，帝国主义可以被表述为大都市国家和卫星国之间的一种特殊关系，资本主义、殖民主义和帝国主义给卫星地区带来的后果是一样的——剥削、不发达和落后。因此，冈德·弗兰克在定义资本主义、殖民主义和帝国主义时有些随意——无论何种形式带来的结果都是一样的。此外，经济剩余的概念作为巴兰和斯威齐理论中的一个关键要素，在冈德·弗兰克第一阶段的著作中占有非常重要的位置。冈德·弗兰克所使用的经济剩余概念没有帮助他澄清问题，相反使他对资本主义及其与帝国主义关系的理解和描述变得更为模糊。归根结底，他并没有对资本主义帝国主义的社会、政治和经济动态进行更为透彻的分析。

冈德·弗兰克第二阶段的著作与世界体系理论密切相关。对作为一种**体系**的世界资本主义体系的复杂性的考察，是这一"学派"作家群体的研究目标。冈德·弗兰克和沃勒斯坦都特别关注中心—外围或大都市—卫星关系，

139

他们的工作也都依赖于康德拉季耶夫的长波理论或周期理论——该理论确立了资本主义在较长一段时间内的增长、停滞和衰退阶段。到了20世纪80年代末90年代初，冈德·弗兰克开始对资本主义的根本特征及其在欧洲的起源持怀疑态度，加上对系统变革的前景（即从资本主义向后资本主义世界的过渡）的怀疑，他与沃勒斯坦产生了分歧。

冈德·弗兰克对沃勒斯坦理论的某些方面的担忧，预示着他对马克思主义、历史唯物主义以及由此扩展而来的马克思主义帝国主义理论产生了普遍怀疑和失望。这种"幻灭"在他的《重新面向东方》中达到了高潮。在该书中，西方社会理论因其"欧洲中心主义"而被看作有缺陷的。可以公平地得出这样的结论：在他写作的最后阶段，冈德·弗兰克已经停止了关于帝国主义的写作，因为他已背离了马克思主义，认为资本主义没有什么特别之处。当他 140
把这些问题抛诸脑后，转而以一种更宏观的历史方法来研究全球经济时，他更关注亚洲过去在世界经济中所扮演的角色，以及它将如何再次登上全球经济舞台的中心。

下一章将批判性地考察沃勒斯坦对帝国主义的态度。与冈德·弗兰克不同的是，沃勒斯坦始终主张资本主义有其特殊性，认为资本主义在世界舞台上的出现预示着世界政治经济体系进入了一个新的时期。 141

第五章

# 伊曼纽尔·沃勒斯坦和现代世界体系：霸权与资本主义的长波周期

## 引　言

与依附理论不同，沃勒斯坦关于"现代世界体系"的杰作持续引发着学术界的兴趣和关注。与冈德·弗兰克相比，沃勒斯坦始终坚信资本主义的独特性，并认为资本主义会继续在全球经济和全球政治的塑造中发挥关键作用。尽管沃勒斯坦有意地回避帝国主义问题，但他的理论在整个社会科学领域都很有影响力。他更倾向于从霸权主义的角度而不是从帝国主义的角度来看待政治和经济优势的问题。之所以对沃勒斯坦世界体系理论的一些著作进行考察，其中一个原因是它产生于 20 世纪 60 年代和 70 年代的反体系运动——这些运动在很大程度上受到帝国主义理论研究的影响。此外，尽管帝国主义不是沃勒斯坦关注的中心问题，但他承认，帝国主义曾经是并且现在仍然是现代世界体系的固有组成部分。沃勒斯坦的目标是澄清"中心—外围—半外围"的关系，以便为建立后资本主义世界体系的斗争奠定基础。国家之间的三层结构，或者说"世界资本主义经济的三形态划分"（Howard and King 1992:178），是沃勒斯坦对新马克思主义标准的国家二分法的一种修订——沃勒斯坦与新马克思主义帝国主义理论的方法密不可分。

142

　　沃勒斯坦对霸权国家的兴衰特别感兴趣，他将费尔南·布罗代尔的长时段史学方法（Howard and King 1992:178）[1] 作为其理论基础。沃勒斯坦世界体系理论中的另一个重要元素是康德拉季耶夫周期，它假设资本主义经济在 45 年到 60 年的时间框架内交替出现扩张和收缩阶段。沃勒斯坦在强调长时段的同时，与之匹配的是他强调全球性，而不是民族国家等较小的分析单位。这种对长时段和全球性的强调，意味着沃勒斯坦往往忽视了"帝国主义理论开拓者"所认定的 19 世纪末 20 世纪初资本主义发生的质的变化。

　　本章认为，沃勒斯坦的宏观分析导致他大大降低了帝国主义理论的地位。对于沃勒斯坦而言，在世界历史和世界经济的大潮中，帝国主义和全球化一样，只是"对社会现实的瞬时表达"，也只是各种流行理论中的一个特例（Wallerstein 2000: xviii–xix）。沃勒斯坦认为，如果不从更广阔的世界体系的角度来看待发展的"阶段"问题，就会使得某些分析站不住脚，比如，现代化理论和一些马克思主义理论。沃勒斯坦声称，这是一个分析单位的问题，许多作家错误地将注意力集中在整体的一部分（如民族国家）上，而忽视了更广泛的系统结构（Wallerstein 1980:3–10）。在此基础上，我们有理由认为，沃勒斯坦对列宁把帝国主义视为资本主义最高阶段的主张并不感兴趣，因为这样的论断在其看来只是一种归纳，是从特定国家的经济变化中抽象出来的。显而易见的是，沃勒斯坦很少涉及帝国主义和帝国主义理论，这

----

[1] 1958 年，法国年鉴学派代表人物布罗代尔发表了《长时段：历史和社会科学》一文，这篇论文提出了三种历史时段理论：（1）以变化极其缓慢、时间跨度很大为基本特征的"长时段"，长时段历史对人类社会发展起长期的决定性的作用，其主要表现如地理结构、社会结构、经济结构和思想文化结构等。在这种"近乎静止"的历史时间段内，人们可以观察到人类历史演进的深刻的内在运动。（2）以节奏较慢、周期变化为特征的中时段，他称之为"情势"（conjuncture），以表示某些社会历史现象的趋势或周期，如价格升降、人口消长、生产增减、利率变动、工资变化等。中时段的历史波动跨越了短时段中的事件而包含了更长的时间跨度，它构成了短时段中事件发生、发展的基础。（3）以瞬息万变、一掠而过为特征的短时段，指的是传统的历史学领域中的一些突发性事件，如革命、战争等。这种时段的历史运动节奏是短促的、快速的。参见张广智等著：《西方史学史》，复旦大学出版社 2018 年版，第 350—355 页。——译者注

与新马克思主义者对帝国主义的兴趣消散是一致的，到目前为止，他们的作品已经被批判性地分析过了。

由于沃勒斯坦著述丰富，本章无法对他的所有作品进行深入的批判性分析。因而，将从他的作品中选择能够阐明他的元理论的部分进行考察。其中包括《现代世界体系》第一卷（Wallerstein 1974）、论文集《资本主义世界经济》（1980a）、论文集《沃勒斯坦精粹》（2000）以及《美国实力的衰落》（2003）。在研究沃勒斯坦的著作之前，第一部分简要概述了沃勒斯坦世界体系理论产生的历史和理论背景。接着，概述了沃勒斯坦世界体系理论最突出的方面，以及他的三层国家体系。接下去的一部分考察了中心、半外围和外围地区之间的劳动分工，以及各地区典型的劳动控制形式。第五部分的主题是世界帝国、霸权和霸权周期，主要讨论沃勒斯坦是如何认识帝国主义在现代世界体系中的作用的，显然他更喜欢用霸权主义来描绘现代地缘政治的动态。第六部分考察了沃勒斯坦的霸权周期概念与康德拉季耶夫的长波经济周期之间的联系。基于这两种长期观点的结合，沃勒斯坦预言，美国正处于霸权衰落时期，现代世界体系正处于转型期。最后，笔者认为，沃勒斯坦的宏观历史方法和大分析单位的方法，导致他在得出总结性的结论之前无法实质性地参与到帝国主义理论的讨论之中。

## 一、沃勒斯坦作品的历史和理论背景

世界体系理论是在 20 世纪 60 年代和 70 年代的动荡中发展起来的。它的起源与依附理论非常相似，以至于布鲁尔将沃勒斯坦划归入了"依附理论传统"（Brewer 1990:162）。随着 20 世纪 70 年代大繁荣的终结，依附理论走向消亡，一些作家开始寻求一个包含更具全面性方法的理论框架。例如，冈德·弗兰克一直在探索自己的世界体系方法，而吸引他和其他人的正是沃勒斯坦在其 1974 年出版的主要著作《现代世界体系》第一卷中对世界体系理论的阐述。这本书出现之时，正值"知识界、政治界和学术界对国际权力和

剥削的兴趣达到顶峰"（Friedman 1996:320）。随着越南战争的结束，第三世 　144
界发出了重建世界经济秩序（国际经济新秩序）的呼声，东西方之间的军事
对抗转变为南北经济对抗（Friedman 1996:320–321）。此外，正如威廉·马
丁（William Martin）所指出的，当时关于国际问题的学术研究蓬勃发展：

> 一部分学者试图推进从越南到南非"社会变迁中的政治秩序"，
> 而另一些学者则通过对欧美现代化理论的批判和对二战后帝国主义
> 进行理论化的尝试来推进这些研究课题（Martin 2000:239）。

沃勒斯坦认为，普雷维什、富尔塔多和冈德·弗兰克等作家反对现代化
范式，也反对马克思主义对政治经济发展阶段的"僵化"表述（通常表现为
原始共产主义—奴隶制—封建主义—资本主义），他们转而采用了被称为"世
界体系的视角"（Wallerstein 1980a:53）。对于沃勒斯坦而言，那些从依附或
不发达的角度进行写作的作家和他自己的世界体系观点并没有什么实质性的
区别。

## 二、资本主义世界经济与世界体系

沃勒斯坦极具影响力的三部曲之一——《现代世界体系：16 世纪的资本
主义农业与欧洲世界经济体的起源》第一卷（1974）的出版，奠定了他作为
马克思主义重要理论家的地位。沃勒斯坦 1930 年出生于纽约，20 世纪 50
年代作为福特基金会资助研究非洲的学者对非洲政治作了一手资料的考察。
他在非洲的经历使他确信，"20 世纪发生的最重要的事情是为摆脱西方世界
的控制而进行的斗争"（Wallerstein 2000:xvi–xvii）。

沃勒斯坦分析的一个核心概念是世界体系。世界体系从根本上来说是一
种社会体系，在沃勒斯坦看来，这种社会体系是由"迷你体系"（地方经济）、
"世界帝国"和"世界经济"组成的，并在资本主义世界体系或他所说的"现 　145

代世界体系"中的资本主义世界经济时代达至顶峰。世界体系的一个典型特征是分工，根据分工，需求可以通过交换得到满足。虽然世界体系可以容纳多种文化体系，但它不一定要把整个世界都纳入其中（尽管资本主义世界体系必须包含其中）。沃勒斯坦认为，资本主义世界体系是一个"没有单一的中央权威"的世界经济（Wallerstein cited in Brewer 1990:176）。

在 15 世纪末 16 世纪初，现代世界的基石是"欧洲式的世界经济"（Wallerstein 1974:15）。这个世界经济不是帝国本身，因为帝国在很大程度上是政治单位。沃勒斯坦声称，"欧洲式的世界经济"的范围包括一些帝国、城邦和民族国家。世界经济不一定会覆盖整个世界，但仍然可以被视为"世界"经济，因为它"大于任何法律意义上的政治单位"（Wallerstein 1974:15）。它的基本联系首先是经济性的，其次才是文化联系和政治乃至联邦结构的联系（Wallerstein 1974:15），因此是世界经济。

沃勒斯坦利用什穆埃尔·艾森斯塔德（Shmuel Eisenstadt）对帝国的定义来说明此概念。1968 年，艾森斯塔德声称，帝国是一种政治体系，它地域广阔，权力相对高度集中，以皇帝个人或中央政治机构为代表的中央自成一个政治实体。而且，帝国通常由普遍的政治和文化导向统一起来（Eisenstadt cited in Wallerstein 1974:15）。5000 年来，帝国一直是世界历史的共同特征。一个帝国的实力，表现在它能借用诸如贡赋等强有力的机制保证经济收入从外围地区流向中心（Wallerstein 1974:15）。而帝国的一个共同的弱点是，官僚机构的扩张消耗了太多的利润，这是帝国进行维护和管理的成本。此外，帝国的本质就是压迫和剥削，以确保权力的集中，这反过来又导致了军费开支的增加。

146    一些曾经存在的世界经济体后来相继变成了帝国，如波斯和罗马。因此，资本主义世界经济并不是一种独特的现象，尽管它不同于以前的世界经济——因为它没有产生统一的政治结构，即帝国。与以前的世界经济形式相比，资本主义世界经济提供了一种更加有利可图的占有剩余的手段（Wallerstein 1974:16）。与这种效率不可分割的是，资本主义世界经济能够利用政治程序来确保沃勒斯坦所说的垄断权利。对沃勒斯坦来说，这意味着：

> 国家不再是一个中央经济单位，而是在他人的经济活动中充当保障某些贸易条件的工具。在这里，市场的作用（不是完全自由地发挥作用，但毕竟在起作用）刺激生产力的增长，并导致现代经济发展的一切伴生物的出现（Eisenstadt cited in Wallerstein 1974:16）。

从 16 世纪开始，国家在资本主义世界经济的发展和维持中就起着至关重要的作用。在沃勒斯坦看来，资本主义世界经济中存在着经济与政治的分歧，经济决策"主要面向世界经济的舞台，政治决策主要面向拥有法律控制的较小结构，即世界经济中的……国家"（Eisenstadt cited in Wallerstein 1974:67）。

沃勒斯坦声称 16 世纪是资本主义世界经济的开端——这一主张是基于马克思的观点而提出的。《资本论》（第一卷）指出，资本主义体系是伴随着世界化的商业和世界化的市场的诞生而出现的（Eisenstadt cited in Wallerstein 1974:77）。在《资本论》（第一卷）的其他地方，马克思又提出了关于资本主义出现于 16 世纪的说法，"资本主义时代是从 16 世纪才开始的"（Marx 1976:247）[①]。他还指出，早在 14 世纪或 15 世纪，资本主义生产就已经出现在意大利的各个城市中，但没有进一步发展（Marx 1976:876）。基于马克思以上两种时期的说法，关于"资本主义和资本主义世界经济出现于 16 世纪"的主张受到争议就不足为奇了。沃勒斯坦认为"16 世纪"这个词有点模糊，在布罗代尔的研究基础上，他提出"就整个欧洲世界经济而言……1450 年至 1640 年才是有意义的时间单位，在此期间资本主义世界经济被创造了出 147

---

① 马克思的原文是："虽然在 14 和 15 世纪，在地中海沿岸的某些城市已经稀疏地出现了资本主义生产的最初萌芽，但是资本主义时代是从 16 世纪才开始的。在这个时代来到的地方，农奴制早已废除，中世纪的顶点——主权城市也早已衰落。"引自《马克思恩格斯全集》第 44 卷，人民出版社 2001 年版，第 823 页。——译者注

来"（Wallerstein 1974:68）。

这只是从这样一个长期或宏观的历史观来看待全球资本主义发展时所面临的挑战之一。这个问题涉及要在历史结构中设定所谓的转折点或过渡。与宏观历史方法相关的另一个问题是，被分析的结构似乎都具有统一的性质，历史的主体似乎只是世界经济、帝国和霸权国家兴衰的被动观察者。这对于沃勒斯坦的世界体系理论来说尤其如此，因此，皮特尔斯（Jan Nederveen Pieterse）评论说，沃勒斯坦的"'体系'的具体化……导致在此世界观中只有一个历史主体：世界体系"（Pieterse 1988:260）。彼得·沃斯利（Peter Worsley）也持有大致相同的观点，认为沃勒斯坦的世界资本主义经济模式：

> 强调统治阶级有能力按照他们的意愿操纵这个体系和体系中的其他人，同时消除对他们统治的抵抗。"体系"有时被赋予逻辑、权力甚至准人格，就像马克思主义体系理论的另一个主要变体——阿尔都塞主义一样。但是，体系并不能作出决定。统治阶级才能作出决定。他们试图为了自己的利益管理这个体系。总体而言，在这方面，他们是成功的——从定义上就能够看出这一点，否则他们就不会继续统治。但他们所统治的人也试图最大限度地提高自己的利益。因此，这样的模式低估了统治对象，尤其是他们对统治的抵抗（Worsley 1980:305）。

正如布鲁尔所观察到的，沃勒斯坦倾向于提供"大量的详细史料，而这些资料往往与他的总体概括几乎没有什么关联"（Brewer 1990:178），这只会加重对结构或"体系"的过分强调。尽管沃勒斯坦对现代世界体系的研究并非毫无问题，但他对全球资本主义的一体化趋势、全球政治的复杂性、国家的角色以及美国霸权的本质等问题都提出了深刻的见解。沃勒斯坦的作品目录令人印象深刻，其显著特点是他对大跨度的强调：在描述帝国、世界经济148 和霸权国家时，他的时间跨度跨越了几个世纪。沃勒斯坦通常回避小范围的分析，例如，民族国家就被归入了三层国家体系之中。

## 三、中心—外围—半外围：三层国家体系

根据沃勒斯坦的概念框架，有"三个世界经济带……半外围带、中心带和外围带"（Wallerstein 1974:63）[①]。世界经济的形成取决于三个基本因素：第一，由葡萄牙发起的欧洲扩张；第二，对世界经济的各个区域和对各种产品进行劳动控制的方法和技术的进步；第三，"在将成为资本主义世界中心国家的地区建立相对强大的国家机构"（Wallerstein 1974:38）。

自 16 世纪资本主义世界经济出现以来，"核心和外围并不是两个拥有各自'法律'的独立的'经济体'，而是作为一个资本主义经济体系而存在，其中不同的部门发挥着不同的功能"（Wallerstein 1980a:68）。沃勒斯坦认为，通过 16 世纪发生的一系列幸运事件，西北欧成为世界经济的中心地区，"专门从事技术水平较高的农业生产，这有助于租赁和雇佣劳动成为劳动控制形式"（Wallerstein 1980a:18）。当时的外围地区是东欧和西半球，它们的专长是"谷物、金银、木材、棉花、糖的出口——所有这些都有利于使奴隶制和强制性生产经济作物的劳动成为劳动控制形式"（Wallerstein 1980a:18）。

中心地区拥有强大的国家机器。这种国家实力导致了"不平等交换"，即强大的中心国家能够占有整个世界经济的剩余，这有助于维持其相对于外围地区的中心国家的地位（Wallerstein 1980a:18-19）。从农业资本主义时期到工业资本主义阶段，中心与外围之间的从属关系就一直存在（Wallerstein 1980a:19）。

149

第三个区域，即半外围地区，一直并将继续扮演世界经济稳定器的角色。半外围地区可以消除联合的外围国家对中心国家享有的特权和权力的不

---

① 沃勒斯坦的"三层国家体系"具体是指：处在顶层的是由富裕的强国构成的核心层，底部由第三世界的大部分国家构成，在这两者之间的"半外围"层，其特征表现为中心要素和外围要素的结合。他把大部分拉丁美洲国家划为半外围国家。——译者注

满（Wallerstein 1980a:23）。同时，从三层中的最底层上升到半外围的机会，再加上军事力量在占统治地位的国家的集中和"对整个体系无处不在的意识形态宣扬"，这些都有助于确保世界体系实现相对的政治稳定（Wallerstein 1980a:22）。

## 四、劳动分工和劳动控制形式

沃勒斯坦认为，这种三层结构，在世界历史中占据了很长一段时间，实则是一种"广泛的劳动分工"（Wallerstein 1974:349）。由于经济条件在整个世界体系中分布不均，因此劳动分工不仅是功能性的分工（职业分工），而且也是地理上的分工。这种任务的不均衡分布可以部分地归因于生态因素，但主要是由于劳动的组织方式的差异所致——它"扩大了这个体系中某些群体剥削其他人劳动的能力，也就是得到剩余物的更大份额的能力，并使其合法化"（Wallerstein 1974:349）。

资本主义世界体系内的分工不是一成不变的。例如，在工业资本主义时代，英国改变了其劳动分工，从农业出口国转变为"世界工厂"。当时的一些半外围国家，如法国、德国（普鲁士）、比利时和美国，当它们的制造业刚起步之时，它们试图占领英国制造业产品的销售渠道。世界体系中随后出现的紧张局势，在一定程度上推动了对非洲的瓜分和对其劳动分工的重新分配。对于这一时期的中心地区来说，工业制造中的新角色变成了生产制造业的机器、提供铁路等基础设施（Wallerstein 1980a:29-30）。

从各个时代世界体系内部和体系之间发生的生产和交换来看，沃勒斯坦确定了两种主要的交换类型：必需品的交换和奢侈品的交换。关于奢侈品或"奇珍异宝"，沃勒斯坦明确指出，在这种交换中，进口商获得的不只是平均利润，而且是暴利（Wallerstein 1980a:14）。基于沃勒斯坦对资本主义的理解，他的特别之处在于将交换的中心地位作为其关键前提之一："资本主义世界经济的本质特征……是在以利润最大化为目标的市场中进行的用于销售的生产"（Wallerstein 1980a:15）。

　　劳动控制形式是对劳动分工理论的补充。劳动控制形式是多种多样的，沃勒斯坦认为，其中包括奴隶制、封建制、雇佣劳动制和个体经营制。在世界经济的不同区域，劳动控制形式有所不同。奴隶制和封建制在外围地区尤为突出，雇佣劳动制和个体经营制则集中在中心地区，而在半外围地区，租佃分成制是最受欢迎的劳动控制形式。相应地，世界经济中三个区域的主要劳动控制形式也极大地影响了各个区域的政治体制（特别是国家机器的权力）（Wallerstein 1974:87）。此外，世界经济的基础是中心、外围和半外围国家具有不同的劳动控制的主导形式，进而具有不同的生产率水平。如果没有不同类型的劳动控制形式和不同水平的生产力，剩余价值的流动就不足以建立资本主义体系（Wallerstein 1974:87）。

　　对于像沃斯利这样的批评家来说，沃勒斯坦对劳动分工和劳动控制形式的分析并没有对剥削提出一个更为清晰的理解。尽管沃勒斯坦承认长期来看劳动形式和劳动控制形式有所不同（并且，用来使劳动控制合法化的意识形态手段也有所不同），但他却将这些社会关系之间的区别抽象化了。在沃勒斯坦的分析中，剥削的程度被普遍降低了，仅仅在"制度层面上，将资本主义、封建主义、奴隶制等简单地视为阶级社会的变体"。沃斯利坚持认为，这些社会形式确实是以阶级为基础的，"但我们所要分析的问题必须超越这种抽象层次，深入每种**类型**的社会关系和制度的具体属性中"（Worsley 1980:305）。

　　此外，沃斯利认为沃勒斯坦对劳动控制形式和劳动分工的分析是有问题的，这不仅因为它减少了社会关系和生产方式（社会时代）之间的差异，而且还因为它赋予交换以优先地位（Worsley 1980:304）。正如前一章所讨论的那样，这与冈德·弗兰克对交换（即市场关系或贸易）的强调遥相呼应。

　　沃勒斯坦对资本主义的定义是为在市场销售中获得最大利润而进行的生产，这赋予交换或贸易以优先地位，加上他对劳动分工的重视，导致他无法对历史上特定的资本主义形式有更深层次的理解。正如布伦纳所指出的，贸

151

易，或者他所说的商业关系，以及随之产生的劳动分工是几千年来一贯的历史特征（Brenner 1977:40）。与冈德·弗兰克一样，沃勒斯坦关于资本主义扩张的真正驱动力以及由此产生的中心与外围之间的社会、政治和经济关系的观点，使贸易这一表面现象具有了优先的地位。资本主义的本质，即生产过程的主体性，并没有包含在他们的作品中。

## 五、世界帝国、霸权与霸权周期

在世界体系理论的政治领域中，沃勒斯坦使用世界帝国这一范畴来表示一个特定的（通常是中央集权的）政权对其他地区或领土实行的完全的政治统治。在民族国家出现之前，世界帝国就已经存在了。1980 年，沃勒斯坦在一篇关于资本主义的兴起及其未来消亡的文章中指出，19 世纪的英法帝国与以前的帝国截然不同，它们是"有殖民地的民族国家"，而不是世界帝国（Wallerstein 1980a:6）。这里的区别很重要，因为在沃勒斯坦看来，帝国、城邦和民族国家等政治实体都被包含在世界经济中，但民族国家的出现只与资本主义世界经济的出现密切相关。在漫长的 16 世纪，资本主义世界经济的发展实际上限制了世界帝国进一步的壮大。通过各种技术和工艺，资本主义世界经济得以"繁荣、生产和发展，而没有出现统一的政治结构"，而且：

> 资本主义的确提供了一种替代的、更加有利可图（至少从长期来看更有利可图）的占有剩余的手段。帝国是一种征收贡赋的机构……在资本主义世界经济中，政治力量用于保证垄断权（或尽可能达到这一目的）。国家不再是一个中央经济单位，而是在他人的经济活动中充当保障某些贸易条件的工具。在这里，市场的作用（不是完全自由地发挥作用，但毕竟在起作用）刺激生产力的增长，并导致现代经济发展的一切伴生物的出现（Wallerstein 1974:16）。

152

资本主义世界经济的出现和扩张，意味着构成世界帝国基础的社会、政治以及更为重要的经济条件被取代了。取代旧式帝国权力的是新的霸权。然而，帝国主义过去是，现在仍然是现代世界体系的一个特征：

> 现代世界体系的现实，也即资本主义世界经济的现实是一个等级式的、不平等的、两极分化的体系。它的政治结构是一种国家间的体系，在这一体系中一些国家明显地比另一些国家强大。在没有终了的资本积累的推进过程中，强国尽可能不断地把它们的意志强加于弱国。这种行径被称为帝国主义，也是世界体系固有的东西（Wallerstein 2003:131）。

然而，尽管沃勒斯坦承认帝国主义是现代世界体系一个看似永久的特征，并且，在资本积累过程中强国将自己的意志强加于弱国，但他并没有明确地提出帝国主义理论，甚至，也没有过多地使用这一概念，而是倾向于使用霸权一词。

霸权被用于"描述大国之间的竞争关系"（Wallerstein 2003:255），具体指一个超级大国拥有压倒性的优势力量，从而可以在政治、经济、军事、外交和文化领域制定规则（Wallerstein 2000:255）。霸权与世界帝国的关键区别在于权力的范围：现代世界体系中的霸权受到国家体系的制约。形成国家体系网络的主权国家，各自追求自己的利益，他们采取行动限制和削弱任何一个国家建立完全的政治影响力（Wallerstein 2003:254）。因此，权力的平衡阻碍了世界帝国的发展。

基于一个霸权周期（一个持续时间相对较短的周期）有着上升、巩固和衰落的观点，沃勒斯坦自信地断言，美国不再具备生产优势，但还有商业、金融、政治和军事优势，尽管如此，美国目前正处于霸权衰落的时期。他认为，自 20 世纪 60 年代末至 70 年代中期资本主义战后大繁荣的局面结束以来，情况就是如此。沃勒斯坦认为，尽管苏联解体，冷战结束，这似乎有利于西方，特别是霸权主义的美国，但是霸权周期的衰落期决定了现代世界体系正处于转型时期（Wallerstein 2003:45-46）。

沃勒斯坦对霸权、霸权周期和世界帝国的考察涵盖了地缘政治和全球经济领域，这两个领域正是经典马克思主义者借以研究帝国主义的出发点。沃勒斯坦承认，帝国主义在世界体系中起到了一定作用。他认为帝国主义是强国将其意志强加于弱国的过程，将其视为资本主义积累过程的产物。与帝国主义一样，现代世界体系的另一个特点是美国的霸权主义。遗憾的是，沃勒斯坦并没有阐明帝国主义和霸权之间的关系，帝国主义似乎被沃勒斯坦束之高阁，取而代之的是更为宏大的霸权概念。

## 六、康德拉季耶夫和沃勒斯坦：长周期模式的支持论者

理查德·戴（Richard Day）认为，在英语世界里，人们通过约瑟夫·熊彼特（Joseph Schumpeter）的《景气循环论》一书的介绍，首次引发了对一个名叫尼古拉·康德拉季耶夫（Nikolai Kondratieff）的苏联经济学家所提出的 50 年周期的关注——50 年周期在统计学上据说是可以得到验证的。戴指出，康德拉季耶夫在 1922 年出版的《战时及战后时期世界经济及其波动》一书（俄文版）中首次提出了长波理论（Day 1976:67）。这本书力图对作为资本主义特征的危机和均衡作出尝试性的历史概括（Day 1976:68）。康德拉季耶夫最初的发现是基于他对 18 世纪 80 年代后价格的分析而得出的，他认为这段时期呈现出两个完整的波动或者说是周期，持续时间约为 50 年。第三个周期则始于 1896 年至 1920 年的扩张阶段（Day 1976:68）。因此，20 世纪 20 年代的金融危机只是一个衰落期的开始，在此期间一种新的均衡又将被建立起来。

随后，康德拉季耶夫对他的长波理论进行了某些修正以回应批评，但本质上它们仍然固定在大约 50 年的时间段里，期间扩张和衰落（停滞）阶段交替出现。在沃勒斯坦这里，康德拉季耶夫周期的持续时间为 45 至 60

154

年，扩张阶段被称作 A 阶段，是创新、投资和扩张的阶段，而衰落阶段则被称作 B 阶段，其特征是清除"低效的生产者和生产线"（Wallerstein 2000:218）。

沃勒斯坦在康德拉季耶夫周期和霸权周期之间建立了联系，这种联系通过一种被称为"逻辑斯蒂周期（logistics）"的更长阶段来调节。不必关心这些细节问题，只需说，在现代世界体系中，在每一个霸权上升和下降的时期，世界经济都有一个相对应的模式，并且可借助"康德拉季耶夫周期"A 阶段和 B 阶段观察到。在沃勒斯坦看来，现代世界体系的政治结构模式，即霸权的上升和下降周期，与"康德拉季耶夫周期"的 A 阶段和 B 阶段模式相匹配。因此，现代世界体系是一个从外部力量中表现出自主性的实体，也就是说，"其模式在很大程度上可以根据其内部动态来解释"（Wallerstein 2003:253）。

托洛茨基在 20 世纪 20 年代对康德拉季耶夫周期提出了批评。托洛茨基认为，康德拉季耶夫声称这个周期是决定资本主义发展的内部调节器，但情况恰恰相反，外部条件如对新国家新大陆的吞并、战争和革命决定了资本主义发展的扩张或停滞（Day 1976:71）。沃勒斯坦在现代世界体系中所发现的模式是以他赋予"结构"以特权地位，由此将体系内部动力置于外部因素之上所致。此外，沃勒斯坦坚持用长周期的眼光看待现代世界体系的发展，他的主要关注点仍然是整个体系，而不是民族国家等个体单位。因此，马克思主义关于全球资本主义和地缘政治（如帝国主义）的著作，对沃勒斯坦来说并不重要，因为它们不属于他的作为一个整体体系的分析单位。

## 七、沃勒斯坦缺失的要素：帝国主义理论

正如在前面对沃勒斯坦世界体系理论核心部分分析时所指出的那样，在他的著作中几乎没有深入探讨过全球资本主义和帝国主义之间的关系。对沃勒斯坦来说，对资本主义最恰当的描述是，为在市场销售中获得最大利润而

进行的生产，这就导致了以贸易为基础的劳动分工的出现。对贸易的重视与构成国家体系基础的三层结构（中心、外围和半外围）相结合，这意味着对他来说，中心国家从外围和半外围国家吸收剩余构成了资本主义世界经济的基本特征。而对像布伦纳和沃斯利这样的批评家来说，沃勒斯坦对全球资本主义的这种理解使其忽略了不同社会时代和不同生产方式之间的差异。垄断资本主义和帝国主义之间的联系（斯威齐在早期作品中已提到过这种联系，这也是许多经典马克思主义作家的共同特征），在沃勒斯坦的作品中也是缺失的。沃勒斯坦本人或许会认为这样的批评是错误的，因为这种批评过于看重国民经济内部变化的短期视角，这对他而言无疑是一种错误的分析单位。

156      沃勒斯坦所采用的分析单位是整个体系，而不是单个的国民经济，这决定了他不会对这些国家的经济进行详细分析。例如，如果与布哈林和列宁的作品相比，沃勒斯坦对资本主义的批判是在一个非常抽象的层面上进行的。沃勒斯坦的写作重在对宏观历史作出梳理，同时强调霸权、霸权周期和康德拉季耶夫周期这些概念，这意味着他认为没有必要沉浸在帝国主义理论中。毕竟，他构建了一套包含了令人印象深刻的历史概貌的理论工作体系，并且将地缘政治置于其中，从而在总体上预测了世界体系在康德拉季耶夫周期 B 阶段最后几年的发展趋势。对沃勒斯坦来说，帝国主义是否是资本主义最高阶段的争论，因其分析单位不当而不属于自己参与的主题。对他而言，帝国主义理论只是一个枝节问题，对于理解世界体系和世界经济并不具有根本的重要性。

## 小 结

毫无疑问，沃勒斯坦以长周期的视角对世界政治、社会和经济结构进行的广泛分析，源自新马克思主义关于全球资本主义对第三世界影响的研究，也扩展了这一研究。沃勒斯坦对资本主义是什么及其如何运作的理解，是从市场或贸易为基础的全球资本主义观点出发的，这种观点已经在新马克思主义者巴兰、斯威齐和冈德·弗兰克的著作中显露端倪。与依附理论者一样，沃勒斯坦试图理解为什么几个世纪以来第三世界或外围国家一直处于依附或奴役地位，为此他构建了一个全面的理论世界观，以期能对全球资本主义经济和地缘政治作出令人信服的分析。很明显，帝国主义理论没有出现在他的研究中，取而代之的是高度抽象的世界体系理论。新马克思主义对帝国主义理论兴趣下降的趋势（在斯威齐、巴兰和冈德·弗兰克后来的著作中已有所体现）在沃勒斯坦这里并没有体现出来，因为他对帝国主义理论一直没什么兴趣。

　　下一章的主题是萨米尔·阿明对帝国主义理论领域的介入及其分析。与冈德·弗兰克和沃勒斯坦一样，阿明也倾向于"中心和外围"这样长时期和 157 大范围的分析单位，而不再着眼于以某个国家作为单位。阿明的写作与冈德·弗兰克和沃勒斯坦有很多相似之处，但也有重要区别。例如，他更倾向于把历史唯物主义作为他的哲学框架，并积极向帝国主义和资本主义积累过程等经典的马克思主义主题靠拢。尽管如此，阿明的帝国主义理论仍属于典型的新马克思主义传统。　158

## 第六章

## 萨米尔·阿明：新马克思主义与"全球化时代"马克思主义理论的桥梁

## 引　言

在新马克思主义理论家的万神殿中，萨米尔·阿明占有特殊的地位。他与其他新马克思主义者关系密切，曾与沃勒斯坦、冈德·弗兰克等人合作开展研究，然而他并不是因此而为人所知，实际上他是因对诸如积累过程、阶级力量、资本主义生产方式等更为正统的马克思主义概念的研究和分析而闻名。从他深处非洲做学术研究的境况来看，他颇有资格评价帝国主义、全球化和全球资本主义对外围国家的影响。作为其一生多产的组成部分，他写作了大量关于帝国主义的文章，矛头直指"欧洲中心主义"和当前打着全球化幌子的帝国主义行径，对其予以强烈批判。事实上，阿明是第一批批判性研究全球化及其与全球资本主义、资本主义扩张和帝国主义之间关系的新马克思主义者之一。虽然阿明并不完全反对全球化，但他反对全球化的主流意识形态话语。他倡导一种具有社会主义立场的人道主义的全球化替代方案（Amin 1997b:ix）。阿明对全球化的一些批评影响了后来一些"全球化时代"的马克思主义理论家的观点。在长达 50 年的研究、分析和发表文章的过程中，阿明为帝国主义研究的主要文献作出了重要贡献。仅出于这个原因，他

159

150

关于帝国主义、欧洲中心主义和全球化的著作就值得进行细致的分析。

本章首先概述了阿明对帝国主义的理解。在他早期的一本书中，他将列宁的《帝国主义是资本主义的最高阶段》(1973)一书描述为一部定义了"当代制度本质"的著作（Amin 1977:106）。与斯威奇、巴兰和冈德·弗兰克相似，阿明的帝国主义概念随着时间推移而有所变化。他早期的著作以列宁对帝国主义的定义为基础补充了一些新马克思主义的概念，如"不发达"、民族国家的"核心"与"外围"分层（阿明称之为"中心—外围"），以及作为反抗帝国主义的领导阶级的外围工人阶级——由于被修正主义和以西方为中心的意识形态观点即所谓的"欧洲中心主义"所左右，左派和西方工人阶级无法成为这样的领导者。不过到后来他的作品放弃了对列宁的依赖，帝国主义成了发达、中心资本主义国家对外围国家剥削的代名词。随着时间的推移，阿明对帝国主义的定义变得越来越不那么严格了。一个相关于其帝国主义概念的说法是，他对这一主题理解的演变反映了新马克思主义者斯威奇、巴兰和冈德·弗兰克的影响。然而，与他们不同的是，阿明并没有完全放弃这一概念，而是继续把它作为他对当代资本主义发展、地缘政治和全球化批判性回应的组成部分。

阿明认为，对于"欧洲中心主义"这种论调，必须从其预设出发才能看清其本质——该论调的核心预设是欧洲的文化、经济和政治是具有先进性的，并且首要表现为一种"文化主义现象"（culturalist phenomenon）（Amin 1989: vii）。阿明意图在揭示"欧洲中心主义"的神秘本质后给予其"正确的积极回应"，比如他提出了一个"全人类"的"未来愿景"（Amin 1989: xi）。笔者认为，因其对"欧洲中心主义"的反对，阿明对西方工人阶级领导反帝国主义斗争和建立未来进步前景都不再抱有任何希望。这也许是一种过于偏颇的观点。第二节详细论述了阿明与"欧洲中心主义"的关系。接着对阿明处理"全球化"这个复杂而模糊概念的方式作出了探讨。他直面全球化带来的挑战，认为全球化不仅是资本主义内在的扩张，而且也将其视为资本主义发展的一个全新阶段。在这个新阶段，全球化时代暴露出一系列新的

160

问题——问题的焦点在于经济管理的全球化性质和民族国家政治体系的持存性上。虽然阿明对全球化的定义有模糊之处（他有时将其称为资本主义扩张，有时称为资本主义发展的新阶段，甚至又将其作为帝国主义的代名词），但他仍对全球化的几个基本特征作出了概述。他关于全球化的著作已涉及"全球化时代"马克思主义者所关注的一些问题，并对后者的一些观点产生了显著的影响。阿明关于全球化的研究使他成为沟通新马克思主义和"全球化时代"马克思主义在全球化和帝国主义理论问题上的一座桥梁。

从 20 世纪 60 年代到 70 年代，许多左翼人士认为第三世界是革命性社会变革的最后堡垒。西方工业无产阶级由于被认为是"受优待的工人贵族"，因此业已成为"激进主义的敌人"。在 1968 年的许诺没有实现的情形下[①]，"革命的未来在……第三世界的农业腹地"（Hobsbawm 1998a:446-447）。尽管资本主义的长期繁荣在 1973 年石油危机之前已经开始衰退，但正如著名的剑桥历史学家大卫·雷诺兹（David Reynolds）所解释的那样，这一事件证明了这样一种特定的冲击："通胀上升和股价下跌的累积效应"与不断上涨的油价一起破坏了信心、投资和利润，预示着战后黄金年代的终结（Reynolds 2001:407）。从 20 世纪 70 年代到 80 年代，一个关键的经济问题是通货膨胀。凯恩斯主义（及其变体）后来被新自由主义的新经济范式所取代。新自由主义理论在 20 世纪 70 年代纽约面临的金融危机中首次得到试验，后在 20 世纪 70 年代末 80 年代初由里根和撒切尔分别执掌美国和英国时得到了大力推广（Henwood 2003:204-206, 208-209, 219-221）。新自由主义的泛滥、

---

① 这里意指"五月风暴"事件。1968 年 3 月，法国巴黎学生集会抗议美国发动越南战争，在部分学生遭当时戴高乐政府逮捕后学生的抗议活动加剧。加之当时法国经济问题重重，社会矛盾日益凸显，由学生运动引发工人总罢工，最后在 5 月达到高潮，全国各地 1000 万工人、职员纷纷举行大规模政治性罢工，整个法国陷于瘫痪。1968 年"五月风暴"在震烁整个西方世界后，席卷欧洲的新左派学生运动开始变得日渐消沉，西方主要国家保守势力的相继上台让"大拒绝"被"大修复"取代，反抗者不仅没有将革命继续到底，反而陆续转变为主流社会的成员。进一步详细了解该事件的影响可参见李永虎：《马尔库塞的乌托邦思想研究》，光明日报出版社 2015 年版。——译者注

苏联东欧剧变的发生、单个国家即美国的霸权以及一种似乎不可抗拒的新景象——全球化，共同塑造了 20 世纪 80 年代末和 90 年代大部分时间的总体面貌。阿明 1930 年出生于开罗，作为一名坚定的马克思主义知识分子，他曾在自己的出生地马里和塞内加尔工作过。他结合 20 世纪下半叶的时代背景，主要致力于帝国主义、资本主义积累过程、"欧洲中心主义"和全球化方面的研究。①

## 一、阿明早期帝国主义观：列宁和新马克思主义的结合

阿明在《世界规模的积累》（1974）一书中意图阐明资本主义世界体系的积累过程，探讨"'发达'、先进世界……与那些'不发达'世界（外围地区）之间的构成关系"（Amin 1974:3）。资本主义世界体系为了中心发达国家的利益，建立并维持着外围国家的不发达状态。这种对世界体系的描述是典型的新马克思主义"依附论"的产物。阿明宣称"自列宁的《帝国主义论》一书以来，与积累以及通过金融、商业和'其他关系'网络相联系的国家理论并没有取得实质性的进步"（Amin 1974:1）。阿明认为他的《世界规模的积累》一书将对自列宁以来停滞不前的世界资本主义积累理论作出更新和发展。

《不平等的发展》（1976）试图描绘"外围资本主义社会形态的特征和动态特性"（Leaver 1983:60）。这本书有关帝国主义的内容可以简短地概括如下：帝国主义之所以产生，是因为"欧洲和北美第一次工业革命已完成，资本主义在旧基础上发展的可能性已经耗尽"（Amin 1976:187）。为了继续运作，资本主义需要纳入新领地、新市场——简而言之，它需要扩张。阿明在该书中将列宁对帝国主义的理解作为他定义的基准，并由此确立了全球资本主义扩张的三个阶段：商业扩张主义、"列宁意义上"的帝国主义阶段和后帝国主义（Amin 1976:191）。

---

① 原文中萨米尔·阿明的出生时间和出生地有误，阿明应为 1931 年出生于埃及。——译者注

在《帝国主义和不平等的发展》(1977)中，帝国主义的地位要重要得多，

162 它被提升到一个基本问题的地位。在此读者被告知"始于几年前的帝国主义的第二次危机与列宁的基本论断再次发生了新的关联"(Amin 1977:103)。与列宁理论持续相关的关键因素是"新的垄断霸权、资本主义的全球扩张、殖民压迫、中心资本主义国家中工人贵族的形成和第一代社会民主修正主义之间的密切关联"(Amin 1977:103)。阿明指出，帝国主义经历了两个危机阶段：第一个危机阶段从 1914 年延至 1945 年，这次危机导致了俄国和中国的革命；第二个危机阶段大概发生在 20 世纪六七十年代。

不平等的发展和不同的剥削率是帝国主义引发的众多后果之一。垄断资本主义不仅使大规模的资本输出成为可能，而且还为"不平等的国际劳动分工"提供了动力，这种分工的特殊属性是具有不同的劳动剥削率(Amin 1977:107–108)。剥削率的不同表现在两个方面：一方面，在生产率水平相似的中心地区和外围地区，被雇佣生产类似商品的工人，其工资水平并不匹配（中心地区的工人自然得到了更高的工资）；另一方面，仅在形式上由资本主导（与"实际"主导相比）的生产部门中，"以前自由生产者生产的盈余被无偿占有了"(Amin 1977:108)。

在修正主义的鼓励和教唆下，这种不同程度的剥削与中心国家工人阶级的特权阶层相结合，意味着在世界范围内不断变化的阶级联盟和新的阶级斗争已成为帝国主义的重要特征(Amin 1977:108)。在确定了主要特征之后，阿明提出了帝国主义的主要矛盾，并将其描述为"垄断资本与被过度剥削的外围国家民众之间的矛盾"(Amin 1977:108–109)。这一矛盾引发的后果是反对资本的阶级斗争其重心从中心国家向外围国家转移(Amin 1977:109)。解放的推动者由此变成了外围国家受压迫的人民，并由外围国家的工人阶级来领导。

阿明曾将帝国主义界定为"资本主义的最高阶段"(Amin 1977:112)。

163 作为最终阶段的帝国主义有两个层面的含义：

首先，资本集中已经发展到了这样一种程度：它的进一步发展

将意味着背离资本主义本身的生产方式，因为后者意味着生产资料
控制的碎片化和在国家层面的非集中控制……；其次，帝国主义时
代实际上已经是社会主义革命的时代，也就是资本主义衰落的时代
（Amin 1977:112）。

这样的一个定义人们是熟悉的，因为它是对列宁关于资本主义和帝国主
义关系主要观点的重复——帝国主义是垄断资本主义垂死性的必然结果。阿
明后来在上面提到的帝国主义的两个危机阶段基础上又有所增加，引入了帝
国主义的两个扩张阶段：第一个扩张阶段从 1880 年持续到 1914 年；第二个
阶段始于 1945 年，结束于 1970 年。大都市国家与外围国家之间的不平等交
换是第一阶段扩张的一大特征。这一阶段的第二个特征——也是第一特征
的"基础"——是工业国家和农业国家之间的劳动分工。根据这种劳动分工，
阿明又将外围国家农业的特点——**大种植园**、殖民贸易体系视为此阶段的
第三个特征。帝国主义在第一个扩张阶段的第四个特征表现为帝国主义的阶级
联盟：一方面是帝国主义者、买办资产阶级和封建阶级形成的联盟，另一方
面则是无产阶级、被剥削农民、小资产阶级和民族资产阶级结成的联盟。最
后，这一阶段的政治形态倾向于采取"直接殖民、保护国和半保护国"的形
式（Amin 1977:113–114）。从中心国家的角度来看，第一阶段扩张的特点是：
"（1）国家垄断；（2）帝国主义大国之间形成了'均衡'；（3）工人贵族和第
一代修正主义的形成"（Amin 1977:114）。

划分帝国主义不同扩张阶段的主要考量因素是反帝斗争的效力。阿明认
为，在中心地带资本主义的演进过程中去寻找决定因素是错误的，因为这样
做会使一个人误入经济学的或西方中心论的立场（Amin 1977:113）。阶级斗
争——在全世界范围内表现为反帝国主义斗争，是划分帝国主义扩张和危机
阶段的关键因素。越南和中东的反帝国主义斗争就是一个很好的例子——正
是这两个历史事件所发挥的关键作用将 20 世纪六七十年代的帝国主义矛盾
推向高潮。帝国主义的第一个扩张阶段结束之际迎来的是帝国主义的第二个

164

危机阶段，随之而来的变化是：

> 中心国家经济的演化——所谓的跨国公司，吸纳剩余价值新形
> 式的总的表现——是对全世界阶级斗争发展的反应，而不是出于
> "自因"造成其架构改变（Amin 1977:116）。

综上所述，阿明承认列宁的理论毫无疑问是他早期探索帝国主义的基础。同样显见的是人们熟知的新马克思主义概念——"核心—外围"（core-periphery）二元结构，被阿明略微修改后变成了"中心—外围"（centre-periphery）。该理论提到的"不平等的国际劳动分工"，其基础是两种不同的剥削率。不同剥削率引发的后果是以支付更高工资的方式在中心国家形成了特权工人阶级。受到先进资本主义国家社会民主党的修正主义影响，阿明断言，对帝国主义的挑战只能来自外围国家工人阶级领导的边缘人群。

根据阿明的说法，在其所称的帝国主义第一危机阶段（1914—1945 年），马克思主义者曾就资本主义的本质及其对外部市场的需要问题发生过争论，争论的双方是两组经济学家：一方是持右翼进化论的修正主义团体，由潘涅库克（Antonie Pannekoek）、杜冈-巴拉诺夫斯基（Tugan-Baranovsky）、希法亭和考茨基组成，另一方则是以卢森堡为代表的左翼危机论团体。这场围绕帝国主义概念的争论让阿明得出这样一个结论：列宁的帝国主义论不仅超越了"欧洲中心主义"经济主义的陷阱，而且还预告了新马克思主义者对帝国主义概念、理论的关注（Amin 1977:110–112）。同样值得注意的是，阿明偏好于对资本主义扩张和帝国主义发展阶段的划分。在《帝国主义与不平等发展》中，他提出帝国主义存在着扩张阶段和危机阶段，而在《不平等的发展》中，他将资本主义的扩张分为三个阶段：商业扩张阶段、帝国主义阶段和后帝国主义阶段。阿明在其写作中喜欢划分不同阶段而疏于阐释，这往往导致混乱而无助于澄清问题。

165

## 二、对阿明早期帝国主义理论的批判性回应

查尔斯·巴隆（Charles Barone）认为阿明雄心勃勃地试图在"资本积累过程和社会（生产）关系背景下创建关于不发达与帝国主义的理论"（Barone 1982:18）。不过，巴隆主要批评的是阿明理论方法上的折中主义——运用马克思主义、凯恩斯主义、新李嘉图主义和新古典主义的方法，使其"不可能提出任何内在一致的扩张论和帝国主义论"（Barone 1982:18）。巴隆认为，缺乏一致性的理论方法妨碍了阿明对资本主义扩张的阐述，得到的也只是一个大杂烩式的帝国主义理论。这一杂合理论包括了"利润率下降、消费不足、经济危机、不平等交换、吸纳剩余和劳动力有机构成等"（Barone 1982:16）。

布鲁尔则将阿明对"中心—外围"关系的描述总结为"对外围国家演进的一种合理解释——外围国家被分阶段地整合到世界市场中，同时保持着不同的工资水平、不同的社会结构（前资本主义模式持续存在）和滞后的生产率水平，至少在某些部门是这样的"（Brewer 1990:195）。布鲁尔将阿明的著述归为一种"路径依赖"的产物，认为它为外围国家的资本主义发展如何被中心国家的资本主义发展所阻滞提供了一种精辟的解释（Brewer 1990:199）。波利赫罗纽对阿明使用列宁的帝国主义分析、对帝国主义的分期以及受经典马克思主义帝国主义理论的影响表示了肯定，但对于新马克思主义错误地强调交换则持保留态度（Polychroniou 1991:128, 130）。

阿明所采用的阶段性理论表明，资本主义世界体系不断发生变化，而外围国家在这个体系中随着时间的推移发挥了不同的功能。理查德·利弗（Richard Leaver）称，新马克思主义者"倾向于以高度综合的方式看待世界资本主义体系。比如冈德·弗兰克……强调了体系作为一个整体的连续性，而不是任何特定情况下的特殊性"（Leaver 1983:62）。系统性变革是依附理论等结构主义方法必须应对的一个难题。利弗断言，与冈德·弗兰克相比，阿明使用的阶段性理论有助于对帝国主义进行更为复杂的分析。在利弗写作

166

的时期，给予阿明的阶段性划分以积极评价可能是合理的，但他一直热衷于此，只会带来令人困惑的结果。

巴隆对阿明在理解帝国主义问题上的杂烩式本质性批判，突出了阿明帝国主义理论方法上的折中主义立场。阿明将列宁对帝国主义的定义作为其著述的基础，并在此基础上加入了其他新马克思主义元素，如"中心—外围"关系、革命潜力向外围国家转移和对剩余价值的榨取，这些都表明阿明并不反对混合不同"流派"的元素。尽管使用了列宁的简洁的定义，但阿明似乎就此止步了，并没有进一步对帝国主义作出一个更清晰连贯的界定，他也没有始终如一地框定帝国主义与全球资本主义的关系。随着时间的推移，阿明所理解的帝国主义已经从资本主义的最高阶段转变为资本主义固有的扩张性（Amin 2001:6）。因此有必要回顾一下阿明更晚近的一些作品，以发现他帝国主义观的演变轨迹。

## 三、阿明后期的帝国主义著述

在阿明 20 世纪 70 年代出版的三本书中，他将新马克思主义和经典马克思主义的方法相结合以阐释帝国主义理论。在最近的一些著作中，他虽然继续把帝国主义作为一种概念工具，但是对列宁理论某些方面的密切依赖已逐渐消失。

《欧洲中心主义》（1989）一书，其主要写作目的是批判西方中心论的资本主义意识形态，阿明在本书所作的批判性分析和战略规划中提出了这样一个警告：由于忽视"中心—外围"矛盾的中心地位，"西方左翼和社会主义的力量最终放弃了资本主义扩张的帝国主义维度，放弃了它本应占据的中心地位"（Amin 1989:141）。因此，西方左翼势力已屈从于资产阶级意识形态的两个基本要素：经济主义和"欧洲中心主义"。西方左翼势力拥抱资产阶级意识形态引致的另一个后果是帝国主义在他们的词典中已经消失不见了：

帝国主义这个词已经被禁止了，它被认定为是"不科学的"。其可见的扭曲性需要用"国际资本"或"跨国资本"等更"客观"的术语来取代它。就好像这个世界完全是由经济法则塑造的，表现出的只是资本再生产的技术需要。好像国家、政治、外交和军队都从舞台上消失了！帝国主义正是资本再生产的需要及其铁律融合的产物，而其基础是社会的、国家的和国际的联盟——它是这种联盟所采用的政治战略（Amin 1989:141）。

上面的最后一句话简明描述了帝国主义的"组成成分"，即帝国主义是地缘政治、外交、军事和资本再生产铁律结合起来的产物。《欧洲中心主义》一书对帝国主义的探讨范围大抵如此。

"中心与外围"的矛盾始终是阿明阐释帝国主义的核心，《资本主义的幽灵：对当前学术时尚的批判》（1998）一书就沿袭了这个逻辑。在该书中，在概述了列宁的帝国主义理论以及对其提出的"革命将从最薄弱的环节向发达资本主义国家传播"的观点作出梳理后，阿明认为列宁所希望的革命是始于东方，而不是西方。革命向东而不是向西的传播揭示了"资本主义制度在造成中心和外围国家两极分化过程中的决定性作用"（Amin 1998:25）。在《资本主义的幽灵》中，分期特征表现得也很明显——尽管在该书中他给予各阶段的名称前后并不统一。例如，从 1880 年到 1945 年这段时期被称为"垄断的民族主义自由主义时期"，而从 1945 年开始到 1980 年的这段时期则被称为"战后社会和国家时期"（Amin 1998:45）。不仅各个时期的名称发生了变化，而且对于以什么样的标准来进行阶段划分也是混 168 乱的——比如在其早期的著作中他将资本主义扩张阶段划分为三个，将帝国主义扩张和危机阶段划分为两个，却没有说明划分的依据。尽管利弗评论阿明使用分期方法代表了相对于冈德·弗兰克等新马克思主义者结构主义方法的一个进步，但阿明在框定和命名这些时期、阶段时表现出的缺乏一致性还是让人感到困惑。

先暂时搁置这个问题。在"垄断的民族主义自由主义时期"（1880 年至
1945 年），"帝国主义……在列宁主义的意义上，其含义等同于帝国主义列
强之间的冲突"（Amin 1998:45），在接下来的"战后社会和国家时期"（1945
年至 1980 年）出现了"国家帝国主义的战略趋同"，并隐现着霸权主义美国
的影子。在此战后阶段，由于苏联、东欧和中国等民族国家不再是帝国主
义的势力范围，帝国主义概念开始收窄（Amin 1998:45）。正是在这一时期，
帝国主义不得不与社会主义国家和民族解放运动进行谈判，以确保中心国对
非洲、亚洲和拉丁美洲等外围地区的持续统治（Amin 1998:45）。随着苏东
剧变和激进民粹主义在第三世界的崩溃，帝国主义再次开始转守为攻。在后
冷战阶段，帝国主义戴上了一副新的面具："当前意识形态傲慢宣告的'全
球化'理论，只不过是该体系固有的帝国主义本质标榜自身的一种新方式"
（Amin 1998:45）。

在阿明对美国霸权的研究中，作为"中心—外围"关系必然产物的两极
分化已成为帝国主义的同义词（Amin 2006b:3）。从其自身对该概念变化的
解读来看，他有如下一段很有趣的评论：

> 我不属于那些保留"帝国主义"一词来形容旨在使一个国家屈
> 从于另一个国家政治行为的人——这种行为可以在人类历史的连续
> 时代找到，是与各种生产方式和社会组织联系着的。无论如何，我
> 的分析旨趣只针对现代的帝国主义，它是资本主义扩张内在逻辑的
> 产物……在这个意义上，帝国主义不是资本主义的一个阶段，而是
> 其全球扩张的永久特征（Amin 2006b:3）。

169

在这里，阿明与"阶段论者"的帝国主义观点产生了断裂。当他提出帝
国主义的起源可以追溯至 16 世纪时，这种断裂就显得更加复杂化了（Amin
2006b:4）。回想一下，对列宁来说，帝国主义是资本主义的最高阶段，因此
具有历史特殊性。19 世纪末 20 世纪初是向帝国主义过渡的时期。从阿明的

所有著作中可以得出的结论是：他曾经依赖于一个特定的经典马克思主义立场（列宁的立场）来确立起他对帝国主义的定义，但在他后来的著作中已看不到这一点了。在他最近关于帝国主义的理论著述中，不仅没有了"最高阶段"的命题，而且也没有了他曾经坚持的关于"阶级斗争在帝国主义扩张和危机阶段具有中心地位"的说法了（Amin 1977:113）。

1945 年后出现了一种新的帝国主义形态——"'三合体'（美国、欧洲、日本）的集团性的帝国主义……［它］取代了帝国主义的多样性"（Amin 2006b:4）。"三合体"式集团帝国主义之所以出现，部分是由资本主义竞争条件的改变所决定的。大公司现在把全球市场视为他们的"首要领地"，如果把持成功，它们就可以继续维护自己在"本土"市场的地位。全球性的存在为在国内市场进行调控、加强力量提供了支撑。主要跨国资本在接受新自由主义，或阿明所称的"全球化的新自由主义"基础上抱成一团——跨国公司之间基于新自由主义而取得的这种团结背后离不开美国政府力量的支持（Amin 2006b:4）。尽管如此，竞争并没有被消除，对于占主导地位的跨国公司来说，竞争角力的主要地点是全球市场；"三合体"也不一定意味着是一个平等的联合体，美国并没有分享其权力的意思，相反，根据阿明的看法，它"意图将它的盟友贬低……到仆从国的地位，也不愿意对它们作出些许让步"（Amin 2006b:5）。阿明在概述"三合体"式集团型帝国主义之后，又提出了全球化四个阶段的主张。他对阶段划分的偏好以及由此产生的混乱，无须进一步置评。 170

通过总结阿明对帝国主义理论研究领域的这些相对较近的探索，可以发现他在《欧洲中心主义》一书中为帝国主义的定义提供了"要素"（尽管他没有对其确定的特征进行详述）。他关于二战后的民族帝国主义形式和"三合体"式集团帝国主义的论述增加了其理论分析的深度。他提到的美国的主导地位、新自由主义的传播及其影响、帝国主义从西方左翼词典中消失等现象也值得关注。阿明从他早期著述中典型的经典马克思主义和新马克思主义的融合视角，转向了一种被称为"新马克思主义"的立场。其理论站位随着时间的推移而改变是可以理解的，其著述本身是对地缘政治和全球经济状况变化的反映。然而，随着列宁的定义从他最近的论述之中褪去，帝国主义的构成问题对他而言越发成为一个问题。难道帝国主义就仅是资本主义的扩张，就只表现为全球化（全球化本身是帝国主义的代名词）？由于阿明对帝国主义没有一个统一而全面的定义，他在此问题上的分析是混乱和令人困惑的。

与斯威齐、巴兰、冈德·弗兰克、沃勒斯坦对帝国主义这一主题研究兴趣逐渐减退不同，阿明持续思考着帝国主义问题，他一直把帝国主义作为他的批判武器的一部分——尽管他并没有给其后来提到的"帝国主义"概念一个很好的定义，该概念已经成为两极分化、资本主义扩张甚至全球化的代名词。他在早期作品中融合列宁和新马克思主义所形成的鲜明的特点，已被一种相当模糊的新马克思主义立场所取代。

## 四、"欧洲中心主义"与西方左翼的堕落

本书所讨论的新马克思主义著述有一个明显保持连续性的主题，即对那种赋予欧洲发展以特权将其视为发展中国家先驱或模板的做法的批判。从斯威齐、巴兰，到冈德·弗兰克、沃勒斯坦和阿明，所有这些著作家都力图纠正痴迷于所谓"优越的"欧洲政治、经济和文化的现象。他们力图说明，在资本主义出现之前，欧洲不仅与世界其他地区进行了数百年的贸易和互动，而且，欧洲本身对一些庞大的帝国来说也是处于边缘位置的。此外，他们还强调是那些来自新大陆和亚洲的财富、资源（黄金、奴隶、糖、香料）支撑了欧洲的发展。对这些理论家来说，揭示和分析资本主义世界体系和帝国主义对周边不发达国家的负面影响是非常重要的。冈德·弗兰克把他理论研究的大量精力放在反对"欧洲中心主义"上。冈德·弗兰克、沃勒斯坦和阿明在各自对世界体系进行分析的过程中，都坚持以一种长时期、全球性的政治经济发展视角来看待资本主义世界经济的扩张。在他们的共同努力下，这种

171

长时期视角挑战了"欧洲例外论"的说法①，也挑战了欧洲是世界其他地区潜在发展模式的论调。对"欧洲中心主义"偏见及其论调进行系统批判和纠正无疑是新马克思主义文献的积极因素之一。

## 五、"欧洲中心主义"的文化基础

"欧洲中心主义"的一个关键特征是对欧洲历史的神话式重建，它解决了——尽管是扭曲的——资本主义的出现和扩张所带来的现实问题（Amin 1989: ix）。在文艺复兴之前，欧洲是"区域朝贡体系"的一部分，其成员包括阿拉伯人、基督徒和穆斯林。这一区域朝贡体系的中心位于地中海的东端，当时的欧洲其他地区则处于外围地位：

> 从文艺复兴开始，资本主义世界体系的中心向大西洋海岸转移，地中海地区反过来成为外围地带。新欧洲文化围绕一个神话重建自身，这个神话创造了所谓一体化的欧洲和地中海南部世界之间的对立，从而构造了新的"中心—外围"的界限。整个欧洲中心主义就建立于这个神秘的构造之上。（Amin 1989:10–11）

172

在建立了这一神话般的历史结构之后，阿明概述了西方国家所持有的那种普遍思想观念，即认为欧洲和欧洲人具有天生的优越性，西方不仅是物质财富和权力（包括军事力量）的所在地，也是理性、实践效能和观念多样性的源头，还是宽容、人权和民主的中心。阿明由此说道，这种混合使欧洲成

---

① 所谓"欧洲例外论"，是针对近代以来东方国家国力下降而欧洲崛起提出的一种偏颇性解释，即认为欧洲的一些独特因素（技术创新、新教伦理等）促成了欧洲的崛起，而东方古国恰恰是因为没有这些因素才陷入了停滞和衰落。该论忽视了资本主义在全球间推行的不平等分工和帝国主义对东方等民族、国家的压迫，实则是为"欧洲中心论"辩护或者说是后者的一种变体。——译者注

为世界其他地方希望的灯塔。因此，"除了逐步的欧洲化，我们不可能为这个世界设想任何其他的未来"（Amin 1989:107）。

虽然这幅"欧洲中心主义"的图景过于简单，但它抓住了这种范式的意识形态本质。西方的政治左派和右派，尽管他们在民主、社会正义、经济效率以及实现这些目标的必要手段方面持有不同观点，但在这种范式影响下，他们都有意或无意地流露着"欧洲中心主义"的观念（Amin 1989:107-108）。因为有这种悲观的看法，特别是已对左派失去信心——认为他们无法完全摆脱经济主义和"欧洲中心主义"，阿明就此认为，西方左派和社会主义力量是无力领导反帝国主义斗争的。

阿明坚定地认为西方工人阶级已经堕落，这是"欧洲中心主义"、经济主义和修正主义合谋的结果。从表面上来看，发达资本主义中心国家的工人阶级似乎没有多大的推动革命浪潮的潜能，加之阿明本身的偏见，他对西方工人阶级始终不屑一顾。但物极必反——简而言之，阿明在反对"欧洲中心主义"方面走得太远，反而走向了"外围中心主义"。如果能从一个更平衡的视角来看待问题，他就会认识到，在中心国家工人阶级中，仍然存在着一股反对帝国主义的力量，或者至少存在着为社会主义而斗争的潜在力量。

## 六、全球化等于资本主义扩张或者帝国主义

阿明强烈反对全球化以及那种坚持认为全球化是不可避免的主张，他的著作《全球化时代的资本主义》（1997b）即"对全球化有不可避免性统治话语的系统性批判"（Amin 1997b: xii）。该书认为全球化的核心问题是两极分化，并主要关注外围国家与中心国家之间的不平等发展问题。此外，它还提出全球化是资本主义生产关系的扩张，而这种生产关系的全球化既以不平等发展为基础，又进一步加剧了这种不平等。与外围国家相比，中心国家的生产能力更强，能够进行更多的投资，并获得更多的投资回报。此外，国家应"根据其社会中劳动力的'现役'和'预备役'的相对比重进行分类"（Amin

1997b: ix）。这个说法与阿明长期持有的关于世界各国在"中心—外围"模式分立之下造成了不平等发展的观点是一致的。

随着布雷顿森林体系的终结，全球金融联系呈现指数级增长，加之在20世纪八九十年代逐步放开的金融管制，都表明金融资本在当前已成为资本主义"最为全球化的组成部分"。阿明将此种金融变化称为"金融全球化"（Amin 1997b:4）。在这种背景下，全球化意味着全球主义，或者说金融和经济联系在不断拓展和深化。将全球化理解为扩张性，理解为驱动资本主义渗透到每一个市场并不断扩大和加深其联系，成为阿明后期著述的一个特点。然而，全球化不仅是当前资本主义的扩张，在整个资本主义历史中，它一直都是资本主义的一个长久特征。冷战后，全球化被用作帝国主义的代名词（Amin 1998:45）。

阿明认为，全球化混合着全球资本主义新近的质变，其本质就是帝国主义，是历史上资本主义的扩张以及两极分化（不平等的发展）的综合产物。全球化同样也被"全球化时代"的马克思主义者视为一种资本主义的扩张，但对于全球化是帝国主义的代名词的看法，佩特拉斯和维尔特迈尔两人并不认同，他们认为全球化远不止是帝国主义的一种委婉说法，还是帝国主义在意识形态上的一种伪装。除阿明外，另一位"全球化时代"的马克思主义者汉弗莱·麦奎因，他将资本主义的历史扩张与其新近变化结合起来提出了全球化的不同阶段说。他的结论是：帝国主义是全球化的一个发展阶段。关于"全球化时代"的马克思主义者如何看待全球化的更详尽分析可参见第八章。总的来看，阿明对全球化的批判是对一些"全球化时代"的马克思主义者观点的预告——他的新马克思主义立场为马克思主义帝国主义理论搭起了一座通向"全球化时代"这一新发展阶段的桥梁。

## 七、全球化和民族国家

在全球化问题上，一个主要观点是认为它是不可避免的，阿明试图反驳这一论断。这种关于"全球化是不可避免的"观点，其部分缘由是认为民族国家几乎没有能力避免全球化，而且，全球化会侵蚀民族国家所拥有的权力。有趣的是，阿明也认为民族国家的力量已经被削弱了。他认为全球化对国家权力的侵蚀性影响带来了一系列问题：

> 从定义上来讲，新的全球化削弱了民族国家的经济管理效率。然而，它并没有废除它们的存在。这样就产生了一个新的矛盾……在资本主义制度下是无法克服的。原因在于资本主义不仅仅是一种经济体系。如果没有包含国家社会的和政治的方面，经济是不可想象的（Amin 1997b:32）。

不仅关涉国家，而且由于经济、金融和货币体系的管理需求现在变得如此之大，这在逻辑上要求"构建一个能够应对全球化挑战的世界政治体系"（Amin 1997b:22）。在这个全球化时代，无法克服的问题是"资本主义经济管理的全球化空间与其政治和社会管理的国家空间之间的分离"（Amin 1997b:32）。

阿明认为，当前的全球化阶段（从1990年开始的一个性质不同的阶段）不允许各国脱离联系，也不允许以种族或宗教原教旨主义为由选择退出——这样一些理由并不是对全球化的充分回应，全球化毕竟有其进步的一面。阿明认为，解决全球化矛盾的正确途径是调整，而不是反对。只有通过最终的调整、改进——通过社会主义路径，全球化的愿景才能实现（Amin 1997b:75）。这里隐含着一种对全球化具有必然性的观点的接受。他对当前这个时代提出的另一个观点（后被"全球化时代"的马克思主义者所采纳）是，唯一有能力充当秩序保证人的国家是唯一的军事强国美国（Amin 1997b:120）。

阿明的全球化著述在很多方面仍然存在相当大的模糊性（关于全球化的一个可行的定义将在下一章得到论述，因为全球化是哈特和奈格里"帝国"

概念的重要组成部分）。不过，只要稍加努力，还是可以看出阿明所认为的全球化的主要特征有哪些内容。自 1990 年以来，全球资本主义发生了质变，世界进入了全球化时代。阿明指出了全球化的两个特征：第一，在某种程度上，它是资本主义不断扩张的驱动力；第二，全球化使两极分化永续存在，即中心国家在对外围国家的扩张中变得富裕。就国家和全球化的关系来看，没有一个国家可以选择退出，各国管理其经济的能力受到挑战。阿明断言，全球化（也被称为帝国主义）的影响是可以改变的，但要最大限度地发挥其进步的一面，最终的途径只能是实现全球社会主义。尽管阿明对全球化的分析引发了很多争议，但他的著作《全球化时代的资本主义》是一位老牌的马克思主义思想家对全球化、资本主义和帝国主义之间复杂关系的适时思考。

## 八、对阿明帝国主义著述的总结

萨米尔·阿明在过去长达 50 年的时间里对帝国主义、"欧洲中心主义"和全球化进行了批判性研究，对马克思主义的帝国主义理论进行了富有洞察力的发展。他始终认为，帝国主义和全球化的核心问题源于"中心—外围"关系，这种关系的产物是外围国家的不平等、不平衡的发展，相比之下，发达资本主义中心国家则维持着繁荣。这种由"中心—外围"关系导致的两极分化影响了西方左翼（以及其他派别）的意识形态观，以至于许多人认为世界其他地区的发展模式只能是基于西方的。"欧洲中心主义"是指在文化和意识形态上对欧洲规范、信仰和观念具有优越性的一种或隐或现的信念。"欧洲中心主义"，加上修正主义和中心国家发展所得的好处，完全侵蚀了西方工人阶级反对帝国主义和实现社会主义的斗志。

自 20 世纪 50 年代以来，阿明写了大量有关帝国主义的文章，并且他的帝国主义观在不断演变。在早期的著作中，阿明依赖列宁的理论定义，他将这种极简版的经典马克思主义的帝国主义与阶级分析学说、新马克思主义的概念——如"不发达""中心（核心）—外围的分裂"——结合起来，并将

176

第三世界的工人阶级提升为抵抗帝国主义的领导阶级。在他后期的作品中，列宁对帝国主义的洞见和阶级分析学说逐渐消失，但新马克思主义帝国主义的思想特点仍然存在，即认为外围国家得到的是不平等和不平衡的发展，中心国家却保持着持续的繁荣。尽管由于缺乏一个深思熟虑的、融贯一致的帝国主义定义而导致了混乱，阿明仍然为马克思主义帝国主义理论作了有益的补充。对于全球化，阿明将其理解为帝国主义的代名词，也将其理解为资本主义的扩张、全球资本主义的新阶段，这些观点都被"全球化时代"的马克思主义者所接受，并为后来的马克思主义者质疑全球化话语作出了前导示范。有鉴于此，阿明当之无愧是新马克思主义和"全球化时代"马克思主义帝国主义理论之间的桥梁。

## 九、新马克思主义对帝国主义理论研究日渐乏力

当回顾新马克思主义者对帝国主义理论作出的集体贡献时，会发现某种模式：斯威齐在他的第一本书中，肯定了列宁的帝国主义理论，并对其进行了再发展以解释列宁去世后发生的变化。随着时间的推移，斯威齐和他的合作者巴兰逐渐远离了帝国主义理论，这个术语在他们合著的书中（Baran and Sweezy 1968）也被"垄断资本"所取代。对于冈德·弗兰克来说，因其对西方社会理论感到失望，"帝国主义"概念和帝国主义理论在他后期的作品中已消失不见。沃勒斯坦对帝国主义主题的研究始终兴致索然，他更倾向于关注宏观历史和更大的社会结构，如现代世界体系和资本主义世界经济。阿明则坚持以帝国主义理论为资源解读全球政治的复杂性和外围国家的畸形发展。遗憾的是他对帝国主义的理解在其定义此概念时出现了矛盾。除了阿明，新马克思主义者对界定、研究帝国主义概念的兴趣已明显下降。

冈德·弗兰克、沃勒斯坦以及在一定程度上的阿明，其著述普遍存在的一个问题是：他们将交换关系视为资本主义的决定性特征——根据马克思主义经典理论，资本主义的决定性特征在于生产过程及其伴随的生产关系。因

此，冈德·弗兰克、沃勒斯坦和阿明对资本主义政治经济学的理解，以及他们对资本主义世界经济的历史和传播的描述都是存在问题的。有鉴于此，加上大多数新马克思主义者对帝国主义概念及其理论研究兴趣的明显下降，由此只能得出这样的结论：在他们的领导下，帝国主义研究已经萎缩了。

新马克思主义研究帝国主义理论的一个积极方面是阿明对全球化的批判性审视，他的结论是，全球化是帝国主义在当前美国霸权时期采取的形式，这预示了"全球化时代"马克思主义者佩特拉斯和维尔特迈尔的类似论点。在这一过程中，阿明充当了第二阶段和第三阶段即"全球化时代"马克思主义帝国主义理论的桥梁。

在结束了对第二阶段马克思主义帝国主义理论的考察之后，将把注意力转向下一代理论——第三阶段"全球化时代"马克思主义者的贡献。这一阶段始于哈特和奈格里对经典马克思主义和新马克思主义帝国主义观的有力挑战。178

# 第七章

# 哈特和奈格里的《帝国》

## 引　言

迈克尔·哈特和安东尼奥·奈格里在其出版的《帝国：全球化的政治秩序》(2000) 一书中提出了一种对无中心和去地域化的无疆界主权，即"帝国"的设想，并在马克思主义理论界引起了极大反响。他们声称，"帝国"不仅与帝国主义截然不同 (Hardt and Negri 2000: xii)，并且随着"帝国"的出现，帝国主义已成为历史。哈特是 1960 年出生的美国学者，奈格里是 1933 年出生在帕多瓦的政治活动家和知识分子，他们认为，尽管世界体系的理论家们正确地指出了资本主义自其诞生以来就以世界经济的面貌在运转，资本主义发展一直具有一个普遍化的维度，然而它已经迎来了一个"重大的历史转变"(Hardt and Negri 2000:8)。他们所说的"转变"意指资本主义生产的全球化以及全球力量关系的变化，经济和政治权力会合起来，形成了他们所谓的"稳定的资本主义秩序"(Hardt and Negri 2000:8-9)。

"帝国"，论其核心是一个复杂的体系和等级制度的混合体。"帝国"需要一种既定的力量来支撑它的运转，考虑到"帝国"本身是一个无中心的、去地域化的实体，这多少有些自相矛盾。帝国的复杂性是由诸多因素所引发的，其中一个如今已为人们所熟知的说法是全球化带来了对国家主权的破

坏。还有一种观点认为，由于全球资本主义和国家体系发生了变化，尤其是 179
在越南战争和 20 世纪 70 年代的危机之后，左派所有旧的固有概念，如帝国
主义、阶级和阶级斗争，都已变得不再适用。

哈特和奈格里将其关于全球化影响生产过程（"信息化"导致了一种新
劳动范畴的产生，即"非物质劳动"）、资本积累过程和全球政治的主张作了
一股脑儿的兜售。他们的这部著作由此也引发了一系列疑问：美国的做派是
应该归为一种帝国主义国家行径，还是应该仅将其视为一个拥有必要力量来
维持资本主义无中心化网络秩序的大国？全球化是否已经改变了国家体系并
侵蚀了民族国家，以至于这些政治形式都变成多余的了？资本主义发生了什
么变化？帝国主义已经变成旧事物了吗？

在哈特和奈格里给马克思主义理论界带来的冲击中，不仅出现了一些回
应《帝国》的期刊文章和书籍，而且还引发了一些对共同关注的主题的讨
论。有三个特定的主题将哈特和奈格里的研究与其他"全球化时代"马克
思主义者的研究（下一章将对他们的著述进行分析）联系了起来。这三个
主题是：全球化、"帝国"（帝国主义）、国家和国家体系。在对全球化问题
的理解和运用上，哈特和奈格里对全球化的理解与罗伯特·霍尔顿（Robert
Holton）所称的"全球化学术的超全球主义浪潮"（Holton 2005）、赫尔德
（David Held）和麦格鲁（Anthony McGrew）所称的"解构主义浪潮"（Held
and McGrew 2007）颇有相似之处。还有一种观点认为，哈特和奈格里建立
全球化理论的方式是有问题的——他们对全球化解释得太少，而过于强调其
变革能力。自冷战结束以来，资本主义和世界政治发生了不少变化，这是无
可争议的。有争议的是，这些变化究竟是全球化所引发还是由其他因素——
比如资本主义对生产和劳动过程进行变革的固有倾向——所导致？

关于三大主题中的第二个主题——"帝国"（帝国主义）问题，哈特和
奈格里提出了更为惊人的观点：随着现代性向后现代性的转变以及"帝国"
的出现，之前出现的帝国（如罗马帝国、西班牙帝国和英帝国）都已经被 180
超越。新帝国形式不再受国家疆界的限制，也不再需要一个"中心"。不仅

旧的帝国形式过时了，帝国主义也过时了。这里的问题是，哈特、奈格里的"帝国"的概念是否已经取代了传统的帝国主义和帝国？或者是否像全球化相关的转变一样，他们夸大了这个所谓的划时代发展的影响？事实上，"帝国"的概念是建立在对所谓全球化之后的变化的过度解读之上的。虽然哈特和奈格里将帝国主义及其理论弃于"历史的垃圾箱"，但他们也承认，在划时代的变革之前，列宁的理论不仅非常有见地，而且他的著述已经表明，"帝国"的出现是可能的——哈特和奈格里援引列宁来论证他们提出的一种新的无中心、去地域化实体的说法。不过这样一来，这两位理论家对帝国主义的理解未免太过狭隘：他们几乎只把帝国主义看作一种政治现象，并没有把它与资本主义积累过程联系起来。从两位对"帝国"的解读中得出的结论是，这个概念无力解释当代帝国主义的复杂性，两位作家只是通过断言帝国主义和帝国时代已经过去，而回避了真正的问题。

关于第三个主题——国家和国家体系，笔者认为当把"帝国"看作一个平顺的空间，而将民族国家和国家体系置于从属地位时，两人研究国家理论和地缘政治的方法就显得过于简单了。

对哈特和奈格里这本雄心勃勃、富有挑战性著作的批评不应该被视为对该书价值的全盘否定。事实上，这本书非常受欢迎，其畅销程度足以登上亚马逊畅销书排行榜（Panitch and Gindin 2002:17）。考虑到该书探讨了帝国主义、帝国、全球化和资本主义转型等问题，当作者最后宣称，革命斗争的前景十分光明，因此有一种"作为共产主义者不可抑制的轻松和愉悦"之时，还是让人颇感惊讶的（Hardt and Negri 2000:413）。该书重新引起了人们对以上问题的关注，这是非常值得称道的。同时值得肯定的是，它也复兴了人们对帝国主义、帝国主义理论的研究兴趣。

本章首先对全球化理论浪潮作了概述，然后给出了全球化的定义，以便能对哈特和奈格里以及其他"全球化时代"的马克思主义者的研究进行恰当的定位和背景分析。接下来的内容是对哈特和奈格里处理全球化问题的批判性分析，并讨论了他们在帝国和帝国主义问题上的观点。在结尾部分对他们的国家和国家体系构想作了详细考察。

## 一、全球化：理论浪潮及其界定

"全球化"这个术语直到 20 世纪最后 10—15 年才得以使用。正如道格·亨伍德（Doug Henwood）所指出的，就像许多带有意识形态色彩的词汇一样，它"基本上没有被明确定义过，每个人都理应知道它的意思"（Henwood 2003:145）。虽然人们对这个术语最早是何时被提出的意见不一，但为了便于后续讨论，可以大致明确其界限：全球化时代主要指从 20 世纪 80 年代末至今的一段时期。赫尔德和麦格鲁在考察了全球化的学术研究，特别是在对罗伯特·霍尔顿提出的三波全球化学术浪潮（超全球主义的、怀疑的和后怀疑论的）作了改进的基础上（Holton 2005:5），进一步提出了四种"浪潮说"，即理论的、历史的、制度的和解构的浪潮。他们认为：

> 在第一波理论浪潮中发生的争论通常聚焦于全球化的概念、主要动力以及它本身作为一个世界范围的社会变革，在其长期发展过程中所产生的系统性和结构性影响……相比之下，历史浪潮则利用全球发展的历史社会学，主要探讨了全球化在何种意义上被认为是新颖独特的——它是否定义了人类事务在社会经济和政治组织方面的一个新时代或某种转型？（Held and McGrew 2007:5）

全球化理论的第三次浪潮——制度层面的浪潮，其特点是对有关全球化和结构转型观点持怀疑态度。参与这一浪潮的学者——"不论是对国家资本主义模式的讨论，还是对国家重构或文化生活的探讨"，都致力于解决"制度变迁和适应能力的问题"（Held and McGrew 2007:6）。第三次学术浪潮由于受到了建构主义和后结构主义的影响，因此被赫尔德和麦格鲁贴上了解构主义的标签。来自解构主义浪潮的全球化批判性分析强调"理念、中介、交

182

往、偶然性和规范性变革",并将其作为全球化分析的核心关注点。此外,关于当前时期是否能被视为"竞争性和可替代的全球化"还存在相当多的争论(Held and McGrew 2007:6)。

在全球化理论中,除赫尔德和麦格鲁所提出的四次学术浪潮外,还有其他一些规范性和伦理方面的争论。全球化到底是有利还是有害?或者两者兼而有之?这是一个不可回避的重要问题。赫尔德和麦格鲁还声称,在全球化的特定规范性立场和一个人在政治光谱上的立场之间并不存在简单的对应关系(Held and McGrew 2007:6)。正如后面将要论述的,有一些左翼人士,如哈特和奈格里,他们看到了转变的新的可能性,而这种转变在很大程度上是由全球化所带来的变化所引起的。然而,还有许多其他左翼和右翼人士认为,全球化带来的影响主要是负面的。先把有关规范性和伦理的争论以及四波理论方法放到一边,现在是时候把注意力转移到定义全球化这一更为复杂的任务上来了。

霍尔顿认为,在不同时期出于不同目的,人们往往会对全球化作出不同的界定。除分析功能外,道德、政治和商业利益等因素也影响了全球化的定义。尽管如此,霍尔顿利用了他所谓的"第三波以中介为中心"的方法,在强调"相互联系、相互依赖和全球意识的主旨下",提出了全球化的定义,包括:

(a)加强跨越政治和文化边界的货物、资金、技术、信息、人员、思想和文化实践的流动。这种运动含有因果逻辑,它们涉及商人、银行家、移民、宗教领袖、媒体代表和活动家的利益和活动。

183

(b)全球社会进程相互依赖,所有社会活动发生深刻联系,而不是相互隔绝在不同的国家和文化空间中。这种相互依赖产生于人类活动和特定的中介,他们可能是全球企业家、监管者,也可能是医疗专业人士、律师,社会运动活动家和世界音乐家。它既包括了那些正式的组织化的事业,也包括那些网络化的、形式更为松散的合作和冲突。

（c）意识到并认同我们属于同一个世界，表现如世界大同主义、宗教或以地球为中心的环境保护主义（Holton 2005:15）。

这三个定义要素是霍尔顿所称的持续全球化进程的一部分，不过，他并没有对这三个要素中的任何一个给予特别的重视，只是指出它们都是由人的能动性所塑造的。霍尔顿给出的定义并非完美。雷·基利（Ray Kiely）所给出的定义实则是将安东尼·吉登斯的《现代性的后果》（1990）与赫尔德、麦格鲁、佩拉顿（J. Perraton）、戈德布拉特（D.Goldblatt）合著的《全球大变革》（1999）结合后提出的。吉登斯认为，"连接着各地的全球社会关系已紧密到这样一种程度——万里之外发生的事件引发了本地事件的发生，反之亦然"（Giddens cited in Kiely 2005:8）。这与赫尔德等人给出的定义不谋而合，即全球化是：

一个体现社会关系和交易空间组织变革的过程（或过程的集合）——可据其广度、速度和影响进行评估，并产生跨大陆或跨区域的流动，由此形成活动、互动和施用权力的网络（Held et al. cited in Kiely 2005:8）。

许多文章都在讨论全球化的定义问题，其中的共识性见解是：跨越国界的相互联系的增加，以及"这些联系的速度和强度的增加"（Kiely 2005:8）。如果将霍尔顿的三要素和基利从吉登斯、赫尔德等人那里所获得的富有洞察力的见解结合起来的话，足以得到一个充分有效的全球化定义。这个定义对于下面即将展开的对哈特和奈格里关于帝国的分析，以及下一章对"全球化时代"马克思主义者研究的讨论，已经足够了。

互联性是全球化的一个重要因素，然而，正如怀疑论者所指出的那样，互联性不一定是全球化所独有的。保罗·赫斯特（Paul Hirst）、格雷厄姆·汤

184

姆森（Grahame Thomson 1999）、罗森伯格（2000）、罗伯特·吉尔平（Robert Gilpin 2002）和科林·海（Colin Hay 2004）等怀疑论者就尖锐地批评了"全球化带来了一个高度互联和时空压缩的新的时代"的说法。正如罗森伯格所说：

> 对时间和空间的认知因时代和文化的差异而不同——它们以不同的方式被社会建构和体验，这些相异的方式本身就会对社会秩序的构成产生重大影响——所有这些都是早已确立的（Rosenberg 2000:4）。

由此可以得出结论：显著不同的众多分析"立场"导致全球化成为一个极具争议的概念。

尽管全球化本身如此复杂和具有争议，但全球化时代的时间框架已经确定，提出一个可行的定义已势在必行，包括后续章节对"全球化时代"其他马克思主义者思想内容的讨论也要求有这样一个定义——之所以选择"全球化时代"的马克思主义者这个术语，不仅是因为他们的研究属于全球化时代，而且因为全球化及其对帝国主义理论的影响也是他们理论分析的重要组成部分。

## 二、自上而下的全球化：资本主义和地缘政治的根本改变

在哈特和奈格里看来，全球化要么是自上而下的，要么是自下而上的。两位作者认为在全球权力关系和资本主义世界经济中发生的变化是全球化变革性质的（Hardt and Negri 2000: 8）。在此"全球化"指的是自上而下的全球化。全球化进程既不是统一的，也不具有固定含义：自上而下的全球化可以被抵制、重组和重新定向，以服务于其他目的。另外，全球化也可以是自下而上的，"维系帝国的大众的创造力量也有能力自主地构建出一个反帝

国（counter-empire），一个全球流动和交换的替代性政治组织"（Hardt and Negri 2000: xv）。不过，只有自上而下的全球化才促成了哈特和奈格里在整本书中所关注的历史转变。

资本主义和地缘政治的重要发展见证了经济力量和政治力量的结合，以至于在 20 世纪的最后几年里出现了一种"稳定的资本主义秩序"（Hardt and Negri 2000: 8）。这种向完全意义上的资本主义秩序的转变发展至顶峰时形成了一个"单一的超国家政治力量"，即"帝国"，它取代了敌对帝国主义列强之间关系的冲突性质。这样一种超国家的政治力量，用他们两人的话来说，意味着"一种全新的权力观，或者说一种对权威的全新刻画，一种保护契约、消除冲突的规范和法律强制工具的全新的生产方式"（Hardt and Negri 2000:9）。"帝国"不仅是后殖民主义（post-colonial）性质的，还有后帝国主义的（post-imperialist）含义。

全球化在促成"帝国"这一超常现象的诞生中发挥了重要的作用。当回顾上面曾提到过的全球化学术浪潮，特别是霍尔顿所指出的三股浪潮时，发现哈特和奈格里对全球化的理解与"超全球主义"群体的观点是一致的。不过，这样的一个归类会遇到一个困难：哈特和奈格里并没有说全球化是产生"帝国"的唯一原因。一般认为，向"稳定的资本主义秩序"的转变需要追溯至 20 世纪 70 年代出现的政治、经济危机，但这两位作者追溯得更远，他们溯及了越南战争：

> 越战代表着当代资本主义历史上的一个真正转折点，因为这场越南人的抵抗被看作整个世界范围内一系列斗争的主要象征，而在此之前，这些斗争彼此之间都是各不相干和相距遥远的（Hardt and Negri 2000: 260）。

186

因此，当全球化与对资本主义体系的挑战（始于越南战争，并持续到 20 世纪 70 年代的动荡）结合在一起时，就成为一场真正的历史转变的催化剂。

　　另一个与哈特和奈格里的研究有关的问题——亨伍德也概述过此问题——是他们并没有明确界定"全球化"这个术语的含义，它的一个关键组成要素是交往，通过"网络增加和建构各种相互关联"，不仅"表现出也组织起全球化的运动"（Hardt and Negri 2000:32）。交往不仅是全球化的一个重要因素，也是这两位作者所称的"生产的霸权部门"（Hardt and Negri 2000:33）。这种对交往的强调让人不由想起前面提到的麦格鲁所提出的第四次全球化学术浪潮，即解构主义浪潮。

　　交往以一种基础构造的方式塑造了生产过程。自20世纪70年代初以来，资本主义生产过程一直处于向"信息经济"转变的过程中。从美国开始并蔓延到其他发达资本主义国家的信息革命，或者作者所说的"信息化"，预示着现代化的终结。在这里，现代化等同于工业生产，它不仅主导其他经济形式，而且也主导着社会现象（Hardt and Negri 2000:285）。现代化的一个特征是就业人口从农业转移到工业（从第一产业转移到第二产业），而随着信息化或后现代化，劳动力从工业转移到服务行业（第三产业）——包括保健、金融、交通、娱乐、教育和广告等。在这些领域工作的人需要具备灵活的技能和可流动性，"知识、信息、情感和沟通"是此行业就业的关键要素（Hardt and Negri 2000:285）。

　　虽然资本主义发展到后现代时期并不意味着工业化已变得完全多余，但哈特和奈格里在这里力图揭示的重大转变却将工业化（现代化）降级到次要地位——发达资本主义国家的服务部门现在是这些经济体的主导部门。资本主义经济进入后工业时代后带来的主要影响就是出现了非物质劳动，之所以这样说是因为这种劳动的最终产品不是物质产品，相反是一种服务，一种文化产品、沟通或知识（Hardt and Negri 2000:290）。

　　生产信息化的另一个重要后果是劳动实践日益同质化。也就是说，随着计算机生产的出现，与特定具体任务相关的技能，如裁缝、编织，逐渐变得无差别化。与生产使用价值相关的具体的、特定技能的消失，直接和"万能工具"计算机的普遍使用有关。计算机对这种非物质劳动的影响是深远的，但在情感劳动领域，或与人类接触和互动有关的非物质劳动领域，其影响就没有那么显著了。哈特和奈格里认为，社区、社会网络和生命权力的形成源于与情感劳动相关的劳动实践——例如，保健服务和护理（Hardt and Negri 2000:292–293）。

哈特和奈格里在总结他们自身对全球资本主义经济的信息化或后现代化的分析时，指出了"促成服务也成为信息经济的顶端"的三种非物质劳动形式，并将这些形式概括为：

> 第一种［形式］涉及已经信息化的工业生产，并在某种程度上融入了通信技术，从而改变了生产过程本身。制造业被认为是一种服务，生产耐用物品的物质劳动和非物质劳动相混合并趋向于非物质劳动。第二种是分析性和符号化任务的非物质劳动，它本身被分解为一方面是创造性和智能化的操作，另一方面是常规的符号化任务。最后，第三种非物质劳动涉及情感的生产与操控，并要求（虚拟的或实际的）人身接触，即身体模式下的劳动（Hardt and Negri 2000:293）。

总的来说，非物质劳动本质上是合作和社会互动性质的劳动。有人认为，由于生产力和财富创造现在很大程度上依赖于"通过语言的、交往的与情感网络进行的合作互动"，受其影响，资本作为生产过程激发［与聚合的一种］力量的观念现在已是多余的了（Hardt and Negri 2000:294）。组织生产过程的能力已不再是资本和资本家的专利；相反，信息经济及其伴随的网络确保了生产可以是无中心的，并依赖于高度合作的劳动。《帝国》一书提出，组织生产过程的能力已经从资本转移了，现在影响投资和生产决策的是"大众"。此外，在信息经济中占主导地位的服务行业已变得去地域化。之所以能够去地域化是由于高效的通信网络不断缩短距离和压缩时间。地理位置因

188

此已变得无关紧要（Hardt and Negri 2000:296）。

这里提到的变革是指资本主义生产过程的后现代化、信息经济、交往的中心性、非物质劳动和生产的去地域化，它们在很大程度上都源于全球化。人们也不要忘记，与全球化同步的（但早于全球化）是一系列政治、社会和文化挑战——从越南战争开始并持续到 20 世纪 70 年代，它们在促成上述变革方面也发挥了重要作用。在对《帝国》的批判性分析中，帕尼奇和金丁指出，这本书与其他关注全球化的书的区别在于，作者采用的是将马克思主义和后现代主义相混合的理论方法。对此，他们进一步评论道：

> 他们运用这种混合方法论将全球化与一种新型的资本主义政治体制联系起来，将过去的帝国主义（通过殖民扩张领土主权）和他们所谓的新"帝国"（超国家的"边界渗透"）区分开来（Panitch and Gindin 2002:18）。

超国家的"边界渗透"与大前研一所提出的由全球化导致的"无疆界世界"概念（the borderless world）是明显不同的（1999）。其不同之处在于，哈特和奈格里从上述提到的变化中看到的不仅仅是民族国家疆界遭遇了侵蚀，还看到了一种新的、分散的（因为它是无中心的和去地域化的）地缘政治实体的出现——这样一个实体具有质变的潜力。在"帝国"中还有一种更高层次的社会秩序，即共产主义。在这里，哈特和奈格里追随了黑格尔和马克思的脚步，也就是说，他们四人都共享着"历史发展的目的论思想，其中每一个进化的新阶段都为人类潜能的更充分表达创造着潜力"（Rustin 2002:451）。

## 三、哈特和奈格里研究全球化的混合方法论：全球化到底有多大的变革性

显然，对《帝国》的作者们来说，全球化是全球资本主义和全球政治发

展的一道分水岭。通过强调交往的进步是全球化的组成要素，哈特和奈格里似乎应被归于赫尔德、麦格鲁所划定的解构主义浪潮的范围，但当将其对全球化的理解作此种归类时，却会因他们在如下两个问题上的马克思主义立场而产生困难：第一，全球化所引发的变革所固有的超越全球资本主义的潜力问题；第二，他们对生产过程变革的关注——这个问题一向是马克思主义分析的主要内容。也即，这两位作家的著述含有大量的马克思主义观点，因此很难轻率地将他们归为全球化分析的解构主义浪潮。此外，人们也已看到了他们对全球化发展的积极看法，并最终将"帝国"定义为通往共产主义社会的一个潜在基础。超全球主义者也将全球化视为一种带来彻底变革的现象（Holton 2005:5）——哈特和奈格里对全球化后果的论述，在某些方面与超全球主义者的主张不谋而合。在全球政治领域，特别是在对国家边界问题的认识上，"无疆界世界"概念在《帝国》中也有所反映——哈特和奈格里声称，随着世界市场进一步形成，民族国家的边界将被解构（Hardt and Negri 2000:150）。总体来看，哈特和奈格里的全球化概念并不完全适合归之于解构主义或超全球主义浪潮。他们的混合方法论更多的是将全球化视为一种有 190 力的变革工具。

　　评论家们虽然承认全球化之于哈特和奈格里的重要性（Amin 2005:2; Arrighi 2002:3-5; Callinicos 2002:319; Panitch and Gindin 2002:18; Rustin 2002:451），但是被评论家们所忽视的是两人其实并没有对这个术语下一个定义。帕尼奇和金丁还注意到，同样存在问题的是他们书中提出的诸多主张缺乏实证证据的支持（Panitch and Gindin 2002:19）。此外，哈特和奈格里分析全球化问题的观点也受到批评——两人认为全球化是一种相对较新的事物，对政治、社会和经济产生了强大的变革性影响。但在阿明看来，两人的全球化观无异于一种"天真的愿景"，只是对"主流话语"的复述——哈特和奈格里两人的"愿景"是"跨国化已经废除了帝国主义（以及帝国主义的冲突），取而代之的是一个既无中心，又无处不有中心的体系"（Amin 2005:2）。这些批评又引发出一系列问题：哈特和奈格里版本的全球化是否

足以解释他们所详述的变化？他们所说的全球化的后果究竟在多大程度上可以归因于资本主义生产过程本身？这种生产是

> 一个巨量的价值生产过程，一个从活劳动中榨取剩余价值的过程……一场不断革新生产资料、生产组织、劳动过程和生产者自身的骇人的运动（Mandel 1976a:36）。

191  这就产生了一个有关全球化和全球资本主义的主要问题：这两种现象之间的关系是什么？对哈特和奈格里来说，答案似乎是全球化高于全球资本主义。全球化使先进资本主义国家的生产过程发生了质的变化，同时也带来了政治、社会、文化等方面的变革。两人在全球化立场上存在的问题是，他们并没有说清楚他们所称的全球化到底是什么，也没有提供足够的证据来支持他们关于全球化的重大主张。这并不是说他们所描述的变化没有发生，而是说一些变革，像交往的发展——例如，服务业在发达资本主义国家居于突出地位——就是资本主义固有的生产和劳动过程所带来的革命性影响。他们提到的其他变化，诸如对国家边界的侵蚀和超民族国家实体"帝国"的形成等，也都引发了评论家们的争议。这些问题上面已经讨论过。下一章将考察其他一些"全球化时代"的马克思主义者的研究成果。综上所述，哈特和奈格里如何看待全球化，以及他们声称的已经和正在发生的变化，都是有争议的。最坏的情况是，他们声称源于全球化的变革很可能是资本主义自然发展的结果。他们的著作并没有对全球化和全球资本主义之间的关系展开充分讨论，因此，哈特和奈格里对全球化的阐释还不够有力，不足以解释他们所详述的那些变化。

什么是全球化，以及全球化与全球资本主义之间的关系，这个问题的重要性怎么强调都不过分。这个问题不仅适用于哈特和奈格里的研究，也适用于其他"全球化时代"的马克思主义者。认真分析全球化，找出它对社会、政治、经济和文化发展的意义，以及积极辨明全球化与全球资本主义的关系，是把哈特和奈格里的研究与一些对之进行强烈批评的马克思主义评论家联系起来的一条线索。冷战结束以来，全球资本主义和地缘政治发生了很多变化。如何看待这些变化以及全球化在其中可能发挥的作用，是那些试图批判性地分析后冷战世界状况的人所关心的核心问题。现在已经完成了对哈特和奈格里关于全球化论述的考察，接下来将审慎地研究他们的下一个主题："帝国"和帝国主义。

## 四、"帝国"的崛起

1991 年的海湾战争标志着一个新实体的出现，这个新实体打着一个旧术语的幌子："帝国"。尽管直到冷战的两级对立格局被打破后，这种新的主权形式才出现在世界舞台上，但其源头可追溯到 20 世纪六七十年代世界政治、社会和文化受挑战的时期。对此，哈特和奈格里提出这样一种说法：192

> 我们基本的假设是主权已经拥有新的形式，它由一系列国家的和超国家的机体构成，这些机体在统治的单一逻辑下整合。新的全球的主权形式就是我们所称的帝国。民族—国家正在衰落的主权和它们对经济、文化交流不断减弱的控制力，事实上是帝国正在降临的主要征兆之一（Hardt and Negri 2000: xii）。

"帝国"这个旧术语对两位作家来说有了新的含义，它不再是一个"力求说明当今世界秩序与罗马、美洲等帝国相似"的术语，而是转变为一个主要表现为一种理论方法的概念"（Hardt and Negri 2000: xiv）。这种新形式的"帝国"不受国界的限制——两位作者也不认为它的统治有任何限制：

> 首先也是最为重要的，帝国的概念假定了一个有效囊括总体性空间的政体，或者说它真正地统治着整个"文明"世界。没有领土

边界限制它的统治。其次，帝国概念本身并不是一个起源于征服的历史政体，而是一个成功地冻结历史并因此将现存的事态永久地固定下来的秩序。……换句话说，帝国不是代表着历史的运动中转瞬即逝的规则，而是一种没有暂时的疆界，并且在这个意义上是位于历史之外，或位于历史终点的体制（Hardt and Negri 2000: xiv）。

此外，帝国不仅管理着疆域和人口，而且也创造了它安置自身的世界；它不仅统治着人类的相互交往，而且寻求直接统治人性。它统治的对象是完全的社会生活，因此，"帝国代表着生命权力的典范形式"（Hardt and Negri 2000: xv）。生命权力是福柯的概念，它源于福柯影响颇大的关于社会形式的研究著述，特别是他对从纪律社会向控制社会转变的阐述。控制型社会是一个"控制机制变得更加'民主'的社会，越来越内存于社会领域之中，这种机制通过公民的大脑和身体传播"（Hardt and Negri 2000: 23）。在一个控制社会中的公民在特定的内化控制机制驱动下将表现出特定的行为。由于这种价值观、命令的内化，社会以及更重要的生命本身——包括它的生产和再生产，都成为权力作用的对象。因此，人们拥有生命权力，这是"一种延伸到整个人群意识和身体深处的控制——同时也延伸到对整个社会关系的控制"。控制和生命权力都是"帝国"的组成要素（Hardt and Negri 2000: 24–25）。

生命权力概念——这种权力是非中心化的但能触及社会各个层面，并使生命本身成为其作用对象——与"帝国"概念有着重要的共同特征：在这两个概念中，显而易见的是权力的分散化，即没有所谓的中心，但这并没有限制它们表现出控制和维持秩序的强大能力。

综上所述，"帝国"的产生反过来强化了对民族国家权力的侵蚀。民族国家和国家体系（国际秩序，也被称为"国际社会"）的降级是哈特和奈格里所揭示的由"帝国"的新平顺空间所导致的现象。"帝国"之所以是"平顺的"，是因为民族国家的领土基础——这在很大程度上是现代化的一部分——对于一个已经无中心的、去地域化的"美丽新世界"而言已变得无关紧要了。而由此产生的对帝国主义及其理论的影响，哈特和奈格里曾作了如下简要的总结："许多论点今天看肯定是过时的，因其所指的情况完全改变了"（Hardt and Negri 2000:221）。虽然哈特和奈格里声称帝国主义已经被取代了，但他们仍然致力于对其进行分析，因为在其看来，帝国主义就是"帝国"的前身。

## 五、作为地域化政治实体的帝国主义

根据哈特和奈格里的观点，资本主义扩张和帝国主义之间存在着一种内在的联系，在现时代，在资本主义扩张和拓展世界市场的驱动下，资本主义不可避免地采取了"帝国主义的政治形式"（Hardt and Negri 2000:221）。马克思已经指明资本主义的动力学要求其不会被限制在一个固定的疆域，它必然要重构内外边界（Hardt and Negri 2000:221）。在追溯了从卢森堡到列宁的帝国主义理论的发展后（该书重点说明了希法亭、霍布森和考茨基对列宁的影响），哈特和奈格里得出结论，列宁之所以认为帝国主义是资本主义扩张的阻碍，是因为他看到了诸如以下的帝国主义实践——征收关税、排他性贸易、殖民统治和因垄断增加所导致的对竞争的限制等（Hardt and Negri 2000:233）。帝国主义本应是资本主义世界市场扩张的政治使女，但正如列宁所指出的，它反倒成了一个限制因素。因此，哈特和奈格里认为，资本要想继续扩张，就必须摧毁帝国主义建立起来的内外部壁垒。对这一问题，他们进一步阐述道：

194

> 帝国主义是一部在全球范围内对资本流动进行分层、疏导、编码和领地化的机器，在阻塞了一部分资本流通之时又促进了另一部分的流通。相比之下，世界市场需要一个无编码、无区域划分的顺畅流动空间（Hardt and Negri 2000:333）。

哈特和奈格里对帝国主义描述的关键特征是它的地域性——在世界范围内创造和传播民族疆界意识——以及它的政治本质。后者表现为殖民主义、民族国家意识的传播和通过向海外输出阶级斗争、内战来解决宗主国的政治矛盾（Hardt and Negri 2000:232）。根据两人的说法，帝国主义是有历史特殊性的，对帝国主义的旧有分析已不再适用，因为这些理论只关注"资本自身发展的矛盾"（Hardt and Negri 2000:235）。

哈特和奈格里在他们对帝国主义理论的综述中归纳了卢森堡和列宁著作中的一些重要观点，但是，他们对列宁关于帝国主义的著述的理解存在一些问题。比如，他们认为列宁已经"看到了现代性之外的东西"，并预见了"新兴的帝国主权"——它以某种方式出现在了"超越帝国主义的资本新阶段"（Hardt and Negri 2000:232）。也即，根据两人对列宁的解读，超越帝国主义的资本主义的新阶段必然伴随着一种新的国家形式和新的主权形式。"显然，列宁把帝国主义看作现代国家演变过程中的一个结构性阶段"（Hardt and Negri 2000:232）。最后，他们认为在列宁关于帝国主义的著作中隐含着的一种替代方案——世界共产主义革命与"帝国"有相似之处（Hardt and Negri 2000:234）。

哈特和奈格里在此意图将列宁的帝国主义理论定位为他们"帝国"理论的先驱，这样一种设定其实是有不少问题的，因为一旦当他们意识到由于"当代历史上的划时代变迁"——从现代性向后现代性的转变时，就很难平顺地从列宁的命题转到他们所设定的观点（Hardt and Negri 2000:237）。这种"划时代的变迁"否定了任何平稳转变的可能。另一个关键问题是当他们宣称列宁含蓄地将"帝国"作为世界共产主义革命的替代方案时，人们却发现在仔细研究过列宁关于帝国主义的著述后，事实上很难将两位作者所阐述的"帝国"概念归为共产主义革命。同样存在争议的还有哈特和奈格里声称列宁已预见到新的主权形式——帝国主权，并提出了"后帝国主义资本主义新阶段"的论断。人们对此同样产生了怀疑：一种新的国家形式必然遵循后帝国主义资本主义的轨迹，这真的是列宁的看法吗？这些说法之所以引起人们的怀疑，其原因在于，正如前面第二章所提到的，列宁的《帝国主义论》（1973）是对他所认为的资本主义垄断阶段所引发后果的总结——一个被其称为帝国主义的资本主义发展阶段。而《帝国主义论》一书中并没有对帝国主义之后资本主义新阶段的可能性进行思考，也没有对哈特和奈格里所称的关于国家和主权新形式的思考。两人在吸收经典马克思主义的帝国主义理论时，其意图似乎是想使他们对"帝国"的分析合法化（与全球化/后现代性相关的重要变化会让这种做法变得困难重重）。

哈特和奈格里在对马克思主义帝国主义理论进行阐释的过程中，辨识出了经典理论的一些重要方面，如帝国主义与资本主义扩张之间的内在联系以及由此产生的矛盾。不幸的是，学界存在着误读列宁帝国主义论著的现象，并特别表现在对列宁帝国主义和帝国主义理论的使用和阐释上。哈特和奈格里就是如此，当他们试图赋予"帝国"概念以合法性时，他们曲解或者说是误用了列宁的帝国主义理论。此外，他们所阐发的帝国主义也仅是将其视为 196 一种政治现象——帝国主义是资本主义扩张的政治形式。

## 六、逝去之物：国家和国家体系

哈特和奈格里对"帝国"的独特分析是建立在对国家和主权的特殊见解之上的——他们提出的"帝国"是一个产生于平顺空间中的国家与超国家的混合体。他们还描述了欧洲几个世纪以来主权的发展史，并将其解释为对现代性所带来的特定问题的回应。在追溯这一概念发展的过程中，两人得出结论，主权是欧洲特有的，并经演变形成了"在战争致命危险下保障生存"的意义。作为避免这种危险的一种手段，领导精英们达成了一项协定，即除繁衍和生存方式外，赋予领导者以绝对的权力。这样一纸隐晦的协定将"民众的一切自治权转移给了凌驾于民众之上并对其进行统治的主权"（Hardt and Negri 2000:84）。

在 18 世纪和 19 世纪的交汇点，"国家主权的概念最终以完整的形式出现在欧洲思想中"（Hardt and Negri 2000:101）。这种统治权与国家概念的融合是法国大革命和反革命余波所造成创伤的直接结果。用哈特和奈格里的话来说，它意味着对民族精神的认同取代了君主的神圣之体，因为"有形的领土和人口被视为民族超越本质的延伸"（Hardt and Negri 2000:95）。"反革命余波"的概念很重要，因为正是在应对法国大革命过程中，自发的暴力和平民（大众）的力量受到了限制。这是通过将"人民"重建为民族国家不可分割的一部分来实现的。作为至高无上的实体，民族国家是超越一切的机构，由此它能够"将秩序强加于民众，并阻止民众自发地组织起来和自主地表达他们的创造性"（Hardt and Negri 2000:83）。对哈德和奈格里所提出的关于民族国家、主权的概念在历史上和哲学上到底是如何发展的，并不是我们所关注的问题。在详细阐释了几个世纪以来主权概念的演变后，他们认为主权最终归属于现代的民族国家，并辨识出主权的其他变体，如"帝国主权"概念（该概念包含欧洲通过殖民进程在世界其他大部分地区扩张的意义）。

随着后现代性的到来，殖民边界基本上都已被打破（Hardt and Negri 2000:136）。只有在国家边界（这也是充分实现资本主义秩序的边界）被侵蚀的情况下，"国家和资本［才能够］有效地重合"，并且也只有在这时马克思主义的国家理论才能够成功地付诸实施（Hardt and Negri 2000:236）。国家作为管理资本主义利益的执行委员会的特征在后现代时代也已发生改变，因为国家的一些职能已向跨国权力层面转移，这意味着国家的一些管理职能已经被跨国机构如银行、跨国公司和国际规划机构所篡夺。后现代性并不是对民族国家的完全破坏，或者反过来说，并不意味着跨国企业的一手遮天，而是预示着传统国家宪法体系的衰落，并被一个超国家宪法权力或"帝国"所取代（Hardt and Negri 2000:308-309）。

哈特和奈格里所设想的超国家宪法框架是金字塔型的，这种全球宪法金字塔也是他们构建出的取代国家国际体系的一种新国际秩序模式。相应地，以国家为基础的国际秩序会随之解体，这反映了民族国家力量的衰落。根据哈特和奈格里的说法，新的金字塔结构由三个不断演进的层级构成，每个层级又分为若干水平层次。在金字塔的顶端，唯一的超级大国美国位居第一层——它能居于这一位置的原因是它拥有前所未有的暴力手段。同样位于第一层级但与之不处于同一水平层次的是通过控制全球货币工具从而"具备了规范国际交换"的民族国家。把这些民族国家联系在一起的是像达沃斯、七国集团、伦敦和巴黎俱乐部等这样的"有机体"。最后，位于第一层级第三个层次上的是"一批参差不齐的联合体"，它们包括了在全球政治、经济、军事和货币方面拥有差不多势力并在全球水平上展示出生命政治和文化权力的民族国家（Hardt and Negri 2000:309–310）。

在这个金字塔的第二层，是基于跨国公司在世界市场上扩张形成的网络建构而成，这类网络的例子如资本、技术和人口流动。这些跨国网络能够在全球权力第一层次"中央权力"的庇护下自由运作。然而，世界市场的形成既使各国领土变得同质化也使它们区隔开来——它在重新绘制全球地理（Hardt and Negri 2000:310）。在此第二个层次上，还存在着隶属于跨国公司的"一般集合"，即主权民族国家，这些民族国家具有一些政治功能，如"对全球霸权国家的政治调解、与跨国公司的谈判以及在自己有限的领土内根据生命政治需要进行收入再分配"。此外，民族国家扮演着一个渠道的角色——从全球强权手中攫取并分配财富，再将财富输送回这个实体。对民众的规训仍然是处于金字塔这一层级的民族国家职责的一部分（Hardt and Negri 2000:310）。

这个金字塔模式的第三层，也就是最后一层，由代表全球权力安排的普遍利益的团体构成。要使大众参与到全球权力结构之中就必须有所调整，无差别的大众（mass）必须成为"人民"（people）。① 从非政府组织到民族国家都可以是"人民"的代表来源（Hardt and Negri 2000:311–314）。媒体和宗教组织在特定情况下也可作为大众利益的代表机构。人们在这最后一层得到

①　哈特和奈格里对"大众"与"人民"概念作了明确的区分。在他们看来，"人民"是与民族国家相联系的一个过时概念，而"大众"与"帝国"概念相匹配，主要指从事知识生产的、反叛资本的所有人。——译者注

的或许更广为人知的概念是"全球市民社会"（global civil society），它是哈特和奈格里使用的替代性术语（Hardt and Negri 2000:311）。

全球宪制的三个层级及其相应的内嵌层次是"帝国"的基本组成部分。值得注意的是，在每一个层级中，民族国家都潜伏于其中。位于金字塔顶端的是霸权国家美国，它（与第一层级中第二层次的民族国家一起行动）发挥着维护既有秩序的作用，也即它提供了某种安全框架，没有这个框架，生产组织就无法运作（Hardt and Negri 2000:310）。民族国家，特别是单一民族国家仍然是"帝国"不可或缺的组成单元，但问题是，一方面，哈特和奈格里认为他们所谓的"帝国"是没有疆界的（Hardt and Negri 2000: xiv），民族国家和国家体系已经失去了它们的地位，另一方面，正如人们所看到的，典型的领土实体——民族国家，在两人建构的金字塔结构的全部三个层级中都有所体现，因此，他们似乎夸大了民族国家和国家体系地位下降的情况。

## 七、《帝国》中的国家和国家体系理论

在《帝国》对主权和民族国家的分析中，贯穿全书的一个特点是福柯概念的影响。例如，作者对主权谱系的详细论述就是一个明显的例子。此外，还有福柯对社会形态发展轨迹的勾勒——始于"纪律社会"并发展至"控制社会"，这些概念在《帝国》的分析中都可以找到。对这些概念的依赖意味着本书将注意力从"社会制度的结构化场所"转移到了生命权力领域（Hardt and Negri 2000:23）。这也意味着该书不会对国家进行全面的分析，因为它将是被控制社会所取代的社会机构之一。因此，《帝国》对国家的分析被评论家认为是无政府主义式的，因为"在他们看来，大多数国家权力形式都是对属民自主权的剥夺，并破坏了他们的创造力"（Rustin 2002:452）。

因此，哈特和奈格里很少关注国家和国家体系理论。尽管如此，还是可

以从他们的"帝国"概念中推演出他们的国家观。所谓的"帝国"是一个单一的超国家力量，它凌驾于各个国家和国家体系之上。不过由于哈特和奈格里欠缺经验证据来支持他们的主张，他们关于存在一种凌驾于国家和国家体系之上的超民族国家力量的说法让人难以接受。

如对《帝国》关于国家和国家体系的分析进行总结的话，那就是对哈特和奈格里来说，国家是一种社会制度，它将秩序强加于大众，并控制着后者的创造力。国家是对现代性所引发问题的特定反应。哈特和奈格里所提出的一个重要观点是：只是在把民众作为"人民"纳入民族国家后，后者才成为一个主权国家。"帝国"的出现则使这种旧的政治形式被超越。在这样的一种表述中，对国家理论和地缘政治的理论构建显然是不充分和过于简单化的。资本对诸多国家一直都有的依赖性被忽略，美国在全球资本主义发展中的核心地位也被模糊了。在其他"全球化时代"的马克思主义作家中，没有人再接受"帝国"这个概念，许多马克思主义作家认为国家力量和国家制度仍是帝国主义产生和得以维系的强大因素。

## 八、对《帝国》的批判回应

在由《帝国》一书所激发的批判性文献中，用"帝国"来取代帝国主义成为批评家们展开批判性分析的中心主题，同时，哈特和奈格里对帝国主义的解释也引起诸多质疑。阿明认为，在《帝国》一书中，帝国主义意味着"正式的国家权力超出了自身的边界之外，因此它混淆了帝国主义和殖民主义"（Amin 2005:1）。在阿明看来，这种理解只能得出这样一个结论：随着 20 世纪 70 年代殖民主义时代的结束，帝国主义也就此消失了（Amin 2005:1）。西蒙·布罗姆利（Simon Bromley）对哈特和奈格里将帝国主义主要视为一种政治进程、视为宗主国在世界其他地区扩张其主权的看法也发表评论说，与帝国主义相比，"帝国"并不关心"某些政治的—地域的单元对其他的单元进行直接的帝国控制"，"帝国"在其"本质上是去地域化的经济和文化关系领域"（Bromley 2003:18）。"帝国"的新奇之处在于它的普遍性和它不以领土为中心的权力。它的权力植根于全球体系，这反过来揭示出其权力是文化性的而不是政治性的（Bromley 2003:18）。对于哈特和奈格里所指出的帝国主义的经济方面，帕尼奇和金丁认为，《帝国》只不过是再现了一战前资本主义因消费不足而依赖于对非资本主义国家出口的冲动——这一点两人实则受惠于卢森堡的观点（Panitch and Gindin 2002:21-22）。不过，哈特和奈格里忽视了金融在当前全球资本主义形式中所发挥的关键作用，他们也没有对资本主义在不同社会形态内部及其之间的不平衡发展作出更深入的研讨（Panitch and Gindin 2002:24）。

《帝国》中的另外两个观点也招致了大量批评。第一个观点是，随着"帝国"平顺空间的标志——去地域化和去中心化的完成，边界和国家体系已变得多余。第二个观点是，帝国主义现在已属过时之物，这在很大程度上要归因于"美国的特殊性"（Barkawi and Laffey 2002:123）。

关于抹平边界和弱化国家体系的说法——主要基于全球化为"帝国"带来的"平顺空间"变革效应的假设，塔拉克·巴卡维（Tarak Barkawi）和马克·拉菲（Mark Laffey）则指出了其中的缺陷：在强调日益增长的信息、货币和商品的流动时，哈特和奈格里以及超全球主义者却忽略了这一硬币的反面，换句话说，还存在一种"极力阻止不受欢迎的流动的做法——如对非法经济移民、寻求庇护者、非法毒品、犯罪或违禁品加以阻止，不让其跨越国界"（Barkawi and Laffey 2002:123）。国家体系的持续存在以及美国在该体系中发挥主导作用的一个明显例子是，美国和中亚国家的政府在 21 世纪初建立了一个横跨中亚的弧形军事基地。这种庇护关系不禁让人联想到："美国不只是现在在干涉第三世界，它在过去就有老牌帝国主义的劣迹"（Barkawi and Laffey 2002:124）。

美国在国家体系中的中心地位，与"帝国"是一个没有真正中心的平顺空间的说法背道而驰——这也是帕尼奇和金丁提出的疑问。虽然他们两人同意麦迪逊式"网络力量"是美国宪制一个独特的元素（因此这也是区分美国

201

的独特之处）①，但他们并不认为这种网络力量就预示着"帝国"的出现。帕尼奇和金丁对此说道：

> 与哈特和奈格里所设想的那种美国在历史上有着分散化的、无定形的权力特征（也是现在"帝国"的特征）相去甚远，美国的新宪法框架赋予了联邦政府以扩大贸易和发动战争的极大权力（Panitch and Gindin 2002:10）。

202

哈特和奈格里提出的"未来是无中心、无疆界世界"的说法不仅掩盖了资本对众多国家的持续依赖，而且"美国政府在构建全球资本主义过程中具有的突出地位也被边缘化了"（Panitch and Gindin 2005:101）。

因此，"帝国"的无边界化权力并没有受到评论界的欢迎。同样受到批评的还有"帝国"已让国家间冲突消失的观点，因为这种说法是缺乏实证论据支持的（Callinicos 2002:320）。20 世纪 90 年代的巴尔干战争（及北约的干预）、新千年的阿富汗战争和伊拉克战争，冷战后的地缘政治表明国与国之间的冲突仍在继续。一方面，国家之间的战争并没有消失；而在另一方面，帝国主义间的竞争导致的冲突（列宁帝国主义理论的核心）似乎平息了。因此，根据当前国家间冲突的事实来看，很难说"帝国"已经取代了帝国主义。实际上，冷战后地缘政治的确切性质仍然存在争议，而《帝国》的出版则让这个问题再度被聚焦，比如，巴卡维、拉菲、卡利尼科斯和肖各自从对该书的分析出发，就如何从理论上总结当前时代展开过争论（Barkawi and Laffey 2002; Callinicos 2002; Shaw 2002）。

哈特和奈格里对"帝国"的宣扬一直受到批评，原因之一是他们低估了

---

① 詹姆斯·麦迪逊（James Madison，1751-1836），美国第四任总统（1809—1817），美国制宪会议代表及《美利坚合众国宪法》起草和签署人之一，亦被一些人视为"美国宪法之父"。所谓"麦迪逊式民主"指重视社会利益和团体的多样性，认为民主社会应能使每个团体均有发言的渠道，以求达到社会之稳定和利益均衡。——译者注

美国在全球秩序中的核心地位，也忽视了美国会为维系其全球霸权而致力于维护既有的国家体系。这种批评依然源于他们提出的"帝国"的本质是无中心的、去地域化的观点所引发。此外，他们对帝国主义的理解也备受质疑：只狭隘地看到帝国主义的政治和领土维度而忽略了帝国主义的经济维度。另一个值得关注的问题是，哈特和奈格里把列宁的帝国主义理论看作《帝国》的开拓理论之一，这又让人们开始质疑其对帝国主义理论的理解及其应用是否是准确的。以上种种批评最终只能得出这样一个结论：世界并没有出现所谓帝国主义已被"帝国"取代的现象。

## 小　结

本章详细考察了哈特和奈格里在其具有挑战性的研究成果《帝国》一书中对全球化、帝国（帝国主义）、国家和国家体系这三个主题的思考。该书认为，发端于 20 世纪 70 年代初期的全球化时代引发了社会、政治和文化的变革，极大地改变了政治经济和地缘政治，"帝国"概念就是在这样一个强大的全球化背景下提出的。然而，哈特和奈格里并没有在任何真正意义上对全球化与全球资本主义之间的关系作出探讨，因此，他们所概述的某些变化，如非物质劳动、显著的信息化等，可能只是资本主义基本特征之一——生产过程的典型变革所引发的。此外，哈特和奈格里提出的全球化变革预示着现代性转变为后现代性，但帕尼奇和金丁等批评家对这个问题所发表的评论认为，这种说法并没有得到足够的证据支持。尽管如此，哈特和奈格里正确地指出了在全球化时代，全球资本主义经济和地缘政治已发生了深刻变化，并就此进一步提出，在后冷战时代，一个稳定的资本主义秩序已经实现。这个说法对政治谱系中的左、右翼的主张同时构成了挑战，不过，两人提出的另一个挑战性观点则主要是针对左翼的，即帝国主义已经被"帝国"所取代。

《帝国》的面世激发了帝国主义理论的"复兴"，但当它提出"帝国具有的平顺、无中心化的特质"会让国家和国家体系在全球政治中失去主角地位时，自然引发了众多批评。在对该书主要观点（及其相关的批评性文献）进行仔细研究过后，得出的结论是：哈特和奈格里后现代版本的"帝国"并没有使帝国主义变得无关紧要，国家和国家体系仍然是全球政治中的重要元素，倒是哈特和奈格里因为过于推崇"帝国"而忽略了国家和国家体系在地缘政治中的作用。

　　总之，哈特和奈格里对全球化、帝国（帝国主义）、国家和国家体系这三个主题的处理明显存在许多问题，而大多数问题又都可以追溯到两人的这样一个雄心勃勃的断言：在全球化时代，全球资本主义经济和全球政治发生了重大变化。虽然这种转变有被夸大之嫌，但不应低估《帝国》所带来的巨大影响——它再次激发了人们研究帝国主义理论的兴趣，特别是下一章（也是最后一章）所涉及的那些理论家们。

## 第八章

## 全球化、帝国、国家三大主题和马克思主义帝国主义理论的第三阶段

## 引 言

很多迹象都表明情况发生了巨大的变化。20 世纪 90 年代开始于两级对立格局的终结——这个格局曾经是半个世纪以来国际政治的特征。从与苏联争霸的竞争中摆脱出来后，美国越发感到有能力在全球建立武力威慑。20 世纪 90 年代初，多国部队在沙特进行了大规模军事集结，并发起了"沙漠风暴行动"——以美国为首的联军于 1991 年成功地赶走了占领科威特的伊拉克人。然后，在人道主义干预的名义下（并应联合国的要求），美军于 1992—1993 年被部署到索马里。在随后的 10 年中，在北约的支持下美国主导了对南联盟塞尔维亚的轰炸。在 2001 年 "9·11" 事件后，美国对武力的迷恋达到顶峰，分别于 2001 年 10 月、2003 年 3 月入侵了阿富汗和伊拉克。这些例子（以及其他还未提到的例子）都让世界注意到：动不动就使用武力的美国现在成了全球霸主。除在入侵伊拉克时遭到民众普遍反对（事件发生后，这种反对也基本消失了）以及在联合国企图获得国际社会对其军事占领伊拉克的批准时遭到德、法等国的拒绝外，美国的霸权似乎还没有碰到什么真正的挑战——20 世纪还从未出现过国力如此雄厚的国家。

地缘政治领域发生了重大变化，世界经济是否也是如此？正如在上一章看到的那样，哈特和奈格里的回答是全球化彻底改变了全球资本主义，并且随着一种具有无中心、去地域化新实体形式"帝国"的出现，帝国主义已遭取代——这一变化似乎使得马克思主义的国家理论、帝国主义理论和政治经济分析都显得过时了。

这种对马克思主义正统学说的强大挑战引发了强烈的反响。《帝国》（Hardt and Negri 2000）所提出的观点以及马克思主义批评家的回应集中在三个问题域：全球化、"帝国"（帝国主义）、国家和国家体系的作用。本章主要是针对这些回应予以批判性的考察：先从对全球化的问题开始，然后讨论与帝国和帝国主义理论有关的问题，最后的讨论与国家和世界体系问题相关。这些回应表明，在资本主义世界经济和国际政治形势变化的推动下，加上哈特和奈格里著作的影响，马克思主义帝国主义理论得到了复兴。此外，这些批判性的回应精致而富有才气，因此不应仅视为对马克思主义帝国主义理论的一种简单发展——"全球化时代"马克思主义理论家的集体成果挑战了一些长期流行的理论观点，它们不仅为更丰富、更有见地的理论奠定了基础，而且将理论提升到了更高的抽象层次。这批作家的整体研究开创了马克思主义帝国主义理论的一个新阶段，即"全球化时代"的马克思主义，他们的著述值得作一番仔细考察。

## 一、全球化的幽灵

在《帝国》出版之前，新马克思主义者萨米尔·阿明已对全球化进行了研究（见第六章），其结论是，全球化只是资本主义扩张或帝国主义的另一种说法。哈特和奈格里则采取了一种与解构主义、超全球主义相似的混合方法论立场（Held and McGrew 2007:6；Holton 2005:5）。这种立场强调了全球化的变革性——他们两人的观点与阿明所持怀疑态度的观点正好相反。在阿明、哈特和奈格里之后，其他马克思主义者又是如何看待全球化及其与资本

207

主义、帝国主义的关系的？正如本章所揭示的，人们的反应各不相同。这里选取了四位马克思主义作家（其中两位为合著者）关于全球化及其与全球资本主义和帝国主义关系的著作，并对其进行了批判性分析。尽管这几部作品并不能代表对现有文献的一种详尽考察，但他们的分析在很大程度上却代表着当代马克思主义（《帝国》之后）学术研究的主题。对选取的第一位作家汉弗莱·麦奎因来说，全球化不只是资本主义的一个扩张发展阶段，而且也是一个资本主义和帝国主义的混合物。佩特拉斯和维尔特迈尔对全球化的看法更为直截了当，他们将全球化视为帝国主义的面具——背后隐藏的是跨国统治阶级的政治谋划。本章的第四位也即最后一位作者埃伦·M·伍德认为，全球化是美国自 20 世纪 90 年代以来奉行的一套政策，其目的是避免生产过剩的危机，借此将负担转移到其他经济体。

## 二、全球化发展阶段

澳大利亚马克思主义历史学家麦奎因（1942 年生于布里斯班）在分期问题上提出了很有启发性的见解：他采用了资本主义发展的"阶段论"模式，并将其与长时段观点相结合后（后一种观点深受世界体系分析人士的青睐），融入对全球化的分析之中。他将资本主义发展概括为"全球化的接续发展"，或者以他的术语来说，是从"全球化 I 期"发展到"全球化Ⅳ期"，当前时代则被其认为是"全球化Ⅴ期"（McQueen 2003:104–107）。麦奎因声称"资本主义、帝国主义和全球化是同一事物的三个阶段"，并认为帝国主义是垄断资本的代表，它仍在向"新阶段"行进（McQueen 2003:103）。因此，全球化与帝国主义和资本主义有着密切的联系，在过去 600 年里，将它们联系在一起的关键因素是资本主义扩张的势不可当的动力，也就是麦奎因所说的"世界积累体系"（McQueen 2003:104）。

麦奎因对全球化历程的总结揭示出了一些重要问题。全球化的第一阶段——即他所称的"全球化 I 期"，是掠夺国内（欧洲）和新世界资源的时

208

代。这一阶段的全球化受到商人资本的商业和货币贸易的推动。它的下一阶段（全球化Ⅱ期）则进入重商主义时代。"全球化Ⅲ期"，又称"19世纪自由贸易时期"，是英国的工业化时代，英国在此时代确立和巩固了它在全球制造业中的统治地位。麦奎因的"全球化Ⅳ期"与列宁"帝国主义时代"或"垄断资本时代"是一致的，同时这一时期"英国主导的自由贸易促使对手开始实施保护主义"（McQueen 2003:104-105）。

全球化的最新阶段"全球化Ⅴ期"的地位尚不确定，因为麦奎因声称"对晚近的发展判断还有存疑之处"（McQueen 2003:106）。虽然他认为对全球化晚近变化作出论断有不确定性，但他又强调20世纪70年代生产资本领域的一些重大变化可能是"全球化Ⅴ期"开始的标志，如面对来自日本汽车制造商的激烈竞争，美国和欧洲制造商为了降低生产成本，将生产分散到劳动力成本较低的地区。生产在世界各地的分散化导致了"汽车世界造"现象的出现。这种分散化生产现象在计算机生产中也很普遍。全球一体化生产进程"鼓励放松金融管制，以促进投资资金的转移和利润的回流"（McQueen 2003:107）。源于"满足落后产业需求"的全球化，其流动效应不仅体现在生产领域，而且也渗透到金融领域之中（McQueen 2003:107）。金融管制的放松增强了金融资本相较于生产资本的力量。随着汽车制造、石油、制药、通信和金融领域的并购，垄断进程的加速现象变得越来越明显（McQueen 2003:108）。技术进步虽然带来了劳动的节省、控制、纪律等许多变化，但"最先进的技术时代伴随着剥削率的提高，通过在服务业使用最简陋的设备来提高对无偿劳动时间的剥削率——劳动强度提高的现象无处不在"（McQueen 2003:110）。

麦奎因关于全球化的文章有趣且内容丰富，而且他对资本主义发展阶段概念的修正也很有启发性。通过强调资本主义的全球化趋势，并将资本主义的发展阶段称为全球化阶段，麦奎因对"全球化只是新近才出现的现象"的说法提出了质疑。他认为"资本主义、帝国主义和全球化是同一事物的三个阶段"，而且，新近垄断资本的发展可能预示着帝国主义（全球化）进入了一个新的阶段（McQueen 2003:103）。全球化到底是什么，以及它与帝国主义（垄断资本）的关系在这篇文章中并没有被详细阐明。不过，他在关于可口可乐公司发展史的书中更深入地探讨了资本主义、帝国主义和全球化之间的联系。这本书的优点在于，它是一部对巨头公司及其社会、政治和经济环境的实证和历史的研究，抽象的理论架构被实证的细节充实了起来。因此，有必要对《资本主义的本质——我们未来的起源》（2001）进行一个简短的考察。

## 三、全球化和帝国主义：以可口可乐公司为例

麦奎因分析可口可乐公司发展史的重要目标是试图得到对资本主义全球化趋势的理解。麦奎因承认"世界的麦当劳化"和随之而来的"地域口味的消失促使人们抱定了全球化有其现实性的信念"，尽管如此，他还是对全球化的有力论据表示了悲观态度（McQueen 2001:196）。"全球化"这个术语从 1987 年才开始广泛使用，最初主要指涉通信、高科技产业和金融行业（McQueen 2001:196-197）。不过全球化的"公共关系作用说"对"全球化的必然性"提出了质疑——所谓"全球化"不过是用来粉饰帝国主义的公共关系。这种印象在公共领域广为传播，即"垄断资本是不可避免的自然力量的必然结果，而不是争议重重的社会实践的产物，这有助于企业避开帝国主义这个词所引发的敌意"（McQueen 2001:197）。"全球化是不可替代"的言论掩盖了垄断资本的帝国主义本质。

那么，全球化到底是什么？它有什么新鲜之处？麦奎因声称，在经济领域，在 20 世纪 90 年代末和 21 世纪初被热烈吹捧的新经济几乎没有什么特别之处——新经济的支持论者甚至无法就其模式达成共识（McQueen 2001:197）。人们对新经济和全球化的普遍信念源于互联网，但互联网初创企业浪费了大量资本，最终导致了互联网泡沫。电脑屏幕一直是色情和货币等可传输服务的一个福音，它也帮助人们弄清了为什么说"金融交易是

全球化商业的理想型"（McQueen 2001:197）。有人声称，全球化导致了麦奎因所说的"民族市场国家"被边缘化，但这种说法并不成立。尽管各国发展的不平衡仍然存在，美国依然处于领先地位，但是一些国家（中国和印度）在世界排序位置已然发生了改变（McQueen 2001:197）。由此得出的结论是，全球化并没有从根本上影响地缘政治。值得注意的是，自20世纪70年代以来，世界上最富有的三个经济实体美国、欧盟和日本之间的联系越来越紧密，它们之间的经济贸易占外国直接投资的84%（McQueen 2001:198），由此显示出"国内经济越来越受到国际关系的影响"（McQueen 2001:198）。

　　全球化主要表现为全球资本主义经济的进一步发展。麦奎因还认为，全球化的新奇之处被夸大了。如果把资本主义的最近变化与列宁所确定的帝国主义的核心特征进行比较，他的看法是可以得到支持的。因为垄断和金融资本仍居于主导地位，资本输出、国际托拉斯的重要性以及资本主义强国对世界的瓜分等仍然是明摆着的事实——尽管最后一个"瓜分"特征在今天已有了质的变化。和列宁写那篇文章时的情形一样，资本输出现在仍很重要，只不过又增加了四个目标："股市投机"；确保获取"原材料和劳动力"；开拓海外市场进行商品生产和销售；以及为了在国内市场或第三国市场销售而进行海外生产（McQueen 2001:199）。在20世纪90年代，美国经济吸引了大量外来投资，这让纽约证交所创下了创纪录的指数，并帮助弥补了美国经常出现的账户赤字（McQueen 2001:199）。在列宁时代瓜分世界的国际托拉斯如今变得更为常见，"尽管它们永远不会有最终的形式，因为合并和公司倒闭仍然在继续"（McQueen 2001:199）。关于列宁所说的另一个核心要素——资本主义列强对全球的瓜分，麦奎因指出其对应着自20世纪60年代以来发生的变化。虽然殖民主义已经消亡，但前殖民地提供的廉价劳动力仍然会吸引资本来到这些地方。所以说，尽管支撑全球资本主义结构的政治和经济形式已经发生了变化，但没有从根本上改变第三世界大部分国家的从属地位（McQueen 2001:200）。

211

麦奎因不认为仅通过对列宁帝国主义理论作出某种更新就能解释全球化，相反，他以自身对帝国主义和全球化的分析为基础得出了如下的结论：全球化是帝国主义的更高阶段（McQueen 2001:198）。这个命题存在一个问题：如果说全球化不是新生事物，而且从资本主义诞生之初就已成为其不可分割的一部分，那么，说全球化是"帝国主义的一个更高阶段"——世界可能已经进入了全球化的新阶段，就会犯下把资本主义的扩张动力与发展阶段混为一谈的错误。全球化与帝国主义（垄断资本）之间的本质区别以及它们之间的联系，在这两个文本中并没有真正得到阐明。尽管存在这些问题，麦奎因还是发现了当代全球化的一些独特之处："通常是美国式的"（McQueen 2001:210）。

麦奎因的作品的真正内涵在于他对全球化的终极意义保持开放的态度。在试图解释什么是全球化时，有人提出了一个有问题的说法，即全球化是帝国主义的一个更高阶段——全球化并不是一个新现象，在某种程度上它只是资本主义惯常的扩张罢了，并且往往是美国式的，这当然并不是全球化的全部内涵，有些事情可能只会在条件适合的时候才会暴露出来。对麦奎因来说，全球化是一个神秘的现象：它是一种新与旧的混合物，既有帝国主义的影子，又超越了帝国主义。人们必须等待进一步的事态发展。接下来的两位作家——佩特拉斯和维尔特迈尔，对全球化持有一种更加褊狭的观点：他们认为全球化（以及关于全球化的大部分假设）是一种意识形态上的障眼法——它掩盖了垄断资本主义的帝国主义本质。

## 四、作为意识形态的全球化

佩特拉斯和维尔特迈尔，这两位分别来自美国和加拿大的学者曾就帝国主义对拉丁美洲的影响撰写了大量文章，也曾对全球化的意义作了专题研究。在《在 21 世纪全球化中揭露帝国主义》（2001）一书中，他们总结了两种全球化立场：第一种也是最受"大多数学者"青睐的看法是，全球化是在"资本主义全球生产模式"的结构中发现的一种相互关联的进程；第二种观点认为不能从结构角度来认识全球化，而倾向于将全球化视为"一种有意识地推行某种战略的结果，是跨国资产阶级的政治谋划，并在为服务和促进这个阶级的利益而建立的制度结构的基础上形成"（Petras and Veltmeyer 2001:11）。这两种对全球化的理解截然不同，赞成第一种观点的人倾向于将全球化视为一种必然趋势——结构调整势在必行。各国将被推动着尽可能地从全球化中谋求最大利益（Petras and Veltmeyer 2001:12）。而那些看到全球化背后隐藏着阶级诉求的理论家则持第二种观点——对他们来说，全球化并非是不可避免的，甚至"全球化"这个术语本身也值得怀疑，由此他们将其视为"一种开出特定'处方'的意识形态工具，而非对一种现象的准确描述"（Petras and Veltmeyer 2001:12）。

当采纳第二种观点时，全球化的意图性、阶级性的因素就双双暴露了出来，个体和机构的操控作用也随之浮上水面——这些个体、机构其实在为"新的国际资产阶级"的利益服务。这里提到的有助于形成国际资产阶级基础的机构包含了 37000 家跨国公司，此外还包括"资本和技术的持有者""新帝国秩序的主要代理人"等（Petras and Veltmeyer 2001:12）。

213

帮助组织这一国际资产阶级秩序的是全球资本主义的主要机构，如世界银行和国际货币基金组织，以及被指定为国际金融共同体的其他金融机构（Petras and Veltmeyer 2001:12）。另外，构成这一联合体的其他关键因素还涉及像七国集团（G7）、三边委员会和世界经济论坛等规划型、政策型论坛。① 在全球资本主义的核心国家中，国家的角色已被重构，以更有效地促进和扩大全球资本主义。

对佩特拉斯和维尔特迈尔来说，全球化与以往的现代化、工业化和殖

---

① 七国集团是主要工业国家领导人会晤和讨论政策的论坛，成员国包括美国、英国、法国、德国、日本、意大利和加拿大 7 个发达国家；三边委员会是北美、西欧和日本 3 个地区 14 个国家的民间组织，实际上是西方国际金融财团及其控制下的跨国公司的政策协调机构。——译者注

民主义等资本主义发起的早期历史进程非常相似：每一个历史进程都遭到了抵抗，新帝国主义也是如此，同样"充满了矛盾"（Petras and Veltmeyer 2001:12）。两人认为，所谓的"必然性"命题是全球化话语产出的一种说法，而其带来的严重问题是这种话语混淆了"在当前日益全球化的资本主义体系中，帝国主义为组织经济生产和社会所采取的形式"（Petras and Veltmeyer 2001:13）。

## 五、太阳底下资本主义无新事

佩特拉斯和维尔特迈尔对关于全球化的许多论述提出了批评，他们提出的一些历史分析是为了将全球化置于特定的背景之中，而其结论是，自资本主义诞生以来，全球化就是资本主义的一部分：

> 历史事实是，美国、非洲、亚洲和拉丁美洲与海外市场、交易所和投资有着数百年的历史联系。此外，就北美和拉丁美洲而言，资本主义天生就是"全球化"的，因其早期的增长大多是建立在海外贸易和投资基础上的。从 15 世纪到 19 世纪，拉丁美洲的对外贸易和投资与 20 世纪相比具有更重大的意义（Petras and Veltmeyer 2001:28）。

像麦奎因一样，对这两位作家来说，全球化只是资本主义扩张本质的显露，是资本主义在全球范围内寻找市场的本性使然——这种本性是资本主义走向全球的推动力。他们断言，全球化的早期版本与 20 世纪版本之间的主要区别在于，在当前版本中"剥削阶级关系向资本主义生产之外的领域进行深化和扩展"（Petras and Veltmeyer 2001:29）。此外，他们还指出，从前殖民国家开始，出现了一种新的跨国资本家，他们长于资本输出——两位作者认为这是不同于早期的一个关键区别（Petras and Veltmeyer 2001:29）。

## 六、全球化论调为何兴起

佩特拉斯和维尔特迈尔认为有很多原因可以解释全球化论调何以兴起。主要动力来自政治、社会和经济方面：

> 从政治上讲，"大推动"是政治权力从左派、民粹主义和民族主义政治向全球主义政府急剧转变的结果。在社会方面，工会的失败和退却，以及工人阶级、中下层阶级和农民影响力的下降，成为"大推动"产生的背景。与国际资本、贸易网络有关的，特别是从事金融业的社会阶层的崛起为全球主义的兴起奠定了阶级基础。这股势力先是从某些第三世界国家（智利和墨西哥）和帝国中心国（美国和英国）发起，后以一种不均衡的方式扩散到了世界各地（Petras and Veltmeyer 2001:47）。

政治和社会的推动与经济方面的四种发展趋势形成呼应之势：第一，过度积累的危机；第二，由于劳资关系的紧张而造成的利润下滑；第三，资本主义在国际舞台上的竞争加剧；第四，由于放松管制导致金融市场的显著增长（Petras and Veltmeyer 2001:48）。与全球化支持论者的观点相反，民族国家在推动全球化方面起着举足轻重的作用。帝国主义国家非但没有被全球化削弱，反而通过加入自由贸易区以及通过国际货币基金组织和世界银行的"改革"，积极地促进和推动其他国家加入全球化（Petras and Veltmeyer 2001:47–48）。

全球化及其相关话语也有助于掩盖意识形态上的"漏洞"。全球化作为一种崛起的意识形态，在一定程度上是由于左翼势力的衰落，以及20世纪80年代和90年代发达资本主义国家（尤其是美国和英国）统治阶级对组织化的劳工发起的协同攻击所导致。在某些情况下，一些第三世界国家对劳工工资、工作条件的打压有过之而无不及。例如，在智利，皮诺切特政府在

215

采取了米尔顿·弗里德曼（Milton Friedman）等"芝加哥学派"著名人士的建议后开始推行自由市场经济模式。在 20 世纪 80 年代，对这些建议的采纳和实施导致了 26% 的失业率和大萧条（Petras and Veltmeyer 2001:112-113）。在 20 世纪 80 年代末 90 年代初，苏联及其东欧卫星国解体后，美国成为唯一的超级大国，这又为帝国关系带来了一种意识形态上的掩盖。佩特拉斯和维尔特迈尔称，全球化言论是特定全球政治、经济和社会环境的产物，它之所以持续存在，是因为它掩盖了美帝国主义权力、经济和军事的统治地位（Petras and Veltmeyer 2001:62-63）。

综上所述，在《在 21 世纪全球化中揭露帝国主义》（2001）中，佩特拉斯和维尔特迈耶以对全球化的专题研究揭露了全球化话语是怎样掩盖了帝国主义意识形态本质的。他们不仅意图反对作为一种意识形态手段的全球化，而且还试图恢复、复兴帝国主义理论研究，使之成为左派的公共话语（帝国主义在这里被定义为：第一世界的发达国家对第三世界实行的经济、政治和军事的统治）。美国是最突出的帝国主义国家，推进全球化的意识形态自然非常符合这个国家的利益。这两位作者也承认，全球化并不只是夸夸其谈——它描述了与"资本主义发展动态以及与此发展相关的价值观和文化实践的传播"相关的复杂变化。他们特别强调了全球化的市场维度，声称全球化是指"在一个统一的全球市场内，贸易、资本、技术和信息的国际流动不断扩大和深化"（Petras and Veltmeyer 2001:11）。但归根结底，全球化掩盖了自由市场资本主义的问题，并最终发挥了最佳的意识形态面具的作用。在此意义上，帝国主义理论仍然是为政治实践提供指导的最佳分析、描述工具。

## 七、资本帝国有什么新东西吗

著名的马克思主义学者埃伦·M·伍德（1942 年出生于美国，其父母从饱受战乱的欧洲逃亡出来）撰写了大量关于政治经济学、历史唯物主义和国家等领域的著作和文章。在 2003 年出版的《资本的帝国》一书中，她花相当多的篇幅对全球化进行了批判性的反思。

在伍德看来，全球化源于 20 世纪 90 年代全球资本主义和地缘政治中出现的一系列真实的矛盾。在这一时期，生产过剩和产能过剩的资本主义危机，以及德国和日本重新成为美国的经济竞争对手，其影响不可小觑（Wood 2003:133）。面对来自德国和日本的竞争挑战以及自身经济低迷的压力，美国试图从空间和时间两个方面入手来消除危机：

> 随之而来的就是我们所说的全球化——出现了资本的国际化、资本的自由快速流动以及全球范围内最具掠夺性的金融投机。这没有什么新鲜的，这些现象不是资本主义成功的征兆，恰恰相反是资本主义失败的表征。美国利用其对金融和商业网络的控制，推迟了国内资本的清算日期，使其能够将负担转移到其他地方，并使到处寻求获利机会、疯狂进行金融投机的剩余资本的流动变得从容不迫（Wood 2003:133）。

当一些发展中经济体陷入危机并寻求帮助时，美国利用其金融和商业网络取得的有利地位，迫使其中一些国家签署了"华盛顿共识"。该"共识"主要是由总部设在华盛顿的国际货币基金组织、世界银行和美国财政部等机构开出的一套政策处方，以促进各经济体进行结构调整，同时促使目标经济体更容易接受美国主导的全球资本（Wood 2003:133）。"华盛顿共识"政策的主要内容是贸易自由化、强调出口型生产、公共服务私有化和放松金融管制。通过"共识"等机制，借助"操纵债务、贸易规则、对外援助及整个金融体系"，美国能够将生产过剩和产能过剩的危机转嫁到发展中经济体中去（Wood 2003:134）。

伍德认为，发展中经济体对帝国资本的屈从、开放是全球化的本质。尽管各国经济体可能是开放的，但这并不一定会导致世界经济完全

217

一体化。在全球化的背景下，仍然存在着不鼓励一体化或相互依存的情况。这方面的一个例子是，尽管跨境资本流动不受阻碍，但通过市场运作以带来一个全球共同的社会平均劳动力成本和生产率却被阻止了（Wood 2003:136）。一个完全一体化的世界经济将成为全球化发展的阻滞性因素，因为全球化依赖于将世界分割成独立的经济体，而这些经济体的政治顶点是主权民族国家。它发挥的一个重要作用就是"强化'国籍原则'，以严格的边境控制和移民政策为手段来管理劳动力的流动"（Wood 2003:137），其目的是力保劳动力市场处于平衡状态，不受大规模移民可能造成的波动的影响。

总之，对伍德而言，全球化是 20 世纪 90 年代出现的一套政策处方或一种方案选择。从一开始资本主义就以一种普遍化的动力进行扩张。不过，伍德所称的这种普遍化的"资本主义需要"（Wood 2003:20），直到 20 世纪 90 年代初才完全实现。（Wood 2003:133）为了应对生产过剩和产能过剩的危机，以及实力雄厚的经济竞争对手的崛起，美国试图通过"华盛顿共识"等政策举措来维护自己的帝国地位，其他民族国家对这一共识的认可、接受，使美国得以将其经济问题转嫁到海外，从而推迟了清算日。对伍德来说，全球化并非必然的，而仅仅是一套最新的帝国主义政策，"就像在一个很大程度上是非资本主义的世界中，老帝国主义代表了资本利益的一种政策选择一样"（Sivanandan and Wood 1997:19–33）。

## 八、全球化及其对"全球化时代"马克思主义者的意义

将全球化视为美国霸权图谋（也称为美国化）的一部分是四位作家分析结论的一个共同特征。他们的另一个共同点是，他们认识到全球化要么是资本主义扩张动力的另一种说法，要么是在不断实现世界经济一体化的过程中，一种市场的扩大和深化。四位作家不约而同地强调了政治经济学的首要

地位。有意思的是，他们中没有一个人赞同哈特和奈格里的超全球主义观点。尽管伍德在上述研究中没有提到全球化的意识形态维度，但她在之前写的一篇文章中，曾这样描述全球化："人们通常将其理解成今天左翼肩负的最沉重的意识形态包袱"（Sivanandan and Wood 1997:19-33）。她的意思是说，对左派而言，失败主义是由全球化在某种程度上不可阻挡或不可抗拒的观点产生的，而此观点在 20 世纪 90 年代末出现的反财团全球化的浪潮之前就占据了大部分左翼的头脑。因此，可以说，所有这些作家都承认全球化中存在着一种意识形态成分。

　　自《帝国》在 2000 年出版后，当代马克思主义学者在全球化—资本主义—帝国主义关系问题上，各抒己见，各有路数。麦奎因认为，全球化既是几个世纪以来资本主义发展的一个开端，也是资本主义发展进程中的一个新阶段。为了解释这种模棱两可的说法，麦奎因使用了阶段论的分析工具。虽然他对全球化第一阶段的分期与列宁及后来者有很大的不同[①]，但他并没有澄清全球化、资本主义和帝国主义之间关系的本质。麦奎因的分析之所以缺乏明晰性，是因为他认为全球化的当前表征性质仍未定型，可能还会有一些新的变化，而他在不能判断其变化程度的情况下自然无法对三方关系有一个明确的认识。伍德在全球化问题上也提出了一些创造性观点。与麦奎因的不同之处在于，伍德坚持认为，全球化是全球霸权为纾解经济困境和加强地缘政治优势而采取的一套政策。全球化、资本主义和帝国主义之间的关系是明确的：资本主义是经济基础，帝国主义是资本主义国家使用的一套政策，全球化是帝国主义政策的一个新的子集。佩特拉斯和维尔特迈尔则对全球化抱有更大的敌视：一方面，他们认为全球化首要表现出来的就是其意识形态性质；另一方面，在某种程度上全球化又有其实质性意义——他们把它看作对

219

---

[①]　如可参阅威廉·罗宾逊（William Robinson）讨论全球化、国际化问题的文章，认为全球化是资本主义历史上第四次划时代的转变——始于 20 世纪 70 年代，此时期也被罗宾逊视为资本主义体系的完全重组时期（Robinson 2002）。本章并没有对他的文章给予批判性的评论，因其没有考察"全球化—资本主义—帝国主义"之间的关系。

以往资本主义生产过程之外的领域的拓展和深化。① 简而言之，全球化是资本主义发展过程中必然会出现的现象。对他们来说，对全球化、资本主义和帝国主义之间关系更恰当的理解是将其视为资本主义和帝国主义之间的关系，并认识到帝国主义是第一世界形成的对第三世界的政治和经济的（有时是军事的）支配关系。

简言之，新近的马克思主义对三方关系(全球化、资本主义和帝国主义)的分析围绕以下三个极点展开：第一种观点受哈特、奈格里加上罗宾逊等提出的将全球化视为一种变革力量看法的影响，认为三者之间的关系存在不确定性。随着时代的发展，需要对全球化的性质和程度进行更多的研究，才能对它们之间的联系给出明确的见解。第二种观点认为全球化有一些实质性的内容，但绝没有达到典型超全球化主义者所认为的那般重要。因此，全球化在这种关系中仅被赋予了次要地位。如果说伍德将全球化看作帝国主义的一个政策子集，那么，第三种代表性看法则直接将全球化视为一种意识形态辞藻，从而否定了三者之间存在着平行关系——除意识形态性质外，全球化几乎没有任何实质内容，因此必须把研究重点放在资本主义和帝国主义之间的共生关系上。

综合以上情况，可以说，从以上诸种讨论中可以一窥当前马克思主义理论著作的深度、写作水平——他们能直面全球化挑战，同时也明显受到哈特、奈格里自由想象式写作的鼓舞。解决全球化问题仅仅构成了有着广泛热度的帝国主义理论研究的一部分内容。在接下来的两位作家的论著中，将进一步发现这种研究帝国和新帝国主义问题的热情与卓识。

---

① 对于佩特拉斯和维尔特迈尔将全球化视为帝国主义面具观点的批评可参阅 Alex Callinicos, "Globalization, Imperialism and the Capitalist World System", In *Globalization Theory Approaches and Controversies*, D. Held and A. McGrew（eds）, Cambridge:Polity Press, 2007。卡利尼科斯认为他们对全球化的看法存在这样一个问题：在将全球化定位为帝国主义的关系内容时，已经包含"全球化是强大的行为人有意识地去追求的一个战略"的含义——过分强调行动者的作用容易引致阴谋论。

## 九、伍德与哈维所论述的"帝国"与新帝国主义的回归

伍德和哈维出版的两部书都意图阐明帝国和帝国主义问题。尤其是伍德所作的《资本的帝国》（2003）一书，其初衷正是为了回应哈特和奈格里在《帝国》中所提出的帝国主义理论及其对帝国模式的理解。正如前述，伍德在《资本的帝国》中试图阐明帝国形式之间的结构差异。她认为帝国有三种形式，并分别建立在财产、商业和资本之上。与其他两种帝国相比，资本帝国的显著特点是经济力量与她所说的超经济力量——包括行使国家权力和维持秩序、实现控制所需的军事力量——相分离。经济力量与超经济力量的分离是资本帝国的标志。每一种帝国模式都有其特定的历史特征，而哈特和奈格里所提出的"帝国"却代表着一种超越传统的、无中心化的帝国模式，这只会使人们对当前资本主义帝国主义的认识变得模糊起来。

而在哈维这里，他关注的是新帝国主义，并在他的书中对美国霸权时代的帝国主义作出了一个较为成熟的界定，同时强调了有必要阐明推动新帝国主义产生的各种力量。此外，他还对资本主义的积累过程提出了新的见解，并认为全球化时代的帝国主义存在两种新变体。鉴于其著述有着较高的创造性，马克思主义杂志《历史唯物主义》专门将一期的主要内容设定为对《新帝国主义》（2005）一书的批判性回应专刊（2006）。总而言之，这两位作家在理论研究方面，或者说在澄清帝国和帝国主义问题的过程中都作出了值得称道的工作。接下来就看一下伍德所阐述的帝国的不同形式。

## 十、帝国主义与帝国

伍德将《资本的帝国》定位为这样一部著作："对当前形势的一个政治回应，也是对资本主义帝国主义所作的一种总体分析和历史探索，比如资本主义帝国主义出现的促成因素、与其他帝国形式的不同之处等。"（Wood 2003: x）伍德认为，资本主义帝国主义的关键特征是，这种资本主义具有一种独

221

211

特的能力，借此它能将经济力量与超经济力量分离开来，"资本的经济力量能够远远地超越任何现存的，或可以想象的政治与军事力量的限制"（Wood 2003:5）。但是，资本主义的经济与超经济的分离，以及由此引申而来的资本主义和帝国主义的分离并不是一种完全分离——资本主义的经济力量依赖于国家掌握的军事和政治力量的支持，否则就无法存在（Wood 2003:5）。

在资本帝国中，经济力量与政治强制、军事力量的分离是可能的，这是因为：

> 与封建领主不同，资本家一般不需要通过直接控制强力的军队或政治力量来剥削他们的工人，因为工人是没有财产的，为了工作和生活，他们必须出卖他们的劳动力来换取工资（Wood 2003:10）。

市场本身就是一种力量，从而迫使每个人，即"资本家和工人"与"要求竞争、积累和利润最大化的非人格化体系"保持一致（Wood 2003:11）。

在确立了资本帝国的关键特征之后，伍德将注意力转向了早期帝国形式中权力的表现。从财产帝国开始，继而到商业帝国，伍德逐一介绍和分析了这些帝国形式具有的政治、经济的本质特征，这种分析对人们了解每一种帝国形式的历史、政治和经济特性很有帮助。

## 十一、财产帝国

财产帝国模式的第一个例子是罗马帝国。通过在整个帝国领域内复制自己在本国内的社会财产关系，罗马最终建立起了一个自治地主贵族为统治基础的帝国，这个帝国控制着如此庞大的疆域，但其中央机构其实并不庞大："罗马人在罗马殖民者和殖民地管理者的帮助下，通过建立广泛的地方土地贵族联盟，从而能以一个相对较小的中央国家来管理他们的帝国"（Wood 2003:28）。为维持秩序和控制被征服民众就必须在殖民前哨设置驻军。

几个世纪后，财产帝国的一种变体出现了，即西班牙帝国。在斐迪南和伊莎贝拉统治时期——这一时期以哥伦布发现美洲而闻名——君主们试图维持自己的权力，并尽量减少或控制殖民地封建贵族制度的发展，而其实现则是在西班牙向新世界划时代的扩张期间完成的，"通过将帝国的任务外包给追求个人财富的私人征服者"来完成的（Wood 2003:38）。在这里，拥有军事力量是绝对的先决条件。

财产帝国的特点是帝国国家——无论是共和制还是君主制——都依赖私有财产所有者阶级。他们可能是地主，也可能是像在西班牙帝国中那样，是追求金银财富的野心家。这种形式的帝国的经济力量本身不足以维系罗马帝国和西班牙帝国的广大的殖民地，因此，超经济力量就成为不可或缺的支柱——经济力量和超经济力量成为一个整体不可或缺的两个组成部分。

## 十二、商业帝国

西班牙帝国衰落后，在 19 世纪末 20 世纪初帝国主义（资本帝国）出现之前的时期，帝国是建立在贸易基础上的。阿拉伯穆斯林帝国致力于控制贸易，而不是控制领土。与财产帝国一样，商业帝国如果不借助超经济力量或控制手段就无法正常运转（Wood 2003:45）：

> 阿拉伯穆斯林帝国和中世纪晚期或现代早期的欧洲商业帝国，如威尼斯人或荷兰人的帝国，在许多方面存在差异，但他们有一个基本的共同点：不论这些国家之间有多大的不同，它们都在广阔的地域上维持着自己的统治，其手段不单纯是扩大一个强国的控制范围，而是通过完善其作为分散群体、地区各个独立市场之间的经济枢纽地位来实现的（Wood 2003:47）。

223

阿拉伯穆斯林帝国的凝聚力是建立在一个遍布各个地区的复杂贸易网络

基础上的，具体运转依恃的不仅有国家性质的"法律和行政结构"，更重要的还有"与穆罕默德及其追随者密切相关的一种独特的宗教结构"。伊斯兰教及其传播既是阿拉伯贸易网络形成的原因，也是其结果（Wood 2003:49）。

另外两个商业帝国的例子是威尼斯帝国（这一帝国有佛罗伦萨和威尼斯等意大利城邦）和荷兰共和国。对于意大利城邦来说，他们的财富首先是由商业——通过提供别无分店的金融服务而积聚起来（Wood 2003:55）。荷兰帝国在这一点上也是相似的，商业是其成功运营的关键，"从波罗的海到北美，从东印度群岛到南非"，荷兰人在全世界建立了广泛的商业联系（Wood 2003:61）。然而，荷兰帝国的商业统治并不是通过资本主义手段实现的：荷兰人在贸易往来中的主导地位在很大程度上是由于其拥有超经济力量的优势，比如他们在超经济力量领域拥有先进的航海和军事技术。

荷兰帝国和其他欧洲列强建立的帝国的一个共同特点是殖民定居。在英国建立的另一种形式的帝国——资本帝国的支持下，定居者的殖民地被给予了其真实的含义。19世纪的大英帝国及其殖民进程是对资本主义大行其道的预演，也预示了帝国的一个全新的现代版本。

## 十三、资本帝国

由于在欧洲主导的商业霸权竞争中起步较晚，英国在海外扩张时已处于明显的不利地位。由此，为了建立自己的殖民地，它转向了自己的周边地区，"尤其是爱尔兰"，并在那里开始了殖民实验（Wood 2003:78）。英国对爱尔兰的殖民前后断续进展，英国政府不定期地强力介入。这一征服进程中的一个重要节点发生在16世纪，当时都铎王朝不仅试图将"他们的政府和法律"强加给爱尔兰人，而且还试图重新改造爱尔兰社会，其方式是通过让英格兰、苏格兰殖民者在种植园定居来实现（Wood 2003:79）。军事征服也是早期英帝国主义开疆拓土的一个重要组成部分，1649—1952年间克伦威尔对爱尔兰的军事征服就是最好的例子（Wood 2003:83）。在早期殖民时期

224

和后来英国对美国、印度的殖民统治中，可以看到在借助超经济力量手段的基础上，商业帝国主义和领土帝国主义结合到了一起。

直到19世纪资本主义在英国出现，满足资本主义的发展要求才开始成为帝国主义的推动力。资本主义的兴起和由此产生的工业化给英国带来的优势是十分重要的，反过来讲，英国后来具有的这些优势又促使其对手实现了工业化，但这并不意味着军事和地缘政治方面的考虑立即就被经济竞争所取代。19世纪充满了"残酷的殖民扩张运动和瓜分殖民地的冲突"（Wood 2003:124）。在这个"古典帝国主义时期"，资本主义在欧洲保持着先进水平，并在世界各地以一种不均匀的方式扩散开来。这导致在殖民世界中占主导地位的不是经济力量，而是强制性的武力，也就是所谓的超经济力量（Wood 2003:125）。

列宁和卢森堡所分析的古典帝国主义时代在第一次世界大战的灾难之后就结束了①，但殖民统治在世界大战的过渡期依然持续着——这种统治在此时期依然十分重要。第二次世界大战的结束不仅标志着"真正的世界第一经济帝国"的崛起，而且也标志着帝国形式的转变：从帝国主义的古典时代转向一个新的历史时期（Wood 2003:128）。虽然二战后出现了一系列新现象：美国登上世界舞台、冷战爆发，但这些事件并不意味着经济力量开始占主导地位，它们所揭示的不过是这样一个阶段：军事力量的目标——特别是美国的军事力量——不再集中于"帝国扩张和帝国主义竞争这样相对明确的目标上，而是转到了为（美国）资本的利益而主张世界市场的'门户开放'政策上面"（Wood 2003:129）。美国似乎并不寻求领土扩张，而且也反对欧洲国家在战后 225 恢复殖民地的举动——二战后经过二三十年的时间基本实现了去殖民化的目标，这样的发展趋势导致了国家之间关系的变化：从"帝国进行统治而殖民地屈从"的国家关系转变为世界上各民族国家之间开始了更为复杂的互动关系（Wood 2003:129）。由此带来的影响之一是新帝国主义的崛起——美国成

---

①　伍德认为，尽管列宁和卢森堡存在分歧，但他们都认同这样的一个基本前提：帝国主义与资本主义在世界中的发展程度——不论这个世界是否已资本主义化或已占主导地位——密切相关，但随后的资本主义发展表明并非如此。

为西方资本主义"最强大的经济和军事力量",与之相对,苏联等国也联合起来反对西方资本主义阵营。在冷战随着苏东剧变告终后,美国转而成为全球霸主。伍德认为,正是在新帝国主义和美国主导的后冷战时期,经济力量而非超经济力量才真正说得上是资本帝国的决定性因素(Wood 2003:130)。

尽管如此,美国和其他国家在国际体系中的作用仍然很重要。大繁荣的终结、美国和其他经济体的资本盈利能力的下降甚至停滞意味着必须实施新的政策,以维持美国的霸权,或者说是维持资本帝国。在伍德看来,全球化本质上是一套类似"华盛顿共识"的政策,并且只有国家才能实施、执行这些政策——超经济力量在资本帝国中仍在发挥作用。

这本书的积极方面表现在(将直接从哈维的书中看到):它构成了夯实理论基础研究中的宝贵组成部分。"夯实理论基础"是对夯实哲学基础的补充——罗伊·巴斯卡(Roy Bhaskar)用这个术语来描述他为建立一种"社会主义性质的更充分的科学和社会哲学"所做的工作(Bhaskar 1989:2)。他在《重获现实》(1989)中所提出的愿景其动机一部分来自约翰·洛克最先提出的主张,即清除堆在知识道路上的错误理论(Bhaskar 1989: vii)。关于伍德的书,笔者想说的是,她通过基础理论研究工作为帝国和帝国主义的研究扫清了道路。她对上述三种帝国形式的分析,使人们更清楚地理解了它们之间的异同,同时她也揭示了为什么资本主义的帝国主义——"资本帝国"——是一种历史上特有的帝国主义形式,而其对经济力量与超经济力量分离现象的分析也成为对帝国主义理论的一个十分有益的补充。

通过关注帝国的历史形式,伍德避免了诸如如何定位资本主义发展阶段等棘手问题。话虽如此,她还是指出了第二次世界大战后,尤其是在冷战后的全球化时代,资本主义帝国主义所发生的质变。与哈特和奈格里不同的是,伍德并不赞成帝国主义会因重大转型而被取代。对她而言,全球化并没有使国家变得越来越无关紧要;相反,国家和国家体系在当今全球化或新帝国主义时代的作用仍然很重要,这一点与哈特和奈格里著述中所主张的无疆界"主权"立场形成了鲜明对比。伍德关于帝国模式的论述是对她所发现的因"帝国"概念——"帝国"没有中心、没有领土且被认为是永恒的——所引发的困惑的一种纠偏，因为从哈特和奈格里的理论中只能得出一个结论：它使人们"无力抵抗"资本主义的帝国主义（Wood 2003:6）。

不过，伍德并不认为经典马克思主义理论可以成为对当代世界进行激进批判的基础，她指出，列宁和卢森堡的经典马克思主义的帝国主义理论不足以解释美国的霸权、殖民主义的消失和资本主义的普遍化。尽管伍德没有就此提出自己的理论，但仍应承认她的贡献——作为"寻找一种系统化理论"的组成部分，伍德和哈维一起，为"帝国主义理论争鸣的复兴作出了重大贡献"（Sutcliffe 2006:62）。

## 十四、哈维的帝国主义：逻辑、修复与剥夺

大卫·哈维，1935 年出生于英国吉林厄姆，并在大西洋两岸成就了自身的学术生涯。他专门研究地理学，并将支撑其分析性写作的哲学描述为历史唯物主义的一个应用：历史地理唯物主义（Harvey 2005:1）。哈维对帝国主义论述的两个重要组成部分是：权力的领土逻辑和权力的资本主义逻辑——这两个概念的提出受到乔瓦尼·阿里吉的启发。在哈维看来，资本主义的帝国主义依赖于这些明显不同但又相互交织的逻辑产生——这些逻辑似乎有时可以在相互矛盾的目的下运作。哈维进一步拓展了对新帝国主义的研究，他巧妙地提出了由"过度积累"到"引发危机"再到"资本输出"的见解，最终得出了他所谓的"空间—时间修复"（spatio-temporal fix）的结论。①

227

---

① 哈维将空间看作资本主义的宝贵资产、生产资料和消费对象，统治阶级拥有对空间的双重权力，既通过空间的土地制度，又通过建筑和城市规划知识，保持国家权力的运行。资本主义发展的基本动力和工具，就是空间的动产化、疯狂的空间投资以及无休止地寻找新的领域、土地和地区，即空间修复。"空间修复（spatial fix）"确切地说是"时间—空间修复"。这里的"修复"具有双重含义，既表示资本以某种物理形式被固定在国土和地理之上，又喻指一种通过时间延迟的地理扩张、重组和重构以解决资本主义危机的方法。参见吴忠、王为理等：《城市文化论》，海天出版社 2014 年版，第 202 页。——译者注

他还对马克思提出的资本主义积累过程的起点——"原始积累"的概念进行了着重阐释。依据汉娜·阿伦特的看法，为避免积累过程终结，必须重复进行具有原始积累特征的劫掠行为，受此启发，哈维断言原始积累已经演变为剥夺性的积累，而此过程在20世纪70年代资本主义大繁荣终结后就已上演，并就此迎来了新帝国主义。"权力的领土逻辑"和"权力的资本主义逻辑"，连同"空间—时间修复"和"剥夺性积累"（accumulction by dispossession），共同组成了哈维《新帝国主义》（2005）的三个代表性关键要素。利用这些分析工具，哈维声称在全球化时代出现了两种新的帝国主义形式——该书在倒数第二小节中予以了总结。

## 十五、帝国主义的两种权力逻辑

根据阿伦特的观点，财产的永久积累必然伴随着权力的永久积累，因此，资本积累不断扩展的过程必然要求霸权的扩张和强化。（Arendt cited in Harvey 2005:34）参与资本主义积累的人与参与权力积累的人考虑的优先事项有所不同：

持有货币资本的资本家希望将资本投放到可以获得利润的地方，并且通常会寻求积累更多的资本；政客和政治家通常追求的是维持或扩大自己国家相对于其他国家的权力优势。资本家追求的是个人利益（通常受法律约束），除了他们最密切的社会圈子之外，不需要对其他任何人负责；政治家追求的则是集体利益，受到国家政治和军事形势的限制，在某种意义上要对全体公民负责，更常见的是对某一个精英集团、一个阶级、一个家族或其他社会群体负责。资本家在连续的时空中活动，而政治家则在地域性的空间中活动，并至少受到民主和选举周期的时间性限制。另一方面，资本主义企业来来去去、位置不定、有合并有倒闭，但国家是长期存在的实体，不能迁移，除非在特殊的地理征服的情况下，一般都会限制于固定的领土边界内（Harvey 2005:27）。

在关于帝国和帝国主义的文献中，权力的领土逻辑和资本主义逻辑之间的区别常常被忽视了。哈维认为，研究者们一般认为权力的领土逻辑与资本主义逻辑之间存在根本的统一，而资本主义逻辑始终是主导因素。换言之，无论在国内层面还是在地缘政治层面，一个国家的决策总是受到资本的支配。但事实并非如此："在实践中，这两种逻辑相互频繁竞争，有时甚至达到完全对立的地步"（Harvey 2005:29）。哈维以美军入侵越南和入侵伊拉克为例，认为它们不能被视为完全出于资本积累的目的（Harvey 2005:30）。因此，领土逻辑和资本主义权力逻辑之间存在着辩证关系，而要辨明实际情况中所涉及的复杂性，就必须看到"这一辩证关系的双方是同时在发挥作用，由此就不会陷于或者单纯政治、或者经济主导的模式"（Harvey 2005:30）[①]。

　　根据哈维的解释，帝国主义是"在全球资本积累体系中，……国家间关系和权力流动共生关系的直接结果"（Harvey 2005:33）。从资本积累的角度来看，帝国主义是对某些优势的维持和利用，如不平衡的地理发展、自然和其他资源，以及哈维所称的"通过国家权力积聚起来的"不对称优势（Harvey 2005:33）。与伍德一样，哈维认为，资本主义的帝国主义与以往形式的帝国主义的区别在于，在"资本主义逻辑—领土逻辑"关系中，通常资本主义逻辑占主导地位，尽管有时也会出现相反的情况。

229

## 十六、空间—时间修复

　　20多年来，哈维一直在与资本主义过度积累的长期趋势作斗争。列宁

---

[①]　卡利尼科斯支持哈维的辩证法，指斥国际关系中的现实主义只处理政治方面的问题。但马克思主义者常常犯相反的错误，他们在寻找经济原因时忽视了地缘政治（参见 Ashman and Callinicos, 2006a）。

和卢森堡认为帝国主义是解决过度积累危机的方案，哈维承认这种看法是合理的，并在此基础上试图进一步梳理出其中的线索。他指出，在过度积累的危机中，在商品、货币或生产能力形式的资本过剩往往与劳动力过剩并存。无论在过去还是现在，问题都是如何将这两种过剩组合起来并重新开始实现盈利（Harvey 2005:88）。走出这一僵局（这种僵局可能会持续相当长一段时间，资本会越来越贬值，人们会变得穷困潦倒）的常用方法是"地理扩张和空间重组"（Harvey 2005:88）。哈维认为，这里的关键问题在于资本剩余，资本会以其在空间和时间中的流动方式创造出自身的历史地理，从而暂时克服过度积累的危机。对资本主义逻辑的关注必须通过理解前者（资本积累的分子化过程）与帝国、国家政治（权力的领土逻辑）之间的辩证关系才能达致一种平衡性的理解——这种平衡又是通过探究国家是怎样提供了一种积累发生的框架来实现的。

美国自 20 世纪 70 年代中期陷入困境以来，出现了一种被哈维称为"华尔街—美国财政部"复合体的制度结构——这个概念借鉴了彼得·高恩（Peter Gowan）的"美元—华尔街政治"（1999）概念，但有一些修改和保留。在这样一个金融领域，国家金融集团拥有"巨大的金融权力"，有能力控制国际货币基金组织，进而控制全球资本主义。

"华尔街—美国财政部"复合体不仅代表了国家（在这个例子中是美国）和金融资本的联合，而且它在保卫纽约、伦敦和东京等关键节点的突出地位方面也起到了至关重要的作用（Harvey 2005:134）。此外，"华尔街—美国财政部"复合体中金融资本和国家权力的勾结直接导致了"秃鹫资本主义"——在这种资本主义中，剥夺性积累几乎成为常态。

针对过度积累危机的"空间—时间修复"理论是理解帝国主义产生一大根由——即过度积累（也称为生产过剩）——的一个有力的补充。过度积累的问题并不存在一个永久的解决办法，有的只有临时抱佛脚的修补，且通常只是一种关于空间和时间的迁移组合。哈维通过揭示他所称的"资本积累的分子化过程"的动力学，对加强先前积累问题的研究作出了令人印象深刻的贡献。接下来讨论的，是《新帝国主义》的第三个关键要素——剥夺性积累。

## 十七、再论原始积累：剥夺性积累

资本主义积累过程中的剥夺（expropriation）手段是多种多样的，马克思指出，"土地的商品化和私有化以及对农民的强行驱逐、各种形式的产权转换、对公地权利的压制"等都是剥夺的主要方法（Harvey 2005:145）。在工业革命前使用的剥夺手段至今仍然是资本主义武器库的一部分。

随着新自由主义的出现，新的剥夺技术也出现了，如以下两个例子：国有工业被私有化、农业企业侵占家庭农场。这既是新旧技术的结合，也有对旧方法的一些改进——一种被改进过的剥夺形式是金融体系。列宁、卢森堡和希法亭认为金融体系是 20 世纪初早期最常使用的"掠夺、欺诈和盗窃的重要手段"之一，而在 20 世纪的最后几十年和 21 世纪，金融体系更是增强了其投机性和掠夺性（Harvey 2005:147）。当代金融资本主义的特征包括：通过并购进行资产剥离、借通货膨胀摧毁资产、公司欺诈（如安然公司）以及操纵信贷和股票等金融操纵行为。哈维认为，在这些方法中，最突出的是"作为剥夺性积累之利刃的对对冲基金和其他主要的金融资本机构所实施的投机性劫掠，这些行为构成了全球范围内掠夺性积累的真正前沿"（Harvey 2005:147）。为了区别于原始积累这个旧术语，哈维使用了一个新的术语来概括在积累过程中可以观察到的新旧剥夺方式相结合的特征，即"剥夺性积累"。

通过剥夺实现的积累是解决资本过度积累的另一种出路——通过释放一系列资产（包括劳动力）来实现剩余资本的再增殖，由此打开了另一个出口。在英国农民被强行驱逐出土地的圈地时期，被释放出来的土地进入了积累的主渠道，而失地农民又作为无产者被吸收到生产过程中。同样，苏联的解体及中国的开放，意味着大量以前被锁定的资产开始进入资本主义积累过程（Harvey 2005:149）。

231

以霸权国家、国际金融机构（如国际货币基金组织和世界银行）的力量为后盾进行私有化、资产贬值、知识产权、以延长或拒绝信贷为形式的金融操纵，还有资本外逃、结构调整方案等现象，都说明了资本主义的掠夺性自诞生以来从没有改变。劫掠行径一直都有，但劫掠的方式发生了显著变化。随着长期繁荣结束，以及为寻求新政策以遏制和扭转盈利能力的下降和低增长率，新自由主义在美国和英国出现了。新自由主义的胜利和随之而来的对私有化的崇拜及其他政策，标志着从扩大再生产到剥夺性积累的转变，后者也成为资本主义积累的首选方法。借助"剥夺性积累"概念，哈维进一步完善了"领土—资本主义逻辑辩证法"中关于资本主义逻辑的内容。[1]

## 十八、全球化时代不同形式的帝国主义

结合权力的领土逻辑和资本主义逻辑，还应该把资本主义国家的内部和
232 外部关系作为解释当代帝国主义的基础。有了这样的解释框架，就有可能发现帝国主义的两种新形式。在 20 世纪 70 年代初到 2000 年小布什当选美国总统这段时期，出现了一种新自由主义帝国主义，它始于美国、英国，后来扩散到世界其他国家。私有化的新自由主义政策、由国际货币基金组织主导的结构调整方案等构成了新自由主义帝国主义政策库的主要内容。支撑新自由主义帝国主义形式的结构之一是"华尔街—美国财政部—国际货币基金组织联合体"，它与欧洲和日本当局协同联动。此外，该帝国主义形式也涉及一种"跨国资产阶级"（Harvey 2005:185-187），包括金融家、跨国公司首席执行官和食利者。这些国家（美国、欧洲和日本）内部和外部关系的主要受益者将过度积累的成本转移到了贫弱的国家和人民身上。

---

[1]　罗伯特·布伦纳（Robert Brenner）对哈维阐述的在剥夺性积累过程中所采用的"抢包"方法提出了质疑。布伦纳指出，哈维所说的许多剥夺性积累过程实则可以被归类为普通的资本主义剥削，不过，他也承认，"剥夺性积累"的提法是适应当代原始积累的一项"令人印象深刻的研究"（Brenner 2006）。

随着小布什登上美国总统宝座，新自由主义形式的帝国主义又被新保守主义帝国主义所取代——美国改变了其政治趋向并反映到其内外政策上。新保守主义的"首要目标"是在国内和世界舞台上建立和尊重某种秩序（Harvey 2005:190）。对内，美国通过了《爱国者法案》和《国土安全法》，对某些公民自由的限制开始生效；对外，美国实施的对阿富汗和伊拉克的入侵、打响"反恐战争"以及小布什将伊朗、伊拉克和朝鲜称为"流氓国家"的宣传，凸显了美国已从通过同意实现霸权的新自由主义转向通过胁迫实现霸权的新保守主义（Harvey 2005:201），也即，更公开地使用武力是新保守主义帝国主义的一个典型特征。

新自由主义的帝国主义和新保守主义的帝国主义的共同假设是，自由市场将为所有人带来自由和繁荣，资本主义积累过程最终是有利于大多数人的。在新保守主义上位后，资本主义逻辑与领土逻辑发生了分裂：对阿富汗和伊拉克的入侵和长期驻军（支撑权力的领土逻辑的花费）导致了军事开支的扩张，从而给美国的积累进程带来了问题。随着不断飙升的预算赤字和明显转向永久性的战争经济，美国经济变得更容易受到可能的资本外逃的影响：　233

> 这在很大程度上取决于对美国政府的信心，人们越是认识到，目前美国政府是由军工复合体、新保守主义以及更令人担忧的原教旨主义基督教徒组成的联盟所主导，资本的逻辑就会把华盛顿的政权更迭视为自身生存的必要条件。这将导致新保守主义版本的帝国主义走向崩溃（Harvey 2005:206–207）。

哈维的《新帝国主义》（2005）对马克思主义的帝国主义思想作出了重要贡献。与伍德的书相似，哈维也将自己定位于发展理论，专注于对新帝国主义理论方面的改进、扩展和阐释。新帝国主义从 20 世纪 70 年代的过度积累危机开始，在积累过程中引发的质变，促使人们开始寻找新经济范式和新政策。全球化—新帝国主义时代的一个显著变化就是美国成了超级霸权国家。要解释这一点和过去30年的变化，必须对马克思主义帝国主义的理论进行"升级更新"，而不是全盘抛弃。哈维的目标是力图系统地为这种"更新"过程扫清道路并为之作出贡献，而其对帝国主义理论的发展作出的贡献之一是他重申了处于帝国主义核心的两种权力逻辑之间的辩证关系——这种共生关系的动力学常常被马克思主义者和主流作家所忽视，或只是倾向于"资本主义逻辑——领土逻辑"（经济学或政治学）中的一个方面，从而导致了某种片面的分析。哈维的论述则及时地提醒了人们政治和经济层面是相互联系的。他另外值得肯定的贡献还有对积累过程的地理和时间性质的洞察：资本在时空流动中日益增加的掠夺性导致了一种新的原始积累——剥夺性积累。在对权力关系两种逻辑的精微分析中，哈维深化了国家内、外部关系的辩证法，并进一步以其为分析工具，提出了两种新的帝国主义形式。

234

有人批评哈维缺乏"恰当的国家理论"、"没有给予帝国主义一个真正的定义"（Castree 2006:43-44），尽管前一个说法可能是正确的，后一个说法则是错误的，但这种评论总体上无关紧要。事实上，哈维承认国家理论的重要性，认为没有国家理论就无法理解帝国主义（Harvey 2005:183），但他无意发展出一个全面的帝国主义理论，也不打算就此提出一个全面的国家理论观点。哈维和伍德都在理论基础研究方面作了有价值的工作：他们不仅阐释了旧帝国主义形式，而且对新帝国主义变种也作出了阐明，从而提升了马克思主义帝国主义理论的研究水平，并成为该领域真正有价值的成果。接下来的两位作家，利奥·帕尼奇和萨姆·金丁自认为在马克思主义经典理论中发现了"国家理论"的缺失——这似乎让经典理论显得有些落伍了。

## 十九、国家理论：帝国主义理论的缺失

约克大学政治学教授帕尼奇和他的学术伙伴金丁声言，马克思主义的帝

国主义理论本身具有一个明显的疏忽：经典马克思主义思想及其关于帝国主义的著述欠缺一种适当的国家和国际体系理论，这是一个已被证实了的问题。对国家的工具主义解读无力对当前美国呈现出的非传统帝国格局予以很好的说明。他们的批判不仅指出了该问题，而且主张只有在将国家理论纳入后才能形成一个成熟的当代帝国主义理论。他们的理论阐发本身也表明他们对当代马克思主义著作有着较高的分析水平。

帕尼奇和金丁拒斥那种欠缺"任何严肃的政治经济学或历史决定论的分析模式，因其不能解释今天的美帝国的出现、再生产以及与之相关的结构性压迫和剥削维度"（Panitch and Gindin 2004:2）。在 20 世纪大部分时间里，帝国主义一直是左翼关注的焦点主题，但在 20 世纪 70 年代的辩论中却愈发失去光彩——辩论聚焦的问题是：反对帝国主义的真正力量到底是第三世界的工人阶级，还是西方的工人阶级？

根据阿里吉的说法，这场争论的结果成了一座"巴别塔"①，甚至连马克思主义者自己都没有把这个问题弄明白（Arrighi cited in Panitch and Gindin 2004:3）。因此，人们开始拒绝再把帝国主义作为一种分析工具，并且这一趋势延至整个 20 世纪 90 年代，从第一次海湾战争到克林顿的"人道主义"干预，并在小布什当选后达到顶峰——在与上述事件相关的批判性分析中，帝国主义一词几乎没有再被人提及过（Panitch and Gindin 2004:3）。在帕尼奇和金丁看来：

> 哈特和奈格里的巨著《帝国》在第二次伊拉克战争之前就已经出版，并赶上了这一新的转折性事件，但他们坚称"美国不会——实际上今天没有任何一个民族国家能够——成为帝国主义征途中的

---

① 巴别塔，又称巴比伦塔、通天塔。根据《圣经·创世纪》的记载，巴别塔是当时人类联合起来共同兴建，并希望能通往天堂的高塔。上帝得知以后，为了阻止人类的计划，要人类说不同的语言，相互之间不能沟通，人类的计划也因此告吹。人类从此各奔东西，散落于世界各地。这个故事试图为世界上出现不同的语言和种族提供解释。——译者注

中心"（这反映了所有民族国家的力量在全球化时代已经萎缩的流行看法），这个说法本身就与时代格格不入（Hardt and Negri cited in Panitch and Gindin 2004:3-4）。

帝国主义这个词又回来了，但左翼对它的理解显得还不够深刻，还不足以解释非传统样态的美帝国现象。资本主义发展的各个阶段的提法也不再被深入讨论，列宁所认为的帝国主义的一个关键要素——帝国主义间的竞争已逐渐被视为一种教条，比如，帕尼奇和金丁就认为，美国霸权无论过去还是现在都还没有遇到真正的挑战者，帝国主义之间的竞争到目前为止并没有上演。

## 二十、经典理论：经济多政治少

把一战前后的全球化（资本主义扩张或全球主义）、帝国主义之间的竞争看作一种衰退，这种观点曾被经典的帝国主义理论家视为典范，但帕尼奇和金丁认为这是一个根本性的错误，并且在几十年中扭曲了人们对帝国主义的正确理解（Panitch and Gindin 2004:5）。在两人看来，霍布森、列宁等经典马克思主义者把这一历史转折点的特性——帝国主义竞争、资本输出、资本主义的垄断或金融资本阶段——作为资本主义发展停滞的证据是错误的：

> 此外，从这一时期的经典理解中衍生出来的危机理论被错误地用来解释资本主义的扩张主义倾向。如果资本家不仅关注资本输出，也关注国外市场的贸易，那并不是因为资本集中已开启了一个以利润率下降、过度积累或消费不足为标志的新阶段；相反，类似于早先导致个体资本单位从原来的地方迁移到特定的村庄、城镇的进程一样，这是由于加剧的竞争压力、机遇以及伴随资本主义发展

而出现的一种战略和新增产能，推动并促进了 19 世纪末 20 世纪初的国际扩张主义（Panitch and Gindin 2004:6）。

帕尼奇和金丁得出的结论是，这个时代的资本主义并不是最高阶段；相反，它是一个被误诊的早期阶段——当时对资本主义社会关系的国际化基本上没有什么控制。

对经典理论中帝国主义问题的讨论在持续走向深入。经典作家们都有一种把帝国主义归结为经济力量产物的倾向——把经济作为优先解释路径的方法常常意味着会混淆资本主义和帝国主义这两个截然不同的概念（Panitch and Gindin 2004:6）。对于考茨基和列宁这样的理论家来说，19 世纪中期的英国凭借其自由贸易和迅速发展的工业化而成为"纯粹"资本主义的标杆，至少对列宁来说，19 世纪下半叶的帝国主义是某种转变的标志。帕尼奇和金丁则认为，这样的观点是不准确的，因为考茨基和列宁没有对"资本主义经济与政治相分离"的现象给予足够的关注（Panitch and Gindin 2004:7）。因此，要理解帝国主义的本质，不仅需要经济理论，而且需要一个坚实的资本主义国家理论——这样的一种理论不仅需要包含国家之间的竞争，现在还须容纳"一种帝国的比较优势"，即结构性地渗透到之前的竞争国之中并主要以认同的方式让它们接受其霸权（Panitch and Gindin 2004:7）。然而，经典马克思主义因其对国家的工具性和经济还原论的解读而无法提供理解这种"比较优势"的基础（Panitch and Gindin 2004:6）。

237

## 二十一、新自由主义时代和帝国主义之间竞争的结束

第二次世界大战后，资本主义进入重建的过渡阶段。随着 20 世纪 50 年代中后期欧洲和日本经济的复苏，美国经济霸主地位面临挑战。这种情况之所以没有发生，是因为欧洲和日本在物质和意识形态上被美国的资本、美国的国家建构观及其构建的全球秩序所渗透。这种物质和意识形态上的渗透意

味着国家不再仅仅是促进其民族资产阶级利益的实体,而且还有责任促进外国资本的利益。这是由于美国资本在二战后通过欧洲复苏计划(即更广为人知的"马歇尔计划")等机制渗透入整个西欧,就此国家开始变得国际化——"国家接受以一种有助于维护国际资本主义秩序的方式来担负其管理国内资本主义秩序的责任",这也成为非传统样态美帝国的基石(Panitch and Gindin 2004:17)。

在这种对潜在竞争对手进行物质和意识形态渗透并使其融入世界资本主义经济的基础上建立起来的霸权,并没有排除某种程度的经济动荡,然而,这种经济动荡还不可能导致帝国主义内部走向全面的对抗。经典马克思主义者对后一个术语"全面的对抗"的使用可能是很有见地的,"当欧洲国家之间的经济竞争叠加以与其相匹配的军事实力之时,列宁的断言——帝国主义战争是不可避免的,就会应验"(Panitch and Gindin 2004:24)。不过,第二次世界大战后,特别是冷战结束后,这种情况没有持续下去。随着美国军事优势地位的形成,以及对潜在竞争国家在物质和意识形态上的渗透,及至将主要资本主义大国在军事上融入美国主导的条约和联盟,单纯的经济竞争并不会导致军事冲突。

不过,新自由主义正在加剧上述所说的经济动荡——新自由主义已导致经济衰退、通缩压力和全球对美国市场的依赖,相应地,美国现在依赖资本流入来维持其不断扩大的贸易逆差。一句话,新自由主义增加了全球资本主义体系的复杂性。尽管危机依然是困扰资本主义的顽疾,但帕尼奇和金丁认为,资本主义国家有了更多的工具和经验来管理此类危机,特别是美国,"迄今为止,美利坚帝国在限制危机持续时间、深度和蔓延方面表现出了强大的能力"(Panitch and Gindin 2004:26)。

美帝国的不为人知的本质现在已经暴露得很充分了,它来自非正式帝国本质中的局限性。始于美、英的新自由主义改革,如私有化、金融自由化等被认为是解决长期繁荣结束后困扰资本主义低增长、低盈利问题的必要措施,但这些改革并没有在资本主义国家得到统一推行。由英语国家的理论家和政府管理者推动的新自由主义如要被广泛采用，需要这个非传统样态帝国的伙伴国的通力合作，而各国对这些改革的抵制在一定程度上导致了对新自由主义的接受程度深浅不一。例如，德国政府在引入灵活的劳动力市场方面受挫，而日本在银行体系的重组上缺乏进展。帕尼奇和金丁对此提出的看法是，这些挫败已导致了美国措辞的转变，美国以其长期回避任何帝国主义的野心而著称，但现在它不再对公然建立帝国进行遮掩了（Panitch and Gindin 2004:27）。由此带来的是帝国主义危机："一个如此公然做着帝国主义梦的美帝国主义现在已开始扯下它的遮羞布——这层布在历史上曾让它显得貌似可信和具有吸引力"（Panitch and Gindin 2004:31）。 239

## 二十二、帕尼奇和金丁对国家理论的贡献

帕尼奇和金丁合著的论文《全球资本主义和美帝国》（Panitch and Gindin 2004），通过聚焦帝国主义理论中的一个现实问题而颇具启发性。在许多与帝国问题有关的理论研究中，国家的作用和国际化国家体系通常被忽视或者被给予不恰当的分析（并非所有的分析都错过了这个主题，哈维就非常重视国家理论）。两位作者对非正式美帝国时代（或全球化时代）国家问题的重视，是对哈特和奈格里著作中提出的"无疆界主权"概念的直接回应。此外，他们对国家理论的坚守源于资本主义条件下一种独特的状况：国家拥有无与伦比的权力。同时，他们也对"帝国主义之间的竞争""资本主义诸阶段"等人们所珍视的概念提出了质疑，进而也批判了"帝国主义是资本主义的最高阶段"这一论断。帕尼奇和金丁认为，这些概念要么从一开始就是错误的，要么已经过时。对列宁、希法亭和考茨基文本中某些断言的教条主义信仰的坚守，将成为在冷战后继续探究帝国主义理论的阻碍。对许多左翼人士来说，这是一次越界的尝试，至少表明他们愿意直面公认的思想成果。无论怎样，帕尼奇和金丁提醒了那些从事马克思主义传统研究的分析人士，经典马克思主义关于帝国主义写作的某些组成部分可能需要进一步发展。不

仅如此，在他们努力重新塑造帝国主义理论以适应全球资本主义和地缘政治（例如，独特的非正式的美帝国）的重大变化时，他们重新开启了人们对帝国主义问题的关注，他们在此问题上的贡献为上述众多马克思主义帝国主义理论著作增加了新的光彩。

## 二十三、小　结

对七位"全球化时代"马克思主义者在三个关键问题领域——全球化、帝国和帝国主义理论、国家和国家体系——的研究分析表明，这一领域不仅出现了热烈的理论回归，而且也表现出更丰富、更有洞察力的理论发展潜质。这在很大程度上要归功于哈特和奈格里、麦奎因、佩特拉斯和维尔特迈尔、伍德、哈维、帕尼奇和金丁的贡献。人们已经看到了他们各自对全球化棘手问题的回应，以及在对资本主义和帝国主义理论进行分析过程中所带来的问题。这些代表作家围绕三个极点——全球化、资本主义、帝国主义所展开的讨论，打开了三者之间关系的广阔话语空间。对此，虽然有两种明确的观点（一种认为全球化是这种关系中的一个初级伙伴，另一种则认为全球化还没有资格进入资本主义—帝国主义"家族"之中），但麦奎因并没有对这种关系表明态度，这应归结为这样一种担忧：即全球化之下可能还存在一些更为根本的东西，因此需要更多的实证研究。本章接下来讨论的两位理论家从事的即基础理论研究，其工作中心偏于澄清和阐释。伍德回应了哈特和奈格里的"帝国"概念，并揭示了帝国不同历史形式的本质差异；哈维则突出阐释了资本主义逻辑和领土逻辑的辩证法、新帝国主义的动力学，并贡献了关于资本主义积累过程变化的新见解。他还提出了帝国主义的两种新形态，即使他的这些研究还谈不上是对帝国主义理论的充分发展，但其见解不失为一种有价值的创见。帕尼奇和金丁指出了对国家理论的遗忘和一些经典马克思主义著作关于帝国主义论断的过时，意图表明旧理论已无法容纳新变化。总的来说，当前已出现一大批充满活力、富有洞察力的研究马克思主义帝国主义理论的著作——其重点是当代地缘政治和全球资本主义经济，在未来还会有更多的作品问世。从这些作家的作品中可以看出，"全球化时代"的马克思主义者表现出了高超的理论水平，这证明了马克思主义的帝国主义理论已经进入了一个新的阶段。

## 二十四、当前一些著述的后续进展

前面主要概述了"全球化时代"马克思主义者的研究成果，他们的研究截止到 2006 年。在此以后的十年里，建立一个朝气蓬勃、富有活力的马克思主义帝国主义理论的主张再次得到了一批新著述的支撑，它们为帝国主义理论的发展作出了新的贡献。在笔者看来，有两本刚刚出版的从马克思主义视角论述帝国主义的专著既有趣又具启发性①，在此把它们一块儿放到"全球化时代"的马克思主义标题之下是比较合适的，因为全球化、帝国主义理论和国家体系在不同程度上都是它们所共同关心的问题。 241

## 二十五、腾·布林克的资本主义地缘政治（帝国主义）

腾·布林克的《全球政治经济学和现代国家体系》（ten Brink 2015）是对相关文献研究的一个非常重要的贡献。该书致力于"在以往研究基本假设基础上构建一个地缘政治研究的分析框架"（ten Brink 2015:1）。腾·布林克更喜欢用地缘政治而非帝国主义这个词，因为"后者往往意味着公然的暴力

---

① 在过去的几年里，又有许多关于帝国主义的书籍和文章出版。例如，《美洲的掠夺性帝国主义：资本主义的新前沿》（Petras and Veltmeyer 2015）和《欧洲帝国主义阵营》（Canterbury 2012）等书；期刊文章如布兰布尔（Tom Bramble）的《论作为亚太地区中等帝国主义的澳大利亚》（Bramble 2015）和克劳德·塞尔法蒂（Claude Serfati）的《论法国帝国主义》（Serfati 2015）等。这些著述证明了马克思主义作家对帝国主义理论的持续研究兴趣。笔者从中选取了两本非常有趣也非常具有启发性的书，同样可以表明当前人们对这个话题的高度关注。因篇幅所限对其他著述就不再一一展开分析。

或更确切地说意味着国家之间的战争"（ten Brink 2015:3）。下面在使用帝国主义这个术语时，可能会忽略腾·布林克所提到的"多种形式的冲突"——正是它支撑着上述"公然的暴力"——的含义。尽管根据腾·布林克的说法，帝国主义这个术语虽已变得滥俗，而且在冷战期间更多成为一种政治口号，但他还是愿意将其作为他所偏爱的"地缘政治"术语的同义词。这一点在他对"地缘政治"的定义中可以看得很清楚，"我们可以将资本主义地缘政治（或帝国主义）现象视为单个国家在国际经济依赖和政治分裂背景下捍卫、加强或扩大其权力的或开放或潜在的实践"（ten Brink 2015:2）。

因此，尽管腾·布林克不愿使用这个术语，但帝国主义（或地缘政治）依然成为这本书的核心概念。此外，地缘政治与"资本主义基本结构特征"的关系如何演变这一问题构成了腾·布林克分析的主要内容（ten Brink 2015:3）。他将地缘政治与四种特殊结构联系了起来，即：

（1）现代社会的内外阶级关系；（2）资本主义的竞争与危机关系；（3）货币关系；（4）……多个相互竞争国家的存在状况——或者说，日益增加的宏观区域一体化格局的形成（ten Brink 2015:3）。

242　　这里还必须关注"'经济'和'地缘政治'竞争形式的个别动态"，以便澄清"部分暴力型地缘政治不同形式之间的区别"——有"硬的"与"软的"两种（ten Brink 2015:3），下面将对此进行详细介绍。此外，他还强调必须将地缘政治（帝国主义）置于特定的历史背景下进行分析——这意味着他在分析中突出了最强大国家之间的冲突，这些冲突在当今时代往往并不是国家间的战争（ten Brink 2015:3）。

从以上可以清楚地看到，帝国主义（地缘政治）包括经济和政治两个方面，例如腾·布林克在其写作的一个章节中就对资本积累体系及其结构特征作了概述（ten Brink 2015:39–56）。然而，与他对国际政治内在复杂性的精致阐释相比，他对全球资本主义体系如何运作（资本积累过程的逻辑）的研究还不够完善，其对马克思主义帝国主义理论的贡献，在于他对现代国家体系的理论构建及其在当代帝国主义发展过程中所发挥主导作用的阐释。

《全球政治经济学和现代国家体系》一书分为三个部分，在第一部分中，腾·布林克对"以往的研究"进行了考察。对批判的自由主义、马克思主义和新韦伯主义思想家们在 20 世纪全球竞争问题上的论述，他给出了一个简洁但具有批判性特点的总结（ten Brink 2015:13-23）。从这些思想家们关于国家间竞争、冲突成因的不同观点出发，腾·布林克追溯了他们在资本主义、现代社会，特别是在国家问题上的理论建构差异。此外，如何看待"全球化进程对世界经济、社会各阶层的影响……"，也会导致人们对当代地缘政治产生不同的看法（ten Brink 2015:12）。

腾·布林克将 1875 年到 1945 年这段时期作为进行帝国主义批判性分析的第一个阶段——前面已对这一时期的霍布森、希法亭、列宁、布哈林、卢森堡和考茨基的著述作了充分阐释，在此无须赘述。1945 年之后的时期构成了腾·布林克帝国主义（地缘政治）理论的第二个阶段，他着重指出了这一时期已出现的南北对立关系、20 世纪 60 年代末美国霸权的形成及其面临的衰落问题（ten Brink 2015:17）。殖民时代的终结预示着基于社会经济制约而非正式政治统治的新殖民主义时代的到来，依附理论之所以出现正是对这种变化的回应。值得注意的是，腾·布林克也对依附理论所涉及的这个重要背景作出了如下精当的总结："在（各种版本的）依附理论中，直接的政治控制只起从属作用；相反，经济条件的'结构性'暴力被认为是构建'帝国主义'关系的决定性因素"（ten Brink 2015:17）。最后这句话尤其值得注意，因为将要讨论的下一本帝国主义的著作——约翰·史密斯的《21 世纪的帝国主义》（Smith 2016），表达了相同的观点。不过，这种帝国主义观在强调资本主义的权力逻辑时，却忽视或说淡化了地缘政治因素（或权力的领土逻辑），从而导致了一种较为狭隘的和不甚成熟的分析。

腾·布林克帝国主义阐释模式的第三个阶段始于 1989 年，其主要关切是"如何将地区和全球一体化趋势、'美国霸权'和新的国际竞争的矛盾状

243

况理论化?"（ten Brink 2015:19）哈特和奈格里在他们的《帝国》中提出了帝国主义已被一个无定形实体所取代的观点，而在腾·布林克看来，"一个包围世界的'帝国'，即形成了一个单一的、不可被挑战的权力"的说法是不能成立的（ten Brink 2015:3）。此外，与帕尼奇和金丁两人关于"美国正在帝国主义化"的观点相反，腾·布林克认为地缘政治竞争、国际经济不稳定以及美国社会内部冲突已让这种构想变得毫无意义（ten Brink 2015:3）。

在此第三个阶段，腾·布林克对"新帝国主义"问题的写作，受到了小布什于"9·11"袭击后宣布发起所谓的"反恐战争"事件的影响。在他看来，在该事件后，美国构成了所谓"超级帝国主义"新样态的观点已在一些理论家那里大行其道，尤以帕尼奇和金丁为代表。不过，腾·布林克引用了哈维、阿里吉和迈克尔·曼（Michael Mann，被腾·布林克归类为新韦伯主义者）的研究成果，认为这三个人虽然都承认在 20 世纪的最后几十年里帝国主义发生了质的变化，并将其称为"新帝国主义"，但他们都不同意帕尼奇和金丁的"超级帝国主义"的提法（ten Brink 2015:21—23）。

在《全球政治经济学和现代国家体系》的第一部分，腾·布林克就过去一个世纪和当前的许多重要理论家对帝国主义理论所作出的贡献进行了充分梳理，此外他还对国际关系学科的主要理论方法之一的新现实主义进行了考察，并指出了其局限性所在。由此引申开来，他认为还有如下的模糊、矛盾和问题困扰着整个马克思主义的帝国主义理论：

244

（1）对资本输出和（殖民）帝国主义野心关联性的强调应被视为对殖民地贸易地位的过高估计。事实上，还不能证明帝国扩张与资本输出增长之间存在直接关联；（2）对从"竞争性资本主义"时代到"垄断资本主义"时代历史变迁的解释……无法充分说明 1914 年前后社会形态的基本动能；（3）马克思主义的帝国主义理论往往过于片面地描述危机的经济维度……；（4）在持续（对资本分类的做法）的影响下人们提出了"金融资本"范畴，该范畴增加了理论的模糊性，（导致）不少理论家得出一个错误的结论，即认为"金融资本"已将自身转化为了地缘政治的内驱力（这是腾·布林克的看法）——该范畴并不适用于 1945 年之前的时期；（5）最后一个问题是马克思主义的国家理论……带有工具主义色彩（ten Brink 2015:32–33）。

　　基于对"前人研究"的批判，腾·布林克建立起了其自身在当代帝国主义——尽管他不愿意使用这个术语——问题上的立场和观点。在这本书的第二部分，腾·布林克构建了一个足以揭示当前地缘政治（帝国主义）的有力而精致的标准分析框架，在第三部分他就尝试用此理论框架对 20 世纪 80 年代末出现的被其称为"新世界的失序"现象作出分析，并基本上完成了这样一个雄心勃勃的计划。这两个部分虽然有许多值得密切注意和思考之处，但对我们所感兴趣的问题涵盖不多，因此，在这里只概述一下其中与当代马克思主义帝国主义理论有关的值得强调的一些观点。

　　腾·布林克认为全球资本主义的政治形式是一种国际化国家体系。这个观点就其本身而言并不新鲜，例如，伍德就曾经说过，全球资本主义的政治顶峰是主权民族国家，也许稍微新颖一点的是腾·布林克对这一说法的巧妙应用。他认为，要充分理解国际关系，就需要超越经济和政治上的见识，"要从社会间关系的方面去思考"（ten Brink 2015:64）。社会间关系（inter-societal relations）是指"超越国家和经济的社会的、政治的、社会文化与规范的维度"（ten Brink 2015:64）。通过扩大分析所涉影响因素，就不会重蹈以新现实主义等为代表的"国家中心"取径的覆辙（ten Brink 2015:65）。

　　尽管腾·布林克承认哈维、卡利尼科斯所引入的"资本主义及其权力的领土逻辑"，以及后者提出的"经济和地缘政治竞争的变化形式"是非常重要的（ten Brink 2015:104），但他仍然认为两人的分析存在一个明显缺陷——他们在权力的领土逻辑和地缘政治竞争方面的阐释力度明显弱于他们对资本主义权力逻辑的考察和论述。因此，腾·布林克补充了一些额外

245

因素以进一步增强资本主义地缘政治（帝国主义）和与之伴随的全球竞争理论的解释力。

第一个增加的因素是资本主义地缘政治的经济维度。一个国家的经济支柱对建立政治和军事竞争力至关重要，增强这个"支柱"的力量符合资本主义国家的利益。第二个因素是强调意识形态和规范权力在地缘政治中的作用——它们是资本主义国家领导集团赖以维持暴力威胁或实施暴力的惯用资源，常见措施如建立对强大外部威胁的恐惧并付诸民族主义等，这些措施不断对地缘政治产生深远影响。第三个因素是军事方面。拥有强大的军队不仅是强劲经济生产力的指标，也是一个能在地缘政治方面施加影响的重要工具。结成政治组织和联盟是第四个因素，比如北越凭借其强大的政治组织优势战胜了南越和美国。此外，20 世纪的主要冲突是同盟之间的斗争，政治组织和联盟在地缘政治中日益凸显其重要作用。第五个因素是领导力，特别是作出决策的能力（ten Brink 2015:106-107）。

还应该注意，资本主义地缘政治或说当代帝国主义不需要诉诸直接的权威："政治威胁和军事竞争的作用正是为了支持国际公共空间的'和平'管理，并将国际空间和社会间关系置于'无政府状态'"（ten Brink 2015:108）。此外，军事潜力是国际政治领域"隐含"的背景信息，（ten Brink 2015:108）这种背景信息将使这些国家能够根据情况运用"硬的"或"软的"地缘政治——"硬的"地缘政治是指军事设施的部署、现实的武装冲突或组织化的暴力；"软的"地缘政治是指强国对国际机构施加的影响力，例如，进行拉拢和说服而不是使用"硬"地缘政治的蛮力（ten Brink 2015:108-109）。

该文对当代帝国主义理论简要回顾、讨论的最后一个兴趣点是国际化国家体系中存在着的国家等级制，它以国家实力为基础进行排序。腾·布林克的排名情况如下：

在全球处于主导、霸权地位的国家位居第一梯队，在宏观区域层面上处于领先地位并具有全球影响的国家位居第二梯队，第三梯队是在宏观区域层面上处于领先地位但国际影响力较小的国家，第四梯队是强大但影响力有限的国家。腾·布林克给出了一种奉行帝国主义政策的"次帝国主义国家"（sub-imperialism）的概念，指的是在区域范围内，以与最发达的资本主义国家在宏观区域甚至全球范围内类似的方式争夺政治主导地位的国家（ten Brink 2015:109）。

在过去的 200 年里，在资本主义世界体系内发生了许多冲突，这些冲突"改变了国家之间的权力关系"，并时常导致它们变成"竞争国家"——腾·布林克借用皮耶尔（Kees Van der Pijl）的一个术语（ten Brink 2015:109）。他还指出，"地缘政治本身是资本主义向帝国主义转型过程中出现的一个产物"，并在这个进程中不断发生变化。地缘政治（帝国主义）理论应该就是一部关于地缘政治冲突的历史（ten Brink 2015:109）。

247

以上诸多见解丰富了马克思主义帝国主义理论，且所列举观点也只是对《全球政治经济学和现代国家体系》内容的管中一窥，该书还有很多值得引述之处，尤其是它在第三部分对中国之崛起以及由此引发的对中美关系的影响作了详细而深刻的考察。需要强调的是，虽然上面所介绍的腾·布林克的一些观点可能并不新颖，但他对马克思主义帝国主义理论的批判性讨论，有力地挑战了这个理论的各个方面，因此值得仔细阅读。另外，他对国家、国家体系和地缘政治的总体分析尤为重要，因为这些理论填补了帕尼奇和金丁所指出的马克思主义理论的空白。正如前面所述，该书关于资本主义积累过程的部分并不像他对资本主义地缘政治、帝国主义的阐释那样充分，但对这个过程的描述对于他的著述目的来说已经足够了。撇开这些瑕疵，腾·布林克的这本书理论丰富，富含洞见，加深了人们对资本主义帝国主义当代形态的理解。正如鲍勃·杰索普（Bob Jessop）在该书"前言"中所说："总的来说，这本书在对帝国主义现象的批判性历史重释及其当代发展上、对当代国家干涉的新形式的揭示方面都作出了重大贡献"（Jessop 2008: xvi-xvii）。

## 二十六、约翰·史密斯与 21 世纪的帝国主义

约翰·史密斯的《21 世纪的帝国主义》一书将对帝国主义的考察从主要关注地缘政治转向经济方面，并坚定地将帝国主义置于由全球资本主义所产生的国家间的不平等关系之中予以批判。和腾·布林克的著述一样，史密斯的理论追求也堪称野心勃勃——他试图复兴依附理论，尽管是一个修正版本。他坚称依附理论"仍然是当代帝国主义研究的一个关键参照点"（Smith 2016:206）。

史密斯以引人注目的"拉纳广场倒塌"事件作为其书的开篇。拉纳广场位于孟加拉国达卡，该楼内有一家纺织厂、一家银行和几家商店。这次倒塌发生在 2013 年 4 月，事故造成 1133 名服装工人死亡，2500 人受伤（Smith 2016:9）。这个令人震惊的灾难暴露出的是一个关于全球资本主义的基本事实："其良好的运转是建立在对低收入国家工人的高剥削率基础上的，在低收入国家生产的消费品和间接投资都会被转移到别处"（Smith 2016:10）。在像孟加拉国这样的地方——史密斯称之为位于"南半球"的众多国家之一，工人遭受的极端剥削率是"剩余价值的来源，维系着帝国主义国家的利润和不可持续的过度消费"，"北半球"则指帝国主义国家（Smith 2016:10）。

将世界划分为南北半球是史密斯分析当代帝国主义的一个重要二分法，不过，这种简单的国家划分也造成了一些问题：到底哪些国家构成了这两种类型的各自成员？像中国和印度这样的国家在这个分类系统中到底属于哪一类？曾经是一个殖民地的印度目前是一个发展中的资本主义国家，它的经济中既有跨国公司，但也有不少大型本土企业，其中一些企业的业务也遍及全球。它是"南半球"的一员吗？因其有众多工人正受到海外公司的超级剥削？又或者说，因为有像塔塔钢铁（Tata Steel）这样的印度公司正在剥削其他国家的工人——包括那些在北半球工作的工人，所以印度应该属于北半球的一员？当涉及与全球资本主义和国家体系相关的复杂问题时，这些简单地理术语就会暴露出表面清晰实则模糊的缺陷。此外，当看到史密斯给帝国主义的

248

定义时，会发现简单的二分法是他对这一概念理解的核心。此种定义也是有问题的。

回到史密斯的书中，他以一种类似马克思在《资本论》第一卷开篇的方式将注意力集中到了三种标志性的商品上（是的，在马克思那里是从作为资本主义社会财富的基本组成元素——商品开始的）：T恤、iPhone 和咖啡。史密斯依次对每种商品作了考察，并绘制出了这三种商品在生产过程中包含的剥削关系：

> 一件由孟加拉工厂生产的 T 恤在德国由一家名为 H&M 的瑞典零售公司以 4.95 欧元的价格出售，这家公司向孟加拉国制造商支付报酬是每件衬衫 1.35 欧元，占最终销售价格的 28%。在这 1.35 欧元中有 40 欧分用于支付从美国进口的 400 克棉花原料的成本，此外有 6 欧分用于支付运到汉堡的运输成本。因此，最终销售价格之中只有 0.95 欧分才是真正属于孟加拉国的，并由工厂主、工人、进口和服务供应商以及孟加拉国政府共同分享，从而帮助孟加拉国增加了 GDP。剩下的 3.54 欧元则是 T 恤消费国德国的 GDP（Norfield 2011, cited in Smith 2016:13）。

如果对德国持有的 3.54 欧元进一步细分，会发现：德国的运输商、批发商、零售商、广告商等拿走了 2.05 欧元，H&M 在每件衬衫上获利为 60 欧分；79 欧分增值税进入德国政府口袋，还有其他费用 16 美分。（Norfield 2011, cited in Smith 2016:13）撇开最后这四个数字加起来并不等于 3.54 欧元（实际等于 3.60 欧元）这一问题先不论，该书提出的要点是：向南半球制造业工人支付的低工资在经济上造福了北半球的大多数人。低工资不仅使高加价成为可能，还使北半球各国能够获得可观的税收收入。另外，根据史密斯的看法，当代帝国主义的运转是以"资本对劳动力的剥削和富国对穷国的剥削"为基础的（Smith 2016:199）。事实上，帝国主义正是由这些关系所定义的。

特别是自 20 世纪 80 年代以来，制造业和服务供应不断向南半球低工资国家转移，跨国公司从这种转移中获得极大利益，它们不仅把生产转移到中国、越南、泰国和其他南部国家，还不断翻新商业模式让更多的剩余价值（利润的基础）从南半球流向北半球。其中一个商业模式（或策略）是外包，这虽算不上一种创新的做法，但它在过去 30 年中一直是主流模式，"……满足了资本对源源不断的廉价、易于利用的劳动力资源的永恒追求"（Smith 2016:39–40）。

将生产转移至南半球的动力从 20 世纪 80 年代之后不断得到加强，其根源就在于新自由主义的全球化。史密斯认为新自由主义全球化的一个基本进程表现是生产的全球化，T 恤、iPhone 和咖啡等畅销全球的大宗商品正是典型代表（Smith 2016:35）。然而，很难确切界定史密斯所说的新自由主义全球化到底是什么意思，尽管他对新自由主义时代、新自由主义全球化和全球化生产的使用贯穿于《21 世纪的帝国主义》全书，但他并没有对新自由主义或全球化作出明确的界定。例如，我们可以作一个简单的互文性对比，他在某一页中说，新自由主义全球化已经延伸到"跨越国界的生产链条和价值创造的环节……"（Smith 2016:46），而在前一页中他提到"新自由主义全球化已经改变了所有商品的生产……"，然后在下一句又读到："生产过程的全球化以两种方式影响帝国主义国家的工人……"（Smith 2016:44–45），对史密斯来说，"新自由主义全球化"和"全球化生产"似乎是可交换的术语。这并不是一个学究气的质疑，因为史密斯如果在整本书中不对某些关键术语给出一个明晰的界定，这时常会让读者很难理解其含义。

新自由主义全球化（生产全球化）带来的影响是，处于外围地位的南半球国家及其产业工人现在被整合进全球经济一体化之中（Smith 2016:102）。北半球的国家，也即帝国主义国家（另一对可互换的术语）在很大程度上是通过对南部工人施加的超级剥削来维持其优势的。这种超级剥削带来了超额利润，而超额利润又通过外包等机制确保了南半球创造的超额利润能大部分回流至北半球。对南半球工人施加超级剥削正是史密斯对当代帝国主义的核

250

心理解。

当制造商品或提供服务的工人的工资被降低到仅够维持其生存所需的最低工资水平以下时，超级剥削就发生了。史密斯关于超级剥削的观点是基于马克思对工资和剩余价值生产的分析提出的——他对马克思提出的生产剩余价值的三种方式，尤其是对第三种方式给予了相当多的讨论。第一种方式绝对剩余价值的生产是通过增加工作日的长度来实现的。通过让工人劳动更长的时间从而创造出更多的价值（表现为商品）——超过工人自身的价值（表现为工资）。第二种方式相对剩余价值的生产则是通过引进技术、提高劳动生产率来实现。工人们可能工作时间并没有被延长，但由于技术的进步，大大提高了他们的劳动效率，同样可以生产出更多的价值，从而超出了预付给他们的工资的价值。第三种增加剩余价值的方式是通过压低劳动力的价值来实现的，这表现为工资购买力的下降（Smith 2016:236–237），而此方式是史密斯讨论南半球工人遭受超级剥削观点的关键之处。

史密斯从《资本论》第一卷中引用了马克思的三句话来支持他关于超级剥削的主张（Smith 2016:237–238）。马克思确实承认劳动力的价值有可能被压低到低于其本身的价值，但是马克思没有更进一步提出这是增加剩余价值的一种方式，而是把注意力集中在绝对剩余价值和相对剩余价值的生产上。史密斯却根据这些精选的马克思的章句，声称在低工资国家，加上失业率上升、严苛的劳动制度和政治压迫，劳动力的价值就会被压低到其自身价值以下，并从这样的浅层论证中由此得出如下的结论："较之北半球，南半球的劳动力价值被残酷地压低了，以至于对这些工人造成了永久性的低劳动力价值"（Smith 2016:237）。

安迪·希金巴顿（Andy Higginbottom）与史密斯有着相似的看法，他也认为南半球地区的工人受到了超级剥削，因为他们的工资始终甚至永久性地低于其劳动力价值。希金巴顿还提出应该将超级剥削纳入帝国主义理论之中："超级剥削是资本主义生产方式运转的一种特殊条件……也是帝国主义定义的一个隐含的本质"（Higginbottom 2012:284, cited in Smith 2016:239）。

251

史密斯同意希金巴顿关于超级剥削是帝国主义隐藏的本质的说法，认为"这是马克思价值理论中没有提到的一个新现实"，只有承认这个"新现实"，才能形成一个"帝国主义价值论"（Smith 2016:239–240）。

对超级剥削的提法及其共鸣引发了诸如发达资本主义国家和不发达国家之间工资差距以及影响每个国家工资水平的不同社会、文化和政治条件等问题的讨论。[①] 关于南半球劳动力将永久性地低于其价值的断言，实则有些言过其实。难道南半球的工人是完全沉默的、不会对压低他们工资的做法进行反抗吗？南半球的阶级斗争永远结束了吗？这些颇具挑战性的质疑已经引发了争论。即使人们承认这种断言是合理的，但一个不可回避的问题是，超级剥削成为帝国主义的一个基本界定要素的合法性何在？

第八章主要论述了帝国主义与价值规律的关系。史密斯指出，列宁对帝国主义的理解仍然是大有价值的，因为他发现了帝国主义的一个重要特征："将国家分化成压迫者和被压迫者是帝国主义的本质"（Lenin 1964 cited in Smith 2016:225）。与此相仿，史密斯把世界上的国家划分为压迫国和被压迫国，同时他还将其对价值规律的创见（如其提出的"超级剥削"概念），看作"帝国主义价值论"的基础，但这种提法不仅过于简单，而且存在严重的问题。正如腾·布林克在上述依附理论中所深刻指出的：对于这些理论来说，经济方面的"结构性"暴力是帝国主义关系的关键特征，帝国主义的地缘政治方面（或权力的领土逻辑）在诸多依附理论及史密斯的论述之中都被忽视了，这最终导致了分析的片面性。这个评论直指帝国主义的构成问题——如果帝国主义的构成主要涉及的只是超级剥削、超额利润和价值规律等经济因素，为什么不干脆称之为全球资本主义呢？史密斯对这一问题的论述显然过于狭隘，他无力解释始终是资本主义帝国主义一部分的地缘政治的复杂性。

---

① 关于对史密斯这本书的评论和后续讨论文章，参见罗伯特（Michael Robert）的博客（Roberts 2016a），他在那里对该书作了书评（随后的争鸣性讨论可以在 Roberts 2016b 找到）。在后一篇文章中，他讨论了与超级剥削相关的问题。

　　史密斯所收集的大量资料是他对当前研究界的一大贡献，这些资料是从事马克思主义帝国主义理论的研究者可以借鉴的宝贵资源。他的另一个重要贡献是，他正确地强调了马克思主义理论家一般容易忽视或少有研究的全球生产和服务供给被转移到低工资国家的问题。这是马克思主义者在以后的帝国主义研究的论著中都需要直面思考的问题。在《21世纪的帝国主义》这本雄心勃勃的书中，史密斯对21世纪帝国主义的构成问题进行了有力的阐释论证，并以大量的经验数据来支持他的观点。当然，这并不是说他的立场是正确无误的；相反，他的一些观点不仅大有可疑之处，也值得和等待着被质疑。尽管如此，史密斯的研究成果仍然是富有挑战性的，并将再次引发有关依附理论等话题的论争，这将进一步深化对当代帝国主义理论的研究。因此单就这样的积极方面而言，他的这本充满激情、论证翔实的著作值得认真对待和予以批判性的关注。

253

254

# 结　语

## 一、马克思主义帝国主义理论不同发展阶段观点总结

本书追溯了马克思主义帝国主义理论在 20 世纪到新千年的演变历程，以期对该理论的批判性文献作出实质性的贡献。不仅对涉及这一主题的现有文献进行更新追踪，而且提出了马克思主义帝国主义理论的"第三个新发展阶段"之说，即"全球化时代"马克思主义阶段——始于 2000 年，也就是在最后的批判性文献综述出版后的十年左右（Brewer 1990; Polychroniou 1991）。"全球化时代"的马克思主义帝国主义理论不仅对以往的帝国主义理论（特别是对经典马克思主义的著作）提出了挑战和批判，而且一些"全球化时代"的马克思主义者对马克思主义理论发展本身作出了贡献，如哈维、伍德、帕尼奇和金丁关于马克思主义帝国主义理论的著述为帝国主义理论提供了颇有价值的补充，值得对他们的著作进行仔细的研究。本书的另一个重要贡献是，通过对帝国主义理论的"开拓者"、新马克思主义者和"全球化时代"马克思主义者的理论进行批判性研究，让人们对这三个阶段的理论研究的长处和局限有了更清晰的认识。

第一阶段所涉及的"开拓者"的理论为后来的理论构建提供了概念参数、设立了理论研究基准线，其中最具代表性的当属霍布森、布哈林和列宁

的理论。而其局限表现在"帝国主义之间相互竞争"的说法引发了后来者的
众多质疑，同时还存在欠缺政治分析而过多强调经济因素的问题。新马克思 　255
主义者的优点在于，他们将对帝国主义主题讨论的焦点从资本主义的中心地
带转移到对第三世界的影响上。与"开拓者"的"欧洲中心主义"视角不同，
新马克思主义者冈德·弗兰克、沃勒斯坦和阿明为资本主义发展、不发达和
帝国主义等问题的研究提供了一个更长时期、更全球化的理论视角；新马克
思主义帝国主义理论的主要缺陷在于，这些理论家在作出诸多贡献的过程中
往往又会因为仅将帝国主义作为分析工具而失去进一步的研究兴趣，帝国主
义理论在他们领跑一段时间过后开始变得逐渐式微。第三阶段的马克思主义
帝国主义理论表现出诸多长处，其中包括哈维对帝国主义构成要素及其辩证
关系清晰而简明的理解，资本主义帝国主义的历史特殊性问题也为伍德所阐
明。"全球化时代"的帝国主义理论分析的另一个鲜明之处是对经典马克思
主义和新马克思主义的国家理论提出质疑，认为他们在此问题上的处理是不
力的。而其自身理论的缺陷在于它们的高度抽象性，也就是说，与"开拓者"
相比，特别是与实证材料丰富的霍布森、布哈林和列宁的贡献相比，他们缺
乏用于支撑其全球化观点的论据资料。尽管存在这一缺陷（史密斯的作品中
并未发现这一缺陷），但可以公平地说，他们对"复兴"马克思主义帝国主
义理论功不可没——当前学界不仅出现了对帝国主义理论研究的新兴趣、新
进展，而且这一时期的理论本身也呈现出朝着更健全、更明晰方向发展的特
点。这一点可以在上面分析的腾·布林克新近出版的著述中看到。

　　以上对马克思主义帝国主义理论三个阶段的长、短处的勾勒，是通过对
各阶段内和跨阶段理论的连续性和不连续性的追溯而得出的。帝国主义理论
的每一个阶段都是对当代社会、政治和经济条件的反映。　256

## 二、关于完善21世纪马克思主义帝国主义理论的几点建议

　　马克思主义关于帝国主义著述的一个重要特征是，它对复杂的地缘政治

和全球经济层面上的问题给予了一种快刀斩乱麻式的处理。鲍勃·萨克利夫认为，马克思主义的帝国主义方法在"试图将世界的两个相互独立的方面进行一致性整合"时，给出了最好的思考分析过程（Sutcliffe 2006:60）。两个相互独立的方面一个是指"国家之间的等级制度、冲突和联盟——政治、军事和经济的，另一个是指生产体系的运转及其产生的阶级等级制度"（Sutcliffe 2006:60）。在萨克利夫看来，传统的方法往往只考虑到二者之一，例如现实主义几乎只关注地缘政治。而在另一方面，正如萨姆·阿施曼（Sam Ashman）和卡利尼科斯在他们评述哈维《新帝国主义》（2005）的文章中所指出的那样，马克思主义者经常犯相反的错误——忽视政治维度或者说是常常陷入"为所有国家政策和行动寻找经济动因"的做法之中（Ashman and Callinicos 2006:114）。哈维对权力的领土逻辑与资本主义逻辑的辩证关系的强调，是对这种片面性的重要纠正。成熟的帝国主义理论应该能够解释"资本家和国家管理者是如何作为战略和战术的发起者，在积极发挥作用以促进自身特殊利益的"，并解释在此过程中是什么因素让他们有时能彼此建立伙伴关系（Ashman and Callinicos 2006:114）。此外，成熟的理论研究还应该为"晚期资本主义"的演变和美国对帝国的偏好提供洞见。提供的这种见解反过来还应具有理论和实践之间的辩证关系性质——能为政治战略、政治实践提供指导，使之成为可能。

　　然而，一些著述所作的文字分析只是强调了资本主义帝国主义核心辩证关系的一面。最常见的情况是把著述重心集中在经济发展上，而忽视对帝国主义不可分割的政治因素的分析。帕尼奇和金丁就正确地指出了经典马克思主义者的著作中存在着这样的问题，不过，他们两人在试图纠正经典马克思主义理论中的缺失时又有些矫枉过正——他们认为，要理解当代帝国主义，就必须优先考虑国家理论：

　　　　因此，需要借助资本主义国家理论的桥梁来理解资本主义帝国主义，而不是将其直接从经济发展阶段或危机理论中衍生出来

（Panitch and Gindin 2004:7）。

　　帕尼奇和金丁过分强调了要把国家理论作为当代马克思主义分析帝国主义的不可或缺的组成部分，过分强调某一方面的"逻辑"（在这个例子中是"权力的领土逻辑"）的做法尽管有待商榷，但他们的观点也不无道理——对国家在帝国主义的产生和维系中所起的作用进行考察是必要的。正如卡利尼科斯所指出的，这项任务其实并不简单，因为仅仅在马克思主义圈子内，关于国家理论的许多争论都是悬而未决的（Callinicos 2009:73）。困难确实是有的，但是帝国主义理论据此会变得更加丰富。

　　由于国家不是孤立存在的，对遵从"权力的领土逻辑"的国际化国家体系的分析也势在必行。直到最近，从事国际关系研究的马克思主义理论家大多倾向于避免将帝国主义作为一种理论资源，而在当前，人们已经意识到应该克服这种疏忽，如卡利尼科斯和罗森博格就主张马克思主义者有必要对国际化国家体系进行更深入的研究（Callinicos 2007; Rosenberg 2009; Callinicos 2009:73–93）。再如，在学界深受好评的腾·布林克所出版的专著中，他就将资本主义地缘政治、国家体系和国家理论元素引入帝国主义理论之中，该做法非常受欢迎，同时也代表了一个新的研究取向。然而，要把国际体系的政治学完全纳入马克思主义帝国主义理论，还有很长的路要走，这不仅仅是一个推敲理论细节的问题，在当前的全球政治形势下，作为世界主导国家之一的美国，其霸主地位似乎并未被撼动，然而，地平线上隐现的是中国日益增长的影响力。美国会如何维系其全球霸权和帝国主义国家的地位？类似这样的问题都需要 21 世纪的马克思主义帝国主义的研究作出回答。长期以来，在界定资本主义帝国主义的辩证关系时，国内、国际的政治因素所具有的重要地位一直被忽视，直到现在，这个问题才开始得到解决。

　　霍布森、布哈林和列宁等经典马克思主义者的著作有一个显著的特点，那就是他们使用统计数据来支撑他们的主张。如前所述，实证研究并不是第三阶段"全球化时代"马克思主义研究的长处，部分原因在于他们专注于指

258

出"疏漏"和"理论上的不足"，以及对全球化及其与资本主义、帝国主义关系进行分析。一些"全球化时代"的马克思主义者，如哈维、佩特拉斯和维尔特迈尔，已经阐述了长期繁荣的终结给资本主义世界经济带来的影响。但总的来说，他们对诸如金融资本（"金融化"）影响力的增加以及新自由主义推动私有化等问题并没有作出应有的实证研究。正如萨克利夫所指出的，在哈维和伍德对相关文献所作的增补研究中，他们"害怕使用经验实证的方法"，而"更严肃地对待具体材料"不仅有利于哈维和伍德的研究，也有利于未来对资本主义帝国主义的研究（Sutcliffe 2006:69）。史密斯是"全球化时代"理论家群体的新成员，他几乎是唯一一个在经验材料上取得成果的人，他的著述虽然是成问题的，但是布满了令人眼花缭乱的"具体材料"，这种做法无疑为当前和未来的研究开了个好头。

最后一个建议并不是关于如何完善马克思主义帝国主义理论本身的，而是着眼于该理论与政治实践的关系。在"开拓者"一代之外，本书所研究的许多思想家都是知识分子，他们基本上并不隶属于某个公开的马克思主义政党，这种背景有时会导致他们只集中于理论，而对理论的政治策略内涵欠缺考虑。虽然西方国家的左翼在20世纪六七十年代随着革命浪潮消退、80年代转向新自由主义后出现了分裂，但是马克思主义者仍然肩负着推动有效政治实践的责任。因为对于马克思主义者来说，进行理论研究不仅仅是为了更好地解释世界的本来面目，更在于指导改变世界的实践。也即，理论研究的最终目的就是要帮助世界摆脱资本主义帝国主义的梦魇——一个多世纪以来，资本主义帝国主义给世界上大多数人民带来了灾难。因此，凡是要从事马克思主义帝国主义理论研究的人，都必须注意理论与实践的辩证关系。通过对这一问题的强调，对未来的理论如何改进提出了一些建议，并对三个阶段理论家的研究进行批判性的分析，本书为实现把世界从资本主义帝国主义中解放出来的远景作出了一定贡献。

# 参考文献

Amin, Samir. 1974. *Accumulation on a World Scale: A Critique of the Theory of Underdevelopment*. New York: Monthly Review Press.

———. 1976. *Unequal Development: An Essay on the Social Formations of Peripheral Capitalism*. New York: Monthly Review Press.

———. 1977. *Imperialism and Unequal Development*. New York: Monthly Review Press.

———. 1989. *Eurocentrism*. London: Zed Books.

———. 1997. *Capitalism in the Age of Globalization*. London: Zed Books.

———. 1998. *Spectres of Capitalism: A Critique of Current Intellectual Fashions*. New York: Monthly Review Press.

———. 2001. 'Imperialism and Globalization'. *Monthly Review* 53（2）.

———. 2005. 'Empire and Multitude'. *Monthly Review* 57（6）.

———. 2006. *Beyond US Hegemony? Assessing the Prospects for a Multipolar World*. London: Zed Books.

Andersson, Jan Otto. 2001 second version. '"Imperialismus" Text written for Historisch-kritisches Worterbuch des Marxismus', accessible online at <http:// www.marxseura.fi/ archive/imperialism.html>.

Arendt, Hannah. 1968. *Imperialism: Part Two of the Origins of Totalitarianism*. New York: Harcourt Brace Jovanovich.

Arrighi, Giovanni. 1978. *The Geometry of Imperialism The Limits of Hobson's Paradigm*.London: NLB.

——. 2002. 'Lineages of Empire'. *Historical Materialism* 10 (3) : 3–16.

Ashman, Sam, and Alex Callinicos. 2006. 'Capital Accumulation and the State System: Assessing David Harvey's The New Imperialism'. *Historical Materialism* 14 (4) : 107–131.

Bagchi, Amiya Kumar. 1983. 'Towards a Correct Reading of Lenin's Theory of Imperialism'. *Economic and Political Weekly* 18 (31) : PE2–PE12.

Baran, Paul. 1976. *The Political Economy of Growth*. Harmondsworth: Penguin Books.

Baran, Paul, and Paul Sweezy. 1968. *Monopoly Capital: An Essay on the American Economic and Social Order*. Harmondsworth: Penguin Books.

Barkawi, Tarak, and Mark Laffey. 2002. 'Retrieving the Imperial: *Empire* and International Relations'. *Millennium* 31 (1) : 109–127.

Barone, Charles A. 1982. 'Samir Amin and the Theory of Imperialism: A Critical Analysis'. *Review of Radical Political Economics* 14 (1) : 10–22.

Bhaskar, Roy. 1989. *Reclaiming Reality: A Critical Introduction to Contemporary Philosophy*. London: Verso.

Bottomore, Tom. 1981. 'Introduction'. In *Finance Capital: A Study of the Latest Phase of Capitalist Development*. London: Routledge and Kegan Paul.

Bottomore, Tom, and Patrick Goode (eds) . 1978. *Austro-Marxism Texts*. Oxford: Clarendon Press.

Bramble, Tom. 2015. 'Australia: A Mid-level Imperialist in the Asia-Pacific'. *Historical Materialism* 23 (3) : 65–100.

Brenner, Robert. 1977. 'The Origins of Capitalist Development: A Critique of Neo-Smithian Marxism'. *New Left Review* 104: 25–92.

——. 2006. 'What is, and What is Not, Imperialism?' *Historical Materialism* 14 (4) : 79–105.

Brewer, Anthony. 1990. *Marxist Theories of Imperialism: A Critical Survey*. Second Edition.

London: Routledge.

Bromley, Simon. 2003. 'Reflections on *Empire*, Imperialism and United States Hegemony'. *Historical Materialism* 11（3）:17–68.

Broué, Pierre. 2006. *The German Revolution 1917–1923*. Chicago: Haymarket Books.

Buchanan, H. Ray. 1976. 'Lenin and Bukharin on the Transition from Capitalism to Socialism: The Meshchersky Controversy, 1918'. *Soviet Studies* 28（1）: 66–82.

Bukharin, Nikolai. 1973. *Imperialism and World Economy*. New York: Monthly Review Press.

Burchill, Scott. 1996a. 'Introduction'. In *Theories of International Relations*, Scott Burchill and Andrew Linklater（eds）. Houndmills: Macmillan Press Ltd.

——. 1996b. 'Liberal Internationalism'. In *Theories of International Relations*, Scott Burchill and Andrew Linklater（eds）. Houndmills: Macmillan Press.

——. 1996c. 'Realism and Neo-realism'. In *Theories of International Relations*, Scott Burchill and Andrew Linklater（eds）. Houndmills: Macmillan Press.

Cain, Peter. 2002. *Hobson and Imperialism: Radicalism, New Liberalism, and Finance 1887–1938*. Oxford: Oxford University Press.

Callinicos, Alex. 2002. 'The Actuality of Imperialism'. *Millennium* 31（2）: 319–326.

——. 2007. 'Globalization, Imperialism and the Capitalist World System'. In *Globalization Theory Approaches and Controversies*, D. Held and A. McGrew（eds）. Cambridge: Polity Press.

——. 2009. *Imperialism and Global Political Economy*. Cambridge: Polity Press.

Canterbury, Dennis C. 2012. *European Bloc Imperialism*. Chicago: Haymarket Books.

Castree, Noel. 2006. 'David Harvey's Symptomatic Silence'. *Historical Materialism* 14（4）: 35–57.

Chibber, Vivek. 2004. 'The Return of Imperialism to Social Science'. *Archives de Europeenes de Sociologie* 45（3）: 427–441.

Chilcote, Ronald（ed.）1982. *Dependency and Marxism Towards a Resolution of the Debate*. Boulder: Westview Press.

Churchward, L.G. 1959. 'Towards the Understanding of Lenin's *Imperialism*'. *Australian Journal of Politics and History* 5 (1) : 76–83.

Cohen, Stephen F. 1970. 'Bukharin, Lenin and the Theoretical Foundations of Bolshevism'. *Soviet Studies* 21 (4) : 436–457.

Day, Richard B. 1976. 'The Theory of the Long Cycle: Kondratiev, Trotsky, Mandel'. *New Left Review* (99) : 67–82.

Donald, Moira. 1993. *Marxism and Revolution: Karl Kautsky and the Russian Marxists 1900–1924*. New Haven: Yale University Press.

Eisenstadt, Shmuel N. 1968. '"Empires"'. In *International Encyclopedia of the Social Sciences*. New York: Macmillan and Free Press.

Engels, Frederick. 1976. *Anti-Duhring Herr Eugen Duhring's Revolution in Science*. Peking: Foreign Languages Press.

Etherington, Norman. 1982. 'Reconsidering Theories of Imperialism'. *History and Theory* 21 (1) : 1–36.

——. 1983. 'The Capitalist Theory of Capitalist Imperialism'. *History of Political Economy* 15 (1) : 38–62.

——. 1984. *Theories of Imperialism: War, Conquest and Capital*. Beckenham: Croom Helm.

Foster, John B. 1992. 'Paul Alexander Baran (1910–1964)'. In *A Biographical Dictionary of Dissenting Economists*, Philip Arestis and Malcolm Sawyer (eds). Aldershot: Edward Elgar.

Frank, Andre Gunder. 1969. *Latin America: Underdevelopment or Revolution Essays on the Development of Underdevelopment and the Immediate Enemy*. New York: Monthly Review Press.

——. 1971. *Capitalism and Underdevelopment in Latin America Historical Studies of Chile and Brazil*. Harmondsworth: Pelican Books.

——. 1975. *On Capitalist Underdevelopment*. Oxford: Oxford University Press.

——. 1993a. 'Transitional ideological modes Feudalism Capitalism Socialism'. In *The World*

*System: Five Hundred Years or Five Thousand?*, Andre Gunder Frank and Barry K. Gills
（eds）, London: Routledge.

——. 1998. *ReORIENT: Global Economy in the Asian Age*. Berkeley and Los Angeles: University of California Press.

——. 2000a. 'Andre Gunder Frank'. In *A Biographical Dictionary of Dissenting Economists*,
Philip Arestis and Malcolm Sawyer（eds）. Cheltenham: Edward Elgar.

——. 2000b. 'Immanuel and Me With-out Hyphen'. *Journal of World-Systems Research* 1（2
Special Issue: Festschrift for Immanuel Wallerstein Part 1）: 216–231.

Frank, Andre Gunder, and Barry K. Gills（eds）. 1993a. *The World System Five Hundred Years
or Five Thousand?* London: Routledge.

——. 1993b. 'Rejoinder and Conclusions'. In *The World System Five Hundred Years or Five
Thousand?*, Andre Gunder Frank, Barry Gills（eds）. London: Routledge.

Freeman, Alan. 1996. 'Ernest Mandel's Contribution to Economic Dynamics'. In *Ernest
Mandel Internet Archive*, accessible online at <http://www.ernestm andel.org/en/aboutlife/
txt/freeman.htm>.

Friedman, Harriet. 1996. 'Prometheus Rebounds'. *Contemporary Sociology* 25（3）:319–322.

Fuchs, Christian. 2010. 'Critical Globalization Studies: An Empirical and Theoretical Analysis
of the New Imperialism'. *Science & Society* 74（2）: 215–247.

Giddens, Anthony. 1990. *The Consequences of Modernity*. Cambridge: Polity Press.

Gills, Barry K., and Andre Gunder Frank. 1993. 'The Cumulation of Accumulation'. In *The
World System: Five Hundred Years or Five Thousand?*, Andre Gunder Frank, Barry K.
Gills（eds）. London: Routledge.

Gilpin, Robert. 2002. *The Challenge of Global Capitalism*. Princeton: Princeton University
Press.

Gowan, Peter. 1999. *The Global Gamble: Washington's Faustian Bid for World Dominance*.
London: Verso.

Griffin, K., and J. Gurley. 1985. 'Radical Analyses of Imperialism, The Third World, and the Transition to Socialism: A Survey Article'. *Journal of Economic Literature* XXIII: 1089–1143.

Hardt, Michael, and Antonio Negri. 2000. *Empire*. Cambridge: Harvard University Press.

Harvey, David. 2005. *The New Imperialism*. Oxford: Oxford University Press.

Hay, Colin. 2004. 'Globalization and the State'. In *Global Political Economy*, J. Ravenhill (ed.). Oxford: Oxford University Press.

Held, David *et al*. 1999. *Global Transformations*. Cambridge: Polity Press.

Held, David, and Anthony McGrew (eds). 2007. *Globalization Theory Approaches and Controversies*. Cambridge: Polity Press.

Henfrey, Colin. 1982. 'Dependency, Modes of Production, and the Class Analysis of Latin America'. In *Dependency and Marxism Toward a Resolution of the Debate*, Ronald Chilcote (ed.). Boulder: Westview Press.

Henwood, Doug. 2003. *After the New Economy*. New York: The New Press.

Hettne, Bjorn. 1995. *Development Theory and the three worlds: Towards an international political economy of development*. Second Edition. Burnt Mill, Harlow: Longman Scientific & Technical.

Higginbottom, Andy. 2012. 'Structure and Essence in *Capital I*: Extra Surplus–Value and the Stages of Capitalism'. *Journal of Australian Political Economy* 70: 251–270.

Hilferding, Rudolf. 1981. *Finance Capital: A Study of the Latest Phase of Capitalist Development*. London: Routledge and Kegan Paul.

Hirst, Paul, and Grahame Thompson. 1999. *Globalization in Question*. Cambridge: Polity Press.

Historical Materialism. 2006. 'Symposium: On David Harvey's "The New Imperialism"'. *Historical Materialism* 14 (4): 3–166.

Hobsbawm, Eric. 1977. *The Age of Revolution Europe 1789–1848*. London: Abacus.

——. 1998. *Age of Extremes: The Short Twentieth Century, 1914–1991*. London: Abacus.

Hobson, John A. 1988. *Imperialism: A Study*. Third Edition. London: Unwin Hyman.

Holton, Robert, J. 2005. *Making Globalization*. Houndmills: Palgrave Macmillan.

Howard, Michael, and John King. 1989. *A History of Marxian Economics Volume 1, 1883–1929*. Houndmills: Macmillan.

——. 1992. *A History of Marxian Economics Volume 2, 1929–1990*. Houndmills: Macmillan.

——. 2004. 'The Economic Contributions of Paul Sweezy'. *Review of Political Economy* 16 (4): 411–456.

Jessop, Bob. 2008. 'Foreword'. In *Global Political Economy and the Modern State System*. ten Brink, Tobias. 2015. Chicago: Haymarket Books.

Kant, Immanuel. 1972. *Perpetual Peace: A philosophical essay*. New York: Garland.

Kautsky, Karl. 1914. 'Ultra-imperialism'. Marxist Internet Archive, accessible online at <http://www.marxists.org/archive/kautsky/1914/09/ultra-imp.htm>.

Kiely, Ray. 2005. *Empire in the Age of Globalisation: US Hegemony and Neoliberal Disorder*. London: Pluto Press.

Laclau, Ernesto. 1979. *Politics and Ideology in Marxist Theory: Capitalism – Fascism – Populism*. London: Verso.

Leaver, Richard. 1983. 'Samir Amin on Underdevelopment'. In *Neo-Marxist Theories of Development*, Peter Limqueco and Bruce McFarlane (eds). London: Croom Helm.

Lee, George. 1971. 'Rosa Luxemburg and the Impact of Imperialism'. *The Economic Journal* 81 (324): 847–862.

Lenin, V.I. 1964. 'The Right of Nations to Self-Determination'. *Collected Works Volume 21*. Moscow: Progress Publishers.

——. 1973. *Imperialism, The Highest Stage of Capitalism*. Peking: Foreign Languages Press.

Liebknecht, Karl. 1972. *Militarism and Anti-militarism*. New York: Dover.

Luard, Evan. 1979. *The United Nations: How it Works and What it Does*. London: The MacMillan Press.

Luxemburg, Rosa. 1971. *The Accumulation of Capital*. London: Routledge and Kegan Paul.

Luxemburg, Rosa, and Nikolai Bukharin. 1972. *Imperialism and the Accumulation of Capital*. London: Allen Lane The Penguin Press.

Magdoff, Harry. 1969. *The Age of Imperialism*. New York: Modern Reader Paperbacks.

Mahoney, James. 2007. 'Qualitative Methodology and Comparative Politics'.In *Comparative*

*Political Studies*.（40）2: 122–144.

Mandel, Ernest. 1976a. 'Introduction'. In *Capital A Critique of Political Economy Volume 1*. Harmondsworth: Penguin in association with New Left Review.

——. 1976b. *Late Capitalism*. London: NLB.

Mandel, Ernest, and Alan Freeman eds. 1984. *Ricardo, Marx, Sraffa*. The Langston Memorial Volume. London: Verso.

Martin, William G. 2000. 'Still Partners and Still Dissident After All These Years? Wallerstein, World Revolutions and the World-Systems Perspective'. *Journal of World-Systems Research* XI（2）: 234–262.

Marx, Karl. 1973. *Karl Marx: The Revolutions of 1848 Political Writings Volume 1*. Harmondsworth: Penguin Books in association with New Left Review.

——. 1976. *Capital: A Critique of Political Economy Volume 1*. Harmondsworth: Penguin Books in association with New Left Review.

——. 1978. *Capital: A Critique of Political Economy Volume 2*. Harmondsworth: Penguin Books in association with New Left Review.

——. 1981. *Capital: A Critique of Political Economy Volume 3*. Harmondsworth: Penguin Books in association with New Left Review.

Mattick, Paul. 1978. *Anti-Bolshevik Communism*. London: Merlin Press.

McQueen, Humphrey. 2001. *The Essence of Capitalism: The Origins of Our Future*. Sydney: Sceptre.

——. 2003. 'What Happened in Globalization?' *Journal of Australian Political Economy*（51）: 103–131.

Meldolesi, L. 1984a. 'The Debate on Imperialism Just before Lenin'. *Economic and Political Weekly* 19（42/43）: 1833–1839.

——. 1984b. 'The Debate on Imperialism Just before Lenin'. *Economic and Political Weekly* 19（44）: 1873–1879.

Mommsen, Wolfgang. 1981. *Theories of Imperialism*. London: Weidenfeld and Nicolson.

Mooers, Colin. 2006. 'Nostalgia for Empire: Revising Imperial History for American Power'. In *The New Imperialists: Ideologies of Empire*, ed. Colin Mooers. Oxford: Oneworld Publications.

Nettl, Peter. 1965. 'The German Social Democratic Party 1890–1914 as a Political Model'. *Past & Present* (30): 65–95.

——. 1966a. *Rosa Luxemburg Volume One*. London: Oxford University Press.

——. 1966b. *Rosa Luxemburg Volume Two*. London: Oxford University Press.

Norfield, Tony. 2011. 'What the "China Price" really means', accessible online at <http:// economicsofimperialism.blogspot.com/2011/06/what-china-price- really-means.html>.

Ohmae, Kenichi. 1996. *The End of the Nation State: The Rise of the Regional Economies*. London: Harper Collins.

Panitch, Leo, and Sam Gindin. 2002. 'Gems and Baubles in *Empire*'. *Historical Materialism* 10 (2): 17–43.

——. 2004. 'Global Capitalism and American Empire'. In *The New Imperial Challenge Socialist Register 2004*, L. Panitch and C. Leys (eds). London: The Merlin Press.

——. 2005. 'Superintending Global Capital'. *New Left Review* (35): 101–123.

Petras, James, and Henry Veltmeyer. 2001. *Globalization Unmasked Imperialism in the 21st Century*. London: Zed Books.

Petras, James, and Henry Veltmeyer (eds). 2015. *Extractive Imperialism in the Americas: Capitalism's New Frontier*. Chicago: Haymarket Books.

Pieterse, Jan Nederveen. 1988. 'A Critique of World System Theory'. *International Sociology* 3 (3): 251–266.

Polychroniou, Chronis. 1991. *Marxist Perspectives on Imperialism: A Theoretical Analysis*. New York: Praeger Publishers.

Reynolds, David. 2001. *One World Divisible: A Global History Since 1945*. London: Penguin.

Roberts, Michael. 2016a. 'Imperialism and super exploitation', accessible online at <https:// thenextrecession.wordpress.com/2016/03/07/imperialism-and-super- exploitation/>.

——. 2016b. 'Thoughts on the debate about imperialism', accessible online at <https://thenex-

trecessio.wordpress.com/2016/03/13/>.

Robinson, William. 2002. 'Capitalist Globalization and the Trasnationalization of the State'. In
　　*Historical Materialism and Globalization*, Mark Rupert and Hazel Smith (eds). London:
　　Routledge.

Rosenberg, Justin. 1994. *The Empire of Civil Society: A Critique of the Realist Theory of Inter-
　　national Relations*. London: Verso.

———. 2000. *The Follies of Globalisation Theory*. London: Verso.

Rustin, Michael. 2002. '*Empire:* A Postmodern Theory of Revolution'. *New Political Econo-
　　my* 7 (3): 451–462.

Salvadori, Massimo. 1990. *Karl Kautsky and the Socialist Revolution 1880–1938*. London:
　　Verso.

Serfati, Claude. 2015. 'Imperialism in Context'. *Historical Materialism* 23 (2): 52–93.

Shaw, Martin. 2002. 'Post-Imperial and Quasi-Imperial: State and Empire in the Global Era'.
　　*Millennium* 31 (2): 327–336.

Sivanandan, A., and Ellen Meiksins Wood. 1997. 'Capitalism, Globalization and Epochal
　　Shifts: An Exchange'. *Monthly Review* 48 (9): 19 (14).

Smaldone, William. 1988. 'Rudolf Hilferding and the Theoretical Foundations of German So-
　　cial Democracy, 1902–33'. *Central European History* 21 (3): 267–299.

———. 1994. 'Rudolf Hilferding and the Total State'. *Historian* 57 (1): 97.

Smith, John. 2016. *Imperialism in the Twenty-First Century: Globalization, Super- Exploita-
　　tion, and Capitalism's Final Crisis*. New York: Monthly Review Press.

Stokes, Eric. 1969. 'Late Nineteenth-Century Colonial Expansion and the Attack on the Theory
　　of Economic Imperialism: A Case of Mistaken Identity?'. *Historical Journal* 12 (2):
　　285–301.

Sutcliffe, Bob. 1976. 'Introduction'. In *The Political Economy of Growth*. Baran, Paul (ed.).
　　Harmondsworth: Penguin Books.

———. 2002. 'How Many Capitalisms? Historical Materialism in the Debates about Imperialism and Globalization'. In *Historical Materialism and Globalization*, Mark Rupert and Hazel Smith（eds）. London: Routledge.

——. 2006. 'Imperialism Old and New: A Comment on David Harvey's *The New Imperialism* and Ellen Meiksins Wood's *Empire of Capital*'. *Historical Materialism* 14（4）: 59–78.

Sweezy, Paul M. 1970. *The Theory of Capitalist Development: Principles of Marxian Political Economy*. New York: Modern Reader Paperbacks.

ten Brink, Tobias. 2015. *Global Political Economy and the Modern State System*.Chicago: Haymarket Books.

Townshend, J. 1988. 'Introduction'. In *Imperialism A Study*. Third Edition. London: Unwin Hyman.

Wallerstein, Immanuel. 1974. *The Modern World-System I: Capitalist Agriculture and the Origins of the European World-Economy in the Sixteenth Century*. New York: Academic Press.

——. 1980a. *The Capitalist World-Economy: Essays by Immanuel Wallerstein*.Cambridge: Cambridge University Press.

——. 2000. *The Essential Wallerstein*. New York: The New Press.

——. 2003. *The Decline of American Power The U.S. in a Chaotic World*. New York: The New Press.

Willoughby, John. 1995. 'Evaluating the Leninist Theory of Imperialism'. *Science and Society* No. 3.

Wood, Ellen Meiksins. 2003. *Empire of Capital*. London: Verso.

Worsley, Peter. 1980. 'One World or Three? A Critique of the World-System Theory of Immanuel Wallerstein'. In *Socialist Register* 1980, eds. R. Miliband and J. Saville. London: Merlin Press.

Zhou Enlai. 1973. 'Report to the Tenth National Congress of the Communist Party of China', accessible online at <http://www.marxists.org/subject/china/ documents/cpc/10th_congress_report.htm>.

# 索　引

本索引是根据英文版索引编制的，页码是英文版原书页码（即本书边码）。

156–157, 160, 171, 177, 178

Switzerland 瑞士 32, 80

**T**

tariff（s）关税 22, 33, 35–40, 43, 59–60, 68, 75, 92–93, 104, 195

taxation 税收 23, 29, 59

ten Brink, Tobias 托拜厄斯·滕·布林克 13, 242–248, 253, 256, 258

territorial logics of power 权力的领土逻辑 3, 230, 234, 241, 246, 258

theoretical underlabouring 理论基础 7, 13, 221, 226, 235, 241, 259

*Theory of Capitalist Development, The*（Sweezy）《资本主义发展论》（斯威齐）5, 10, 98, 104, 106–107, 115

Third International（Comintern）第三国际（共产国际）40

Third World 第三世界 97–98, 107, 123–127, 134, 145, 161, 169, 177, 202, 212, 215–216, 236, 256

   domination of 的主导地位 216, 220

   impact of capitalism on 资本主义的影响 157

Thomson, Grahame 格雷厄姆·汤姆森 185

Treaty of Versailles 凡尔赛条约 47

Trilateral Commission 三边委员会 214

Trotsky, Leon 列夫·托洛茨基 155–156

trustification 托拉斯化 71

Tugan-Baranovsky, Mikhail 杜冈–巴拉诺夫斯基 165

Turkey 土耳其 64, 80

**U**

Unabhängige Sozialdemokratische Partei Deutschlands（USPD）德国独立社会民主党 46

underconsumption 消费不足 21, 23, 30–32, 100, 115–116, 166, 201, 237

underdevelopment 不发达 11, 96, 106, 124–125, 127–132, 134, 140, 145, 160, 162, 166, 177, 256

unequal development 不平等的发展 163, 174

*Unequal Development*（Amin）《不平等的发展》（阿明）162, 166

United Nations General Assembly 联合国大会 97

United States/US 美国

   Bush administration 布什政府 6, 233

   hegemony 霸权 1, 5, 46, 88, 144, 148, 154, 169, 171, 178, 199, 203, 221, 226–227, 234, 236, 238, 243–244, 258

# 译后记

　　本书的翻译由李永虎和毕祖曜共同完成。李永虎翻译了绪论、第一章和第六至八章，毕祖曜翻译了第二至五章。两位译者共同完成了统校工作。

　　译者力求在准确传达作者原意的基础上使译文晓畅易读。但鉴于水平有限，译文可能存在错误和缺陷，对此还望读者见谅，并真诚地期待各位读者的批评和指正。

　　感谢西安外国语大学广大同人的热心支持和学校学术著作出版基金的资助；感谢人民出版社刘海静老师对本书出版的持续助力。

译　者

2021 年 9 月